Michael Nahm

Wenn die Dunkelheit ein Ende findet

Terminale Geistesklarheit
und andere ungewöhnliche Phänomene
in Todesnähe

Crotona

Michael Nahm

Wenn die Dunkelheit ein Ende findet

Terminale Geistesklarheit und andere ungewöhnliche Phänomene in Todesnähe

Crotona

ISBN 978-3-86191-024-4

Deutsche Originalausgabe

Kammer 11 • D-83123 Amerang
www.crotona.de

Umschlaggestaltung: Annette Wagner

Druck: Bercker • Kevelaer

Das Durchschnittliche
gibt der Welt ihren Bestand,
das Außergewöhnliche
ihren Wert.

Oscar Wilde

Gewidmet

Anna Katharina Ehmer
(30.05.1895 – 1.03.1922)

Inhalt

Einleitung

Vor über zweihundert Jahren, im Jahr 1794, beschrieb ein königlicher Leibarzt in Hannover, Johann Georg Ritter von Zimmermann (1728-1795), die folgende Begebenheit:

> „Ich habe eine Person gekannt, deren letzte Krankheit ein Wahnwitz gewesen, die aber einige Stunden vor ihrem Tode vollkommen vernünftig, ihr Herz mit einem solchen Feuer, mit einer so sehr entzückenden Beredsamkeit im Gebete zu Gott erhub, dass vor der Größe ihrer Gedanken und der Stärke ihres Ausdrucks der Erdball wie ein Sandkorn zu verschwinden schien. Am Ende dieser Rede neigte sie ihr Haupt und starb.“[1]

Schon zu seiner Zeit waren derartige Beobachtungen seit langem bekannt. Einige frühe Ärzte und Gelehrte unseres Kulturkreises, wie Hippokrates, Galen, Avicenna, Plutarch und Cicero, wussten bereits, dass Symptome von geistiger Verwirrung kurz vor dem Tod manchmal deutlich abnehmen. Für sie stand fest: In solchen Momenten löst sich die unsterbliche Seele des Menschen von den Banden der physischen Materie und erhält ihr ureigenes individuelles Potenzial zurück, das auch ohne Anbindung an die Gehirnmaterie weiter existiert. Obwohl man heutzutage kaum jemals von einem solchen Wiederkehren lange verloren geglaubter geistiger Fähigkeiten kurz vor dem Tod hört, wird privat und in wenig bekannten Literaturquellen immer wieder davon berichtet. Leider ist diese Litera-

1 Zimmermann (1794), S. 250.

tur oft schwer zugänglich und enthält jeweils nur einzelne und isoliert stehende Fallbeispiele. Dennoch scheinen derartige Vorkommnisse nicht so selten zu sein, wie man vielleicht vermuten könnte. In einer kürzlich erschienenen Publikation, in der Pflegepersonal von Hospizen hinsichtlich ungewöhnlicher Phänomene in Todesnähe befragt worden ist, gaben sieben von zehn Pflegerinnen an, bereits Fälle von unerwarteter Rückkehr der geistigen Klarheit bei dementen Patienten beobachtet zu haben.[2] Auch mir haben immer wieder Menschen von solchen Vorkommnissen berichtet, wenn ich mich mit ihnen über dieses Thema unterhalten habe. Ich bezeichne dieses Phänomen als „Terminale Geistesklarheit", wobei das Wort „terminal" hier so viel bedeutet wie „kurz vor dem Ende auftretend".

Manchmal ist terminale Geistesklarheit bei Sterbenden mit beglückenden Visionen von bereits verstorbenen Verwandten oder Freunden verbunden oder mit dem Hören von überirdisch wirkender Musik und dem Sehen wunderschöner Jenseitslandschaften. Damit weisen diese Erfahrungen einige Ähnlichkeit mit der geistigen Klarheit und den Erlebnissen auf, die während sogenannter Nahtod-Erfahrungen und Todesnähe-Visionen gemacht werden. Im ersten Fall handelt es sich um Erlebnisse, die von Menschen berichtet werden, die lebensbedrohliche Gesundheitskrisen überstanden haben, dabei nach außen bewusstlos gewirkt haben und danach wieder zu Bewusstsein gekommen sind. Im zweiten Fall handelt es sich um Erfahrungen, die von wachen Menschen kurz vor dem Tod erlebt werden. Dennoch beinhaltet terminale Geistesklarheit häufig keinerlei visionäre Komponenten. Ohne ersichtlichen Grund wird die betreffende Person ungewöhnlich geistesklar, spricht vernünftig und nimmt ihre Umgebung wieder korrekt wahr. Bald darauf stirbt sie.

Besonders eigentümlich sind diejenigen Fälle, die Menschen mit schweren psychischen Erkrankungen und organischen Gehirnschädigungen betreffen. Diese Fälle bilden den Schwerpunkt dieses Buches. Auch der eben geschilderte Fall von Zimmermann zählt zu dieser Kategorie. Oskar Bloch, ein Professor der Chirurgie in Kopenhagen, hob das Besondere dieser Fälle im Jahr 1909 mit den folgenden Worten hervor:

---

2 Brayne, Lovelace und Fenwick (2008).

> „Man wusste längst, dass Geisteskranke Perioden haben können, in denen sie ganz gesund sind. … Wenn solch Geisteskranker in seiner klaren Periode stirbt, so stirbt er ganz so wie ein Geistesgesunder. Hierin liegt ja nichts besonders Überraschendes; wenn aber der, welcher seit Jahren geisteskrank war, der teilnahmslos dasaß, als ob die Welt für ihn nicht vorhanden sei, der mehr wie ein Tier als wie ein Mensch lebte, ja, der nicht einmal in Bezug auf Intelligenz so hoch wie ein Tier stand, wenn der plötzlich Zeichen von Vernunft zeigt – und dies geschieht kurze Zeit ehe er stirbt – muss man mit Recht sehr staunen.“[3]

Es ist zudem bemerkenswert, wie breit das Spektrum an organischen Gehirnerkrankungen ist, bei welchen terminale Geistesklarheit aufzutreten scheint. Wir finden Beispiele bei Diagnosen von Hirnhautentzündung und massiver Gehirnvereiterung, abnormer Füllung von Gehirnpartien mit wässriger oder blutiger Flüssigkeit, Schlaganfällen, Gehirnzersetzung durch Tumoren, bei Fällen von Demenz, wie der Alzheimer'schen Krankheit, aber auch in Fällen von psychischen Erkrankungen, bei der die organische Struktur des Gehirnes praktisch unverändert bleibt, wie z.B. bei der Schizophrenie. Aber dennoch leuchtet der ursprüngliche Geist der Patienten kurz vor dem Tode in überall vergleichbarer Weise wieder auf.

Wie kommt es nun, dass selbst Alzheimer-Patienten, die manchmal seit Monaten oder Jahren ihre engsten Familienangehörigen und Pfleger nicht mehr erkannt haben, kurz vor ihrem Tod wieder dazu in der Lage sind? Dass sie wieder über Erinnerungen aus ihrem Leben verfügen und auch verstehen, in welcher Lage sie sind? Man geht davon aus, dass die Erinnerungen von Menschen mit dieser Krankheit durch die Zerstörung der relevanten Gehirnpartien unwiederbringlich gelöscht werden. Zwar schwankt der Grad der Verwirrung und des Erinnerungsvermögens bei Demenz-Patienten, aber es ist schon sehr verblüffend, in welchem Ausmaß dies ausgerechnet in den letzten verbleibenden Lebensmomenten der Fall sein kann. Werden solche Erfahrungen vielleicht angesichts des drohenden Endes durch eine unbewusste körperliche Panikreaktion ausgelöst und sind somit biochemisch bedingt? Sind die Erinnerungen bei dementen

3 Bloch (1909), Band 1, S. 545f.

Personen vielleicht doch nicht endgültig gelöscht, sondern nur irgendwie versteckt und unzugänglich? Oder ist es tatsächlich so, dass die Seele in dem Maße an geistiger Klarheit gewinnt, wie sie sich von der sie behindernden Gehirnmaterie ablöst?

Angesichts solcher Fragen könnte die Erforschung von terminaler Geistesklarheit wertvolle Hinweise darauf liefern, wie sich (a) neue Formen von Therapien entwickeln ließen und wie sich (b) ein tieferes und besseres Verständnis der Natur des menschlichen Geistes gewinnen ließe. Zudem ist die Vertrautheit mit terminaler Geistesklarheit sehr hilfreich für die Pfleger und die Angehörigen von Sterbenden. Oftmals trifft eine solche Erfahrung sie unvorbereitet, und sie haben Schwierigkeiten, sich in dieser Situation angemessen zu verhalten und mit der sterbenden Person oder mit anderen Anwesenden zu kommunizieren. Es besteht also ein Forschungs- und Aufklärungsbedarf bezüglich terminaler Geistesklarheit. Mit diesem Buch möchte ich dazu beitragen, Aufmerksamkeit auf dieses weitgehend unbekannte Phänomen zu richten und das Interesse daran zu wecken.[4]

Im ersten Teil des Buches werde ich einen Überblick über die Fälle von terminaler Geistesklarheit geben, die ich im Zuge einer Literaturstudie über die letzten rund zweihundertfünfzig Jahre gefunden habe. Dieser Überblick ist mit vielen konkreten Fallbeispielen der älteren und neueren Literatur gespickt, um sie aus der Versenkung zu holen und besonders die ältere Literatur auch vor dem völligen Vergessen zu bewahren. Aber auch einige Beispiele, die mir persönlich mitgeteilt worden sind, werden hier vorgestellt. Hiermit liegt also eine erste ausführliche Fallsammlung zur terminalen Geistesklarheit vor.

Die Literatur-Recherche dazu war faszinierend. Es besitzt einen sehr speziellen Reiz, in uralten, vergilbten, fleckigen und teilweise bedrohlich mürben Büchern, die zudem nach einer schwer zu beschreibenden Mischung von Alter, Weisheit und Vergänglichkeit duften, bestimmte Originalpublikationen anhand von oftmals falsch oder nur sehr kryptisch zitierten Quellenangaben aufzuspüren. Überdies steckt die alte medizi-

4 Dazu dienten auch eine Reihe von vorangegangenen Veröffentlichungen; siehe Nahm (2009a, 2011), Nahm und Greyson (2009), Nahm und Haraldsson (2009), Nahm, Greyson, Kelly und Haraldsson (2011).

nische Literatur voll von hochinteressanten Beobachtungen und Fallbeschreibungen, die in der heutigen Zeit dort nicht mehr gedruckt werden. Heute hat sich die Weltanschauung des materialistischen Mechanismus auch in der Schulmedizin etabliert, und diese hat sich im Laufe der Zeit zu einem Wirtschaftsunternehmen gewandelt, in dem es hauptsächlich um die Sicherstellung von Forschungsstandorten, Karrieren und Finanzmitteln geht. Der einzelne Wissenschaftler ist hochgradig auf ein bestimmtes Fachgebiet spezialisiert und beschäftigt sich kaum jemals eingehend mit dem, was jenseits seines eng umrissenen Arbeitshorizontes liegt. In einem solchen Klima ist wenig Raum für die Untersuchung von ungewöhnlichen Randphänomenen. Im 19. Jahrhundert, als die Medizin und insbesondere die Psychologie und Psychiatrie noch in den Kinderschuhen steckten und die Grenzen der „echten" und „seriösen" Wissenschaft noch nicht abgesteckt waren, wurden selbst in solch hochangesehenen medizinischen Zeitschriften wie *The Lancet* Berichte darüber publiziert, dass Menschen am Sterbebett von Patienten etwas Leuchtendes aus deren Körper austreten gesehen haben.[5]

Historische Studien bieten außerdem den Reiz, heute unbekannten oder vergessenen Persönlichkeiten nachzuspüren und ihre Arbeiten zu würdigen. Ein Beispiel: Ein gewisser Christian Heinrich Spieß (1755-1799) war einer der bekanntesten und meistgelesenen deutschen Schriftsteller seiner Zeit. Wer kennt ihn heute noch? In seinen letzten Lebensjahren lebte er meist zurückgezogen in einer Holzhütte in einem Wald bei Prag, wo er auch seine späteren Schriften konzipierte. Er muss ein bemerkenswerter Mensch gewesen sein. Reich wurde er nie, denn er pflegte sämtliche Einkünfte von seinen Büchern zu verschenken. Einen großen Teil seines Erfolges verdankte er der Tatsache, dass er ungewöhnliche Themen auf bewegende Weise darzustellen wusste. Unter anderem verfasste er im Jahr 1796 das umfangreiche Werk „Biographien der Wahnsinnigen", in dem er die Lebens- und Leidensgeschichte von verschiedenen Menschen mit psychischen Erkrankungen nachzeichnete. Dafür suchte Spieß zumeist die Originalschauplätze auf und befragte die Personen, die persönlich mit diesen Menschen in Kontakt gewesen waren. Für seine Zeit war es besonders bemerkenswert, dass er darauf hinwies, welche oft bemitleidenswerten Le-

5 Huggins (1845), Watson (1845).

bensumstände oder auch Schicksalsschläge die geistige Verwirrung herbeiführten oder begünstigten, weshalb nicht etwa nur die Leidenden selbst in irgendeiner Form dafür verantwortlich zu machen waren. In manchen seiner Biographien gewannen die „Wahnsinnigen" kurz vor ihrem Tod in auffallender Weise an Geistesklarheit, wie beispielsweise *Ester L., das schöne irre Judenmädchen.* Zwei Tage vor ihrem Tod kehrte laut Spieß ihr Verstand vollständig zurück. Das Kuriose aber ist, dass Spieß später selbst „irre" geworden ist. Seine Geisteszerrüttung artete in den letzten Lebenstagen zu einer solchen Tobsucht aus, dass ihn vier Männer kaum zu halten vermochten. Eine Stunde vor seinem Tod kam jedoch auch Spieß wieder zu sich.[6]

Doch nun zurück zum Buchinhalt. Nach der Übersicht über die Fallbeispiele von terminaler Geistesklarheit folgt eine Einführung in die möglichen Erklärungsmodelle für terminale Geistesklarheit. Dann folgen zwei Kapitel, worin Phänomene diskutiert werden, die dazu geeignet scheinen, die gegenwärtig aktuellen Modelle der menschlichen Gehirnfunktionen zu hinterfragen. Dazu zählen ungewöhnliche Gehirnbefunde, die nicht recht zu den geistigen Fähigkeiten der Besitzer dieser Gehirne zu passen scheinen, und ungewöhnliche körperliche Veränderungen, die offenbar einzig und alleine durch geistige Erwartungshaltungen oder intensive Emotionen ausgelöst wurden. Danach werden noch verschiedene ungewöhnliche Phänomene in Todesnähe, wie Nahtod-Erfahrungen und Todesnähe-Visionen, vorgestellt, des Weiteren rätselhafte Musik, die an Sterbebetten gehört wird, aber auch Lichter und Nebel, die aus den Körpern von Sterbenden auszutreten scheinen. Zu diesen Themen existiert eine hochinteressante Literatur, die weitgehend unbeachtet ein verstecktes, aber hartnäckiges Schattendasein in der gegenwärtigen Literatur über das Sterben und den Tod fristet.

Dabei folge ich in dem gesamten Buch der Maxime, die Berichte von Menschen, die glauben, etwas Besonderes erlebt zu haben, ernst zu nehmen – besonders wenn es mehrere Zeugen dafür gibt. Natürlich kann ich nicht ausschließen, dass einige dieser Berichte auf Irrtümern, Halluzinationen oder schlichtweg auf vorsätzlichen Lügen basieren. Vielleicht ist es bei einigen tatsächlich so. Aber in allen Themenbereichen, die hier behan-

6 Promies (1966).

delt werden, ergeben die verfügbaren Berichte ein derart stimmiges Muster, dass ich es für fahrlässig halte, *alle* Berichte vollständig zu verwerfen oder sie nur psychologisch auszudeuten. Die Tugend der Wissenschaftler, möglichst vorsichtig und behutsam bei der Eroberung von zu erforschendem Neuland vorzugehen, ist vielfach zugleich ihr größter Erbfehler. Wie oft schon haben sie in der Vergangenheit das Kind mit dem Bade ausgeschüttet, wie oft schon auf das falsche alte Pferd gesetzt! Die Geschichte der Wissenschaften ist voll von Beispielen. Zu meinen Lieblingsanekdoten zählt die äußerst emotionale und irrationale Abwehrhaltung von vielen hochkarätigen Wissenschaftlern gegenüber den vielen übereinstimmenden Berichten, wonach feurige Steine vom Himmel gefallen und sogar aufgesammelt worden seien. Etliche ernst zu nehmende Zeugenaussagen sowie die höchst realen und greifbaren Objekte selbst vermochten sie nicht vom Gegenteil zu überzeugen. „Steine“ durften einfach nicht vom Himmel fallen – koste es, was es wolle! Heute sind diese mysteriösen Objekte als Meteorite wohlbekannt. Da ich selbst schon einige ungewöhnliche Dinge erlebt habe, bin ich geneigt, auch anderen Menschen so manchen ungewöhnlichen Bericht zu glauben. Dies umso mehr, wenn ich sie selbst dazu befragt habe.

Der kritische Leser mag es mir daher nachsehen, dass ich die Berichte zumeist einfach so darstelle, wie sie berichtet worden sind. Er möge weiterhin im Auge behalten, dass das Ziel dieses Buches nicht einer stichfesten Beweisführung dient, sondern hauptsächlich Aufmerksamkeit auf bislang wenig beachtete Phänomene richten soll, die (1) einer wissenschaftlichen Untersuchung durchaus zugänglich sind und die (2) von großer Bedeutung für unser Selbstverständnis als Menschen sind. Wie wir sehen werden, gibt es tatsächlich auch aus etablierten medizinischen Wissenschaftsdisziplinen ernst zu nehmende Hinweise darauf, dass der Geist des Menschen nicht in einem strikten 1:1-Verhältnis mit seiner Gehirnstruktur verquickt ist. Dazu kommt, dass ausgerechnet um die Todesstunde besonders viele rätselhafte Dinge berichtet werden, die für den unbefangenen Blick ein Überleben der menschlichen Persönlichkeit andeuten. Sollte es tatsächlich so sein, dass um den Todeszeitpunkt der menschliche Geist, seine Seele, oder wie man es auch sonst nennen mag, den Körper verlässt, wäre dies nicht nur für schwerkranke Menschen und ihre Angehörigen eine wichtige Erkenntnis. Die Alten nannten *Terminale Geistesklarheit* manchmal „das letzte Aufflackern der Seele“, aber vielleicht handelt es sich hier, ganz im Gegenteil, um das *erste* Aufflackern ihrer ureigensten Fähigkeiten, um den ersten Flügelschlag auf ihrem Weg in ihre eigentliche und angestammte Heimat.

1. Terminale Geistesklarheit – eine Übersicht

In diesem Kapitel möchte ich eine Übersicht über das Phänomen der terminalen Geistesklarheit inklusive vieler Fallbeispiele geben. Das Kapitel ist in verschiedene Untereinheiten eingeteilt, worin zunächst mehr allgemeine Aspekte von terminaler Geistesklarheit beleuchtet werden. Danach werde ich konkrete Beispiele von terminaler Geistesklarheit wiedergeben, eingeteilt in verschiedene diagnostische Kategorien der ihr vorausgegangenen Krankheit.

Die Häufigkeit von terminaler Geistesklarheit

In der Literatur der letzten gut zweihundert Jahre konnte ich bis heute neunzig Referenzen zu konkreten Fallbeispielen sowie achtzehn allgemein gehaltene Aussagen von Medizinern oder Pflegern finden, dass sie solche Geschehnisse mehrfach beobachtet haben. Dazu kommen elf Fallberichte, die ich persönlich mitgeteilt bekommen habe. Die Berichte stammen aus Deutschland, Dänemark, Frankreich, Großbritannien, Island, Neuseeland, Russland und den USA. So schrieb beispielsweise der amerikanische Arzt Benjamin Rush (1746-1813) im Jahr 1812 in einer der ersten Abhandlungen, die überhaupt zu psychischen Erkrankungen von Menschen verfasst worden sind, dass die meisten „Verrückten" eine mehr oder weniger ausgeprägte Vernunft während ihrer letzten Tage oder Stunden an den Tag legen.[7] In Frankreich beschrieb der angesehene Psychiater Alexandre

7 Rush (1812).

Brierre de Boismont (1797-1881) im Jahr 1855, dass im Angesicht des nahenden Todes psychisch kranke Personen die Umstehenden dadurch überraschen können, dass ihr seit vielen Jahren verdunkelter Verstand plötzlich zurückkehrt.[8]

Von den neunzig Referenzen zu publizierten Fällen konnte ich neunundfünfzig Fallbeschreibungen aufspüren, zumeist die Originalpublikation. Zusammen mit den elf persönlich mitgeteilten Berichten liegen also siebzig Berichte vor, die vierunddreißig Frauen und sechunddreißig Männer betreffen. In diesem Buch stelle ich rund sechzig davon vor. Der größte Teil der schriftlich dokumentierten Fälle und auch die detailliertesten Fallstudien sind zwischen den Jahren 1800 und 1850 in der damaligen medizinischen Literatur publiziert worden. Im 20. Jahrhundert nahm die Anzahl der Publikationen über terminale Geistesklarheit bedeutend ab und verschwand fast vollständig aus den medizinischen Kreisen. Dies scheint allerdings lediglich eine Frage des Interesses zu sein. Denn wie ich feststellen konnte, lassen sich auch heute viele Berichte sammeln – wenn man nur danach sucht und fragt.

Konkrete Angaben zur Häufigkeit von terminaler Geistesklarheit sind jedoch sehr selten, erst recht was Patienten mit psychischen Erkrankungen oder Einschränkungen betrifft. Aus neuerer Zeit liegen nur zwei spärliche Quellen vor. Zum einen ist dies die bereits erwähnte Studie, in der sieben von zehn Pflegebediensteten angaben, derartige Erfahrungen bei dementen Patienten gemacht zu haben – und zwar innerhalb der letzten fünf Jahre vor der Befragung.[9] Die zweite Publikation stammt aus Neuseeland. Hier erwähnt eine medizinische Direktorin eines Hospizes, dass von hundert Todesfällen in sechs Fällen terminale Geistesklarheit aufgetreten ist – das heißt in diesem Fall, dass diese sechs Patienten innerhalb der letzten achtundvierzig Stunden ihres Lebens zu unerwarteter geistiger Wachheit und Klarheit gekommen sind. Obwohl es sich hier um allgemeine Vorkommnisse von terminaler Geistesklarheit handelt, nicht um Fälle aus dem Umfeld von psychischen Erkrankungen, sind doch drei Fälle darunter, in denen das Gehirn von Tumoren mitbetroffen war.[10] Aus älteren Tagen ist die interessante Statistik von Richard Heinrich Julius (1783-1862) über-

8 Brierre de Boismont (1855), S. 243.
9 Brayne, Lovelace und Fenwick (2008).
10 Macleod (2009).

liefert, der im Jahr 1844 Falldokumentationen in einem britischen Heim für Menschen mit psychischen Erkrankungen zusammengefasst hat.[11] Julius war seinerzeit ein respektierter Arzt, der sich besonders wegen seiner Bemühungen, die Lebensumstände in den damaligen Gefängnissen menschenwürdiger zu gestalten, einen Namen gemacht hat. In dem erwähnten Buch findet sich eine Tabelle, worin Julius den geistigen Zustand aller hundertneununddreißig Patienten, die zwischen 1796 und 1841 in diesem britischen Heim gestorben sind, in Zusammenarbeit mit dem britischen Arzt John Thurnam (1810-1873) dokumentiert hat. In 13% aller Fälle (also bei achtzehn Personen) verbesserte sich der Geisteszustand „entschieden", bevor die Patienten starben – ein Zustand, den, wie Julius bemerkt, „die Dichter ein Aufflackern vor dem Tode genannt haben".[12] Nur in 2% der Fälle verschlechterte sich dieser Zustand „entschieden", in 63% blieb er weitgehend unverändert. In den verbleibenden 22% veränderte sich lediglich die Qualität der Krankheit, z.B. von „Manie" zu „Melancholie". Julius bemerkte weiterhin, dass in wenigen Fällen von denjenigen, in denen eine deutliche Verbesserung des geistigen Zustands vor dem Tod beobachtet worden ist, diese Patienten eines plötzlichen Todes, wie Gehirnschlag, gestorben sind. Leider beschrieb er aber keine konkreten Fallbeispiele, und es ist bedauerlich, dass er keine weiteren Informationen zur Änderung des Geisteszustandes beisteuerte als das knappe Attribut „entschieden" verbessert oder verschlechtert.

Diese Statistik ist beeindruckend. Wenn von etwa hundertvierzig Personen mit psychischen Erkrankungen rund zwanzig kurz vor ihrem Tod eine entschiedene Besserung ihres Zustands erfahren haben, scheint die Sache zumindest weitere Untersuchungen wert zu sein. Da ich kein Mediziner bin, kenne ich die relevante Literatur zugegebenermaßen nur vergleichsweise oberflächlich. Ich vermute aber, dass zumindest in den letzten Jahrzehnten keine weiteren derartigen Statistiken erstellt worden sind. Sie ließen sich allerdings ohne besonderen Aufwand in größerer Detailschärfe und Ausführlichkeit zusammenstellen, und man könnte vieles aus ihnen lernen. Es ist zu hoffen, dass die Pionierarbeit von Julius und Thurnam in Zukunft wieder aufgegriffen und gewürdigt wird.

Mit diesen drei eben vorgestellten Studien erschöpft sich bereits das Da-

11 Julius (1844).
12 Julius (1844), S. 255.

tenmaterial, das ich zur Angabe von Häufigkeit von terminaler Geistesklarheit bei Menschen mit psychischen Beeinträchtigungen gefunden habe.

Die Dauer der geistigen Verwirrung und des Stadiums der terminalen Geistesklarheit

Die Zeitspanne, in welcher die betreffende Person im Vorfeld der terminalen Geistesklarheit an massiver Geistesverwirrung gelitten zu haben scheint, kann nur wenige Tage oder Wochen betragen, wie in manchen Fällen von Gehirnhautentzündung oder Gehirntumoren. Das andere Extrem bildet ein Fall, in dem ein Mann für sage und schreibe zweiundfünfzig Jahre nichts gesprochen, sondern nur das Verhalten von Bären imitiert hatte, indem er seinen Oberkörper schwenkte und bärenartig brummte.

> Er verfiel in diesen Zustand, nachdem er im Alter von zweiundzwanzig Jahren auf einem Maskenball fürchterlich vor einer Bärenmaske erschrocken war. Erst als sich nach zweiundfünfzig Jahren heftige Darmbeschwerden und andere Anzeichen ernsthafter Krankheit zeigten, begann der Patient, wieder auf Fragen zu reagieren. Obwohl seine geistigen Fähigkeiten begrenzt waren und er nur über die Worte „Ja" und „Nein" verfügte, antwortete der nunmehr alte Mann bis zu seinem Tod auf geordnete und präzise Weise. Offenbar war er in der Lage, die an ihn gerichteten Fragen zu verstehen.[13]

Weit oben bezüglich der Krankheitsdauer rangiert auch ein Fall, den Gotthilf Heinrich von Schubert (1780-1860), der bekannte Arzt und Philosoph der Romantik, im Jahr 1808 beschrieben hat.

> Ein Greis, der 28 Jahre lang gelähmt und gänzlich sprachlos in seinem Bett gelegen hatte, begann eines Tages wieder zu sprechen, nachdem ihm ein freudiger Traum das Ende seines langen Leidens angekündigt hat. Am gleichen Tag starb er.[14]

Russische Psychiater beschrieben im Jahr 1979 terminale Geistesklar-

13 Brierre de Boismont (1862), S. 370; siehe auch Griesinger (1876), S. 114.
14 von Schubert (1808/1967).

heit bei drei Patienten, die sich seit siebenundzwanzig, zwanzig und elf Jahren ununterbrochen in hoffnungslosen Endstadien der Schizophrenie befunden hatten. Diese Fälle werde ich später noch genauer darstellen. Dies gilt ebenso für die Fälle, die Menschen mit Intelligenzminderung oder geistigen Behinderungen betreffen. Denn auch hier scheint terminale Geistesklarheit beobachtet worden zu sein – was umso mehr verwundert, da hier nicht einmal von einer Rückkehr von ehemals vorhandenen Fähigkeiten gesprochen werden kann. Diese Personen befanden sich, zumindest für Außenstehende, ihr ganzes Leben lang in einem minderbemittelten geistigen Zustand.

In den siebzig Fallbeschreibungen fiel das Auftreten der terminalen Geistesklarheit fast immer in die letzte Woche vor dem Tod, in rund der Hälfte der Fälle sogar auf den letzten Lebenstag, in einigen Fällen auch nur auf die letzten Minuten. In seltenen Fällen lag der Beginn der ungewöhnliche Geistesklärung jedoch bereits drei oder mehr Wochen vor dem Tod, und man mag sich fragen, ob in diesen Fällen überhaupt von *terminaler* Geistesklarheit gesprochen werden sollte. Der Fall des Mannes, der zweiundfünfzig Jahre lang in einem nicht-responsiven Stadium verharrte und ausschließlich Bärenverhalten imitierte, zählt zu diesen Fällen, desgleichen die noch zu beschreibenden Schizophrenie-Fälle. In dem Fall einer Alzheimer-Patientin begann die Besserung des geistigen Zustandes nicht langsam, sondern die Frau tauchte unverhofft für einen kurzen Augenblick aus einer seit langem andauernden komaartigen Versenkung auf, fiel jedoch sofort danach wieder in diesen Zustand zurück und lebte in dieser Verfassung noch drei weitere Wochen. Wie ich noch ausführen werde, rechtfertigen die bemerkenswerten Wendungen im Krankheitsverlauf dieser Personen jedoch durchaus ihre Einordnung als Fälle von terminaler Geistesklarheit.

Was die Diagnosen der Krankheiten der Patienten betrifft, muss festgehalten werden, dass sie besonders in den Fallbeschreibungen des 19. Jahrhunderts oftmals veraltet, oberflächlich oder vollständig abwesend sind. Wenn überhaupt Diagnosen gestellt worden sind, so wurde meist „Manie“ oder „Melancholie“ angegeben – aus heutiger Sicht verbergen sich dahinter vielseitig interpretierbare Symptome und Diagnosen. Allerdings fallen auch in der Statistik von Julius die meisten Fälle unter diese beiden Rubriken, und es kann angenommen werden, dass in diesem Formenkreis von psychischen Erkrankungen terminale Geistesklarheit tatsächlich häufig auftreten kann. Heute würde man die Mehrzahl dieser Fälle wohl dem Umfeld der „affektiven Störungen" zurechnen, so dass ich entsprechende Fallbeispiele im Folgenden auch dieser diagnostischen Kategorie zugeordnet habe. Organische Erkrankungen des Gehirns liegen hier, ähnlich wie bei der Schizophrenie, normalerweise nicht vor. Affektive Störungen beinhalten z.B. stark ausgeprägte Wahnvorstellungen und den Verlust des realistischen Bezugs zur Außenwelt.

Auch in den Fällen des 20. Jahrhunderts sind die Diagnosen leider oft dürftig oder nicht vorhanden, was jetzt aber oft auch daran liegt, dass diese kaum noch dem medizinischen Umfeld entstammen. Die drei Fallbeispiele zur Schizophrenie sind die einzigen Beispiele aus dem 20. Jahrhundert, die in einer professionellen medizinischen Zeitschrift veröffentlicht worden sind. Immerhin war es doch in einigen Fällen möglich, eine zumindest oberflächliche Diagnose zu erhalten oder zu stellen und so gewisse Eingruppierungen vorzunehmen. In den kommenden Abschnitten werden daher nebst Beispielen zu affektiven Störungen und Schizophrenie Beispiele zu den folgenden Kategorien vorgestellt: Hirnhautentzündung, Demenz und Alzheimer'sche Erkrankung, Hirnschlag bzw. Schlaganfall, Abszesse und Tumoren im Gehirn sowie geistige Behinderung. Anschließend werde ich noch Fälle darstellen, die eine ausgesprochen spirituelle Dimension enthalten. Diese scheint unabhängig von der medizinischen Ausgangsdiagnose auftreten zu können. Wo ich es für angezeigt halte, werde ich die Berichterstatter (mit Anpassungen an die moderne Rechtschreibung) selbst zu Wort kommen lassen bzw. mit entsprechenden Übersetzungen aufwarten.

Terminale Geistesklarheit bei affektiven Störungen

Zu den affektiven Störungen im weitesten Sinn zählt z.B. der bereits erwähnte Fall des „Bärenmannes", der nach zweiundfünfzig Jahren wieder auf seine Umwelt reagiert hat. Doch einige weitere sind ebenfalls sehr erstaunlich und sollen hier dargestellt werden. Im Jahr 1840 beschrieb F. Butzke, ein Arzt im damaligen Westpreußen, den Fall einer „robusten Maniaca", die „kurz vor ihrem Tode dem Psychologen ein merkwürdiges

Vermächtnis zum Nachdenken hinterließ." Als die 30-jährige Frau in die Anstalt eingewiesen wurde, litt sie an einer bestimmten Form von apathischer Melancholia, die sich allerdings sehr bald in Mania wandelte, also eine Art Tobsucht. Sie verlebte vier Jahre in der Anstalt. Während dieser Zeit verharrte ihr Geistesleben ununterbrochen in einem Zustand von verworrenen und unzusammenhängenden Gedanken. Nachdem sie begann, an einer fiebrigen inneren Krankheit zu leiden, verweigerte sie die Einnahme jeglicher Arzneien, so dass die Krankheit sich bald zu einem unheilbaren Zustand ausgewachsen hatte. Butzke schrieb:

> „Als sich die baldige Auflösung des Körpers durch den bekannten Verfall der Kräfte ankündigte, schien die krankende Seele eine Wiedergeburt zu erfahren und sich von den hemmenden Fesseln des Wahnsinns zu befreien: Die Kranke sprach in den letzten zwei Tagen vor ihrem Tode vollkommen vernünftig und mit einem Aufwand von Verstand und Klarheit, welcher mit ihrer früheren Bildung in auffallendstem Gegensatz stand. Sie erkundigte sich nach dem Schicksal ihrer Verwandten, bereute nun mit Tränen ihre Widerspenstigkeit gegen die ärztlichen Anordnungen und unterlag endlich dem herben Kampfe der wieder erwachenden Lebenslust mit dem unabwendbaren Tode."[15]

Ein anderer Fall wurde im Jahr 1837 von Maximilian Jacobi (1775-1858) berichtet, einem der Begründer der modernen Heilkunde für psychiatrische Krankheiten. Im Jahr 1832 erkrankte ein offenbar normaler und zufriedener Familienvater in seinem achtundzwanzigsten Lebensjahr an einer Art Typhus. Er schien geheilt, litt aber in der Folgezeit mehr und mehr unter seelischen Verstimmungen, Appetitlosigkeit und „großer Unbehaglichkeit" in der Oberbauchgegend. In geistiger Hinsicht wurde eine deutliche Veränderung seines Wesens konstatiert. Der Mann wurde still, nachdenklich, weinte häufig und schien in tiefe Schwermut versunken. Im Frühjahr 1834 hatte seine geistige Verwirrung beträchtliche Ausmaße angenommen. Er arbeitete nichts mehr, hielt alle Menschen, inklusive seiner alten Freunde und der Familie, für seine Feinde, niemand durfte sich ihm nähern, er verbrachte oft ganze Tage in seinem Bett, legte sich selbst ein Redeverbot auf und erwartete wahnhaft zu jeder Stunde seinen

15 Butzke (1840), S. 148f.

angeblich bevorstehenden Tod. Dabei war er jähzornig und lehnte jede ärztliche Hilfe ab. Momente klaren Bewusstseins fehlten vollständig. Als man seinen Zustand als hoffnungslos ansehen musste, wurde er zur Mitte des Jahres 1834 in die Heilanstalt zu Siegburg übergeben. Hier zeigte sich der Mann vollkommen apathisch, stupide und willenlos. Sich selbst überlassen, stand oder saß er immer unbeweglich mit vorgebeugtem Kopf auf der Stelle, den Blick starr zur Erde gerichtet. Seine Aufmerksamkeit war durch nichts zu gewinnen; er beantwortete auch keine Fragen. Ende Februar des Jahres 1835 verschlimmerten sich die Unterleibsbeschwerden des Patienten abrupt, und es traten Symptome massiver Darmentzündung auf. Der Patient starb zwei Wochen darauf. Jacobi kommentierte die letzte Lebenswoche des Mannes folgendermaßen:

> „Die letzte Periode seiner Krankheit war für den Unglücklichen äußerst leidensvoll, war aber von dem merkwürdigen Umstande begleitet, dass er während derselben seine völlige Besonnenheit wieder erhielt, ohne dass dieselbe bis zu seinem letzten Atemzug weiter gestört wurde, so dass das Irresein für den Schluss seines Lebens in jeder Beziehung aufgehoben erschien, indem er nicht nur gesunde Urteilskraft bewies, sondern auch nichts von der starren Abgeschlossenheit und Befangenheit mehr zeigte, die seinem psychischen Leiden jenes eigentümliche Gepräge gegeben hatte.“[16]

Eine Untersuchung des Gehirnes nach seinem Tod zeigte, dass es keine erkennbaren Abweichungen von der normalen Beschaffenheit aufwies.

Sehr ähnlich ist ein Fall, der im Jahr 1829 beschrieben worden ist. Der Berichterstatter, Gottlob Heinrich Bergmann (1781-1861), Direktor einer Anstalt für psychisch kranke Menschen in Hildesheim, fasste ihn wie folgt zusammen:

> „Ein Blödsinniger, etwa dreißig Jahre alt, der nicht von Geburt, sondern durch Krankheit in späteren Jahren in diesen Zustand geraten war, brachte seit einer Reihe von Jahren keinen Laut mehr hervor; stumm, wie das Tier, die Augen zur Erde gerichtet, saß er wie eine

16 Jacobi (1837), S. 282.

Pagode beständig auf einer Stelle da. Er konnte kaum ein Glied bewegen, nur mit großer Mühe eine kurze Strecke gehen. ... Er war so sehr Maschine geworden, dass er kaum essen konnte, und er aß nicht eher, als bis man ihm einen oder ein paar Esslöffel voll der Speise in seinen Mund gebracht hatte, dann war die Uhr aufgezogen, und er aß nun, bis er gesättigt war. ... Dieser Kranke ward im Februar 1813 von einem damals herrschenden Fleckfieber ergriffen und starb daran. Merkwürdig war es, dass er eines Abends (es war etwa einen Tag vor seinem Tode) plötzlich nach einem so langen Zeitraume anscheinender Bewusstlosigkeit zur Besinnung zurückkehrte, und deutlich und vernehmlich ein paar geistliche Lieder, aber auch ein weltliches, namentlich das bekannte, ehemals so beliebte Lied: „Freut euch des Lebens“ sang, dann aber nichts mehr hervorbrachte und sanft entschlief.“[17]

Der dänische Vikar Hans Martensen-Larsen (1867-1929) gab einen ebenfalls interessanten Fall einer Bauersfrau wieder, die acht Jahre hindurch schwer gemütskrank war. Er zitierte einen anonymen Zeitungsbericht, dessen Verfasser ein anderer Geistlicher gewesen sein muss:

„Gewöhnlich blickte sie starr vor sich hin, und sagte sie etwas, so waren es nur abscheuliche Schimpfworte. Bekam sie den Besuch des Arztes oder des Pfarrers, so machte sie es sich zur besonderen Aufgabe, auf die Stiefel des Betreffenden zu spucken, wobei sie mit einer merkwürdigen Virtuosität zielte und traf. Eines schönen Tages jedoch fing sie plötzlich an, ganz vernünftig mit ihrer Pflegerin zu sprechen, versicherte dieser, wie leid es ihr täte, sich so übel benommen zu haben, erklärte aber auch, sie hätte nicht anders gekonnt, sie wäre gezwungen gewesen, so zu handeln. Sie fragte auch, ob sie wohl hoffen dürfte, für diese und andere Sünden Vergebung zu erlangen. Bald darauf kam ich, um sie zu besuchen, und fand sie ganz gebrochen und reuevoll. Ihr ganzes Sehnen war nur darauf gerichtet, Gewissheit von Gottes Gnade zu erlangen, und es war mir eine Freude, ihr an demselben Tag das Abendmahl reichen zu können. Am nächsten Morgen entschlief sie in vollem Frieden.“[18]

---

17 Bergmann (1829), S. 108f.
18 Martensen-Larsen (ca. 1930a), S. 128.

Es ist bemerkenswert, dass die Frau von sich behauptet, sich nicht anders verhalten gekonnt zu haben, da sie zu ihrem Verhalten gezwungen worden sei. Hatte sie demnach während der Zeit ihrer Krankheit eine Art zweites Bewusstsein, das gewissermaßen im Hintergrund das Geschehen mitverfolgte, ohne eingreifen oder sich äußern zu können? Maximilian Jacobi schildert einen nahezu identischen Fall.

> „Eine sehr kranke Frau in seiner Anstalt wies die Kommunion und die Sterbesakramente wiederholt mit großem Ungestüm ab, sobald diese ihr gegenüber angesichts ihres ernsten und schwächlichen körperlichen Zustandes erwähnt worden waren. Eines Tages jedoch verlangte sie plötzlich, mit den Sterbesakramenten versehen zu werden. Sie gab an, sie wisse genau, dass sie „sehr heftig" gewesen sei, aber dafür habe sie nichts gekonnt, da ihre Krankheit daran schuld gewesen sei. Während sie die Sterbesakramente empfing, fand sich gemäß der Aussage des Geistlichen der Anstalt auch nicht die entfernteste Spur von Irresein, sondern die Frau präsentierte sich in einer „ganz vollständigen Klarheit des Geistes"."[19]

In einem weiteren ähnlichen Fall erlag eine „gemütskranke" Frau, die jahrelang in Anstalten und dann wieder in der Familie gelebt hatte, einer Lungenentzündung:

> „Als es zu Ende ging, löste sich die Verdunklung des Gemüts, und sie erzählte ihren Kindern alles, was ihr während dieser Zeit innerlich wohlgetan und was ihr wie Messer durch die Seele geschnitten hätte. Auf der lichten Seite standen Lieder, Musik und alles, was mit Gott und Religion zusammenhing, auf der dunklen Seite die Lieblosigkeiten der Familie untereinander, auch wenn sie gar nicht ihr galten. ‚Wie oft habt ihr gesagt: Ach was, die Mutter merkt das ja nicht mehr! Und ich habe es doch gemerkt, sehr deutlich und schmerzhaft, nur fehlte mir die Möglichkeit, mich verständlich zu machen.' Sie starb nach zwei Tagen in geistiger Klarheit."[20]

19 Jacobi (1837), S. 288.
20 Fuehrer (1950), S. 155.

In einem anderen ähnlichen Bericht zeigte ein Mann nach über zwei Jahren, in denen er zumeist mit vorne überhängendem Kopf bewegungslos herumgesessen, die Kontrolle über seine körperlichen Funktionen verloren hatte und sogar unfähig war zu kauen, so dass man ihn mit flüssiger Kost ernähren musste, erste Anzeichen von geistigem Erwachen. Er litt an einer unheilbaren Darmerkrankung, aber mit fortschreitender Krankheit nahm seine geistige Wachheit zu. Etwa fünf Wochen später, an seinem Todestag, schien er trotz großer körperlicher Schwäche vollständig präsent zu sein. Seine Gesichtszüge wirkten weniger schlaff als zuvor, sein Blick war lebhafter. Er wandte sich zu einer Pflegerin und sagte:

> „Ich habe Dir viel Mühe gemacht, aber Du sollst mir nicht böse sein, es war nicht meine Schuld; es dauert nicht mehr lange, dann werde ich Dich nicht mehr bemühen." Auf die tröstenden und abwiegelnden Worte der Pflegerin erwiderte er: „Doch, ich weiß es. Ich war sehr unreinlich, aber es wird nicht mehr lange dauern, ich bin zu krank."
>
> Sechs Stunden später war er tot.[21]

Die ältere medizinische Literatur des 19. Jahrhunderts, speziell die französische, enthält noch einige weitere erstaunliche Fallberichte von terminaler Geistesklarheit bei affektiven Störungen. Der bereits in der Einleitung erwähnte Chirurg Oskar Bloch hat einige dieser Berichte zusammengetragen und übersetzt. Darunter findet sich der wiederum ähnliche Fall einer 62-jährigen Frau, die seit Monaten unter außerordentlicher Schreckhaftigkeit litt und in einem desolaten geistigen Zustand war. Zuletzt rief sie nur noch ununterbrochen: „Belgien ist tot! Das Haus ist tot! Ich bin tot!" Es war unmöglich, sie dazu zu bringen, etwas anderes zu sagen. Zwei Tage vor ihrem Tod war sie schwach und erschöpft, sie konnte nur noch in ihrem Bett liegen. Bloch berichtet sodann:

> „In den letzten vier Stunden vor ihrem Tode veränderte sich ihr Gesichtsausdruck, ihr Blick wurde lebhafter, ihr Angstgefühl schwand; sie dankte allen, die sie gepflegt hatten, für ihre Fürsorge: ‚Ich bin sehr krank gewesen, ich fühle aber, dass meine Leiden bald vorüber sind.'

21 Bloch (1909), Band 2, S. 110.

> Sie sprach über ihren Sohn, über ihre Angelegenheiten und starb, ohne das Bewusstsein zu verlieren.“[22]

Ein weiterer von Bloch dargestellter Fall betrifft einen 55-jährigen Mann, der an „Manie“ litt und seit knapp drei Jahren in einer Anstalt für Geisteskranke in Toulouse lebte. Seine geistigen Fähigkeiten waren sehr geschwächt, so dass er weder seine Familienangehörigen erkannte noch im Stande war, überhaupt ein Gespräch zu führen. Er erkrankte an einem Magenleiden

> „und man konnte in den letzten zwei Tagen seines Lebens eine große Veränderung an ihm bemerken. Sein Sohn besuchte ihn; zur größten Verwunderung seiner Umgebung erkannte er ihn, fragte nach seinen Angehörigen, sprach lachend mit ihm über seine früheren törichten Handlungen und gab sehr bestimmte Anweisungen, wie seine Hinterlassenschaft geordnet werden sollte.“[23]

Ein älterer Fall aus Deutschland, aufgezeichnet von dem renommierten Arzt Johann Ernst Greding (1718-1775), sei hier ebenfalls knapp skizziert.

> „Eine Frau von über dreißig Jahren befand sich seit vier Jahren in „beständiger Raserei“, kam jedoch an ihrem Todestag wieder ganz zu sich und verabschiedete sich aufs „liebreichste“ von ihrem jüngsten Sohn, der damals bei ihr weilte.“[24]

Als letzter Fall aus der Kategorie der affektiven Störungen sei wiederum ein Fall aus Frankreich genannt. Er wurde von dem Arzt Gustave Geley (1868-1924) überliefert. Er ist bezeichnend für die offenbar generell nicht seltene Vorausahnung des eigenen Todes inklusive exakter Zeitangabe, die bei einer psychisch Kranken umso rätselhafter wirkt. Es handelt sich in diesem Fall um eine seit acht Jahren „wahnsinnige“ Frau, die in einer Anstalt lebte.

> „Eines Morgens schien sie geheilt, und zum größten Staunen des sie behandelnden Arztes Dr. de Sermyn redete sie ganz vernünftig. Sie

---

22 Bloch (1909), Band 2, S. 112.
23 Bloch (1909), Band 2, S. 112f.
24 Greding (1790-1791), Band 2, S. 8.

erklärte ihm dann, sie werde in der folgenden Nacht sterben. Der Doktor untersuchte sie, fand jedoch weder Fieber noch irgendein Symptom einer organischen Störung. Doch starb sie wirklich in der Nacht."[25]

Terminale Geistesklarheit bei Schizophrenie

Kommen wir nun zu terminaler Geistesklarheit bei Patienten mit der Diagnose Schizophrenie. Diese Fälle scheinen sich nicht wesentlich von manchen der oben beschriebenen Fälle zu unterscheiden, möglicherweise wären einige von ihnen heute auch als Schizophrenie klassifiziert worden. Auch in der heutigen Zeit umfasst die Diagnose Schizophrenie eine ganze Gruppe von unterschiedlichen Symptomatiken. Dass Menschen mit Schizophrenie zu einer „unerwarteten Lebendigkeit" sowie zu einer „Aufhellung verworrener Endzustände unmittelbar vor dem Tode" gelangen können, war bereits im ersten Drittel des letzten Jahrhunderts bekannt.[26] Auch die bekannte Sterbeforscherin Elisabeth Kübler-Ross hat chronisch kranke Schizophrenie-Patienten auf ihrer letzten Reise betreut. Sie hat beobachtet, dass einige von ihnen kurz vor ihrem Tod vernünftig und normal geworden sind.[27] Dennoch wurde dieses Phänomen in der medizinischen und psychiatrischen Literatur bis auf wenige Ausnahmen nicht näher behandelt. Eine knappe Fallbeschreibung aus dem Jahr 1961 verdanken wir dem Psychologen und Parapsychologen Karlis Osis.

> Der von ihm genannte Schizophrenie-Patient war seit etwa zwei Jahren nicht mehr im Kontakt mit seiner Umwelt gewesen, erlangte jedoch kurz vor seinem Tod wieder seine normale Geisteskraft.[28]

Drei erheblich ausführlichere Fallbeispiele, die in einem russischen Fachjournal publiziert worden sind, habe ich bereits zu Eingang dieses Kapitels erwähnt. Die Autoren knüpften an frühere Beobachtungen von russischen

---

25 Geley (1926), S. 153.
26 Mayer-Gross (1932), S. 578.
27 Dies berichten Osis und Haraldsson (1977).
28 Osis (1961).

Fachleuten an, die bereits 1941 vom vollständigen Verschwinden der Schizophrenie-Symptome in allen Bereichen des geistigen Lebens kurz vor dem Tod berichtet haben. Im Folgenden fasse ich diese drei Fallbeispiele kurz zusammen. Alle drei betreffen Patienten, die während vieler Jahre keine Momente geistiger Klarheit mehr gezeigt, sondern als hoffnungslose Fälle in unheilbaren Endstadien der Krankheit gegolten hatten.[29]

Der erste Patient zeigte bereits früh in seinem Leben psychische Auffälligkeiten und wurde bereits im Alter von vierzehn Jahren zum ersten Mal in eine Psychiatrie eingewiesen. Es folgten einige weitere Aufenthalte in Kliniken, die jedoch keine Besserung seines Zustandes brachten. Seit dem 17. Lebensjahr bis zu seinem Tod, der vierundzwanzig Jahre später erfolgte, lebte er praktisch ununterbrochen in Psychiatrien. Die letzten siebzehn Lebensjahre verbrachte er zumeist in eine fötale Körperstellung zusammengekrümmt, äußerte nur Grunzlaute, spuckte an die Wände, grimassierte und widerstand allen Aufforderungen, sich zu bewegen oder zu sprechen. Als sich zunehmend fortgeschrittene Symptome von Magenkrebs bei ihm zeigten, sprach er überraschenderweise zum ersten Mal. Von da an beantwortete er alle Fragen der Ärzte. Je mehr sein Körper durch die organische Krankheit in Mitleidenschaft gezogen wurde, desto mehr klärte sich seine geistige Verfassung. Der Patient bewegte sich wieder normal, seine muskulären Spannungen im Körper und das Grimassieren im Gesicht verschwanden. Er verstand, dass er ein psychiatrischer Patient war und konnte sich an die Anstalten erinnern, in denen er zuvor gewesen war. Nur in Bezug zur letzten Phase seiner Krankheit hatte er einen blinden Fleck: Er glaubte, er sei immer noch siebzehn Jahre alt und hatte offenbar keine Erinnerungen an die schlimmste Phase seiner Erkrankung. Etwa sechs Wochen nachdem sich erste Zeichen von geistiger Gesundung gezeigt hatten, erlag der Mann seiner tödlichen Krankheit.

Der zweite Patient starb im Alter von achtundsechzig Jahren ebenfalls an Krebs, nachdem er die letzten zwanzig Jahre in Psychiatrien verbracht hatte. Sein Verhalten war hauptsächlich durch Paranoia und Größenwahn gekennzeichnet. Er hielt sich für einen Kaiser und besaß

29 Turetskaia und Romanenko (1975).

angeblich auch ein eigenes Flugzeug. Er hielt viele Monologe, redete meist unzusammenhängend und hochgradig wirr, sprach im Befehlston, forderte allerlei unsinnige Dinge und war im Ganzen seiner Umwelt gegenüber gleichgültig. Auch er begann etwa eineinhalb Monate vor seinem Tod zunehmend vernünftiger zu werden. Der Patient zeigte sich kooperativ, sprach geordnet und äußerte keine seiner wirren Ideen mehr. Seine barschen Forderungen wichen sogar einem höflichen Benehmen, und er bedankte sich für die verschiedenen Hilfen, die ihm gewährt wurden. Er erinnerte sich an einige Details seiner Krankengeschichte und sprach auch über seine Familie. Allerdings hatte auch er hinsichtlich seiner letzten Phase in der Psychiatrie eine auffällige Erinnerungslücke. Fragen hierzu vermied er und lenkte ab; und obwohl er sich korrekt an die Lebensumstände seiner Familie erinnerte, glaubte er, dass seine Frau und seine Kinder immer noch so alt wie vor zwanzig Jahren seien.

Der dritte Patient war ebenfalls seit vielen Jahren gemütskrank und verbrachte die letzten elf Jahre seines Lebens kontinuierlich in einer Psychiatrie. In den ersten Jahren ähnelte sein Verhalten dem des zuvor beschriebenen Mannes. In den letzten sechs Jahren stellten sich zudem Halluzinationen ein. Er begann außerdem, für lange Zeit in der einen oder anderen Körperstellung an einem Platz zu stehen und wurde zunehmend unzugänglicher und gleichgültiger gegenüber den Familienangehörigen, die ihn besuchten. Seine geistige Verfassung besserte sich erst, als eine Tuberkulose in der Lunge wieder aufblühte und andere Krankheiten dazu traten. Der Patient wurde kooperativ und kommunikativ, sprach wieder zusammenhängend und bewies ein beachtliches Erinnerungsvermögen. Er bat sogar darum, mit seiner Familie sprechen zu dürfen, an die er während der Jahre zuvor keinerlei Erinnerungen gehabt zu haben schien. Dieser Mann besaß offenbar auch Erinnerungen an seine psychische Erkrankung und seine versponnenen Ideen, versuchte aber, das Thema zu meiden. Er lachte darüber und behauptete schlicht, er sei eben krank gewesen. Auf seinen Wunsch hin besuchte ihn sein Bruder, mit dem er über Familienangelegenheiten sprach. Der geistig fast vollständig genesene Mann bedauerte den Tod seiner Mutter, der ihm offenbar großen Kummer bereitet hatte, und vermisste seinen Heimatort. Zwei Tage vor seinem Tod wurde er in das Haus seines Bruders entlassen. In diesem Fall setzte der Genesungsprozess etwa drei Monate vor dem Tod ein.

Die Autoren der Studie resümierten, dass abgesehen von bestimmten persönlichen Eigenarten das Verhalten der drei Patienten kurz vor ihrem Tod fast normal war. Sie betonten die Wichtigkeit von weiterführenden Studien zu diesen ungewöhnlichen Formen der Rückbildung von schizophrenen Symptomatiken vor dem Tod. Die Patienten hatten bis dorthin als hoffnungslose und unheilbare Fälle gegolten. Wieso bewirkte bei ihnen großes körperliches Unbehagen, Schwäche oder starker Schmerz offenbar eine deutliche Verbesserung der geistigen Verfassung? Und warum tritt dies anscheinend in der Mehrzahl der Fälle nicht ein? Ließen sich anhand der genaueren Untersuchung von solchen Einzelfällen vielleicht neue Therapieansätze erkennen und herausarbeiten? Es könnte sich tatsächlich lohnen, hier einmal genauer hinzuschauen.

Terminale Geistesklarheit bei Gehirnhautentzündung

Mit dem jetzigen Abschnitt beginnt die Beschreibung von Fällen terminaler Geistesklarheit, die ganz offensichtlich trotz gewisser Beeinträchtigungen der organischen Struktur des Gehirnes aufgetreten ist. Ich beginne mit Fällen, die Hirnhautentzündungen betreffen. Diese gefürchtete Krankheit geht zumeist mit hohem Fieber und starken Kopfschmerzen einher. Symptome wie Übelkeit oder Überempfindlichkeit auf bestimmte Reize können ebenfalls auftreten, aber auch dauerhafte Nervenschädigungen, die Bewusstseinsstörungen oder Lähmungen zu verursachen vermögen. Schlimmstenfalls folgt der Tod. Ich habe drei Fälle gefunden, die Patienten mit Hirnhautentzündung betreffen.

Eine knappe Fallbeschreibung stammt von den Psychologen Karlis Osis und Erlendur Haraldsson. Sie umrissen in wenigen Worten den Fall einer Frau, die an Gehirnhautentzündung starb.

> Zum Ende ihrer Krankheit hin war sie stark desorientiert, schläfrig und sprach nur noch unzusammenhängend. Doch wenige Minuten vor

ihrem Tod kam sie zu sich. Sie wurde geistig klar, beantwortete Fragen, lächelte und war sogar leicht freudig erregt.[30]

Ein weiterer Bericht stammt aus dem 19. Jahrhundert. Er wurde von dem Berliner Arzt Rudolf Leubuscher (1822-1861) aufgezeichnet und wiedergegeben. In diesem Fall erkrankte eine unglückliche Witwe im Alter von etwa fünfundvierzig Jahren, die in großer Armut lebte und fünf Kinder zu versorgen hatte. Im Laufe der Zeit entwickelte sie Selbstmordtendenzen und zunehmende Anzeichen von geistiger Verwirrung. Nachdem sie ihre Tage vielfach in trüber Stimmung apathisch verdämmert hatte, wurde sie plötzlich tobsüchtig, lief rastlos über die Felder ihrer Umgebung und entwickelte massive Wahnvorstellungen. Im Gefolge dieser Entwicklungen wurde sie im November 1844 in eine Anstalt eingewiesen. Hier klagte sie über starke Gefühle von Schwindel; die Erinnerung an ihr vorheriges Leben war entschwunden. Sie sprach verworren, behauptete, sie sei zweiundzwanzig Jahre alt, hätte nie Mann und Kinder gehabt, ihre Mutter sei bereits seit fünfzig Jahren gestorben, und Ähnliches. Ab Dezember verstärkten sich ihre Schwindelanfälle bis zur völligen Bewusstlosigkeit. Während des folgenden Sommers schien sich ihr Zustand leicht zu bessern. Doch selbst während der Intervalle, in denen sie in der Lage war, sich aus dem Bett zu begeben, kam ihr ihre eigentliche Situation nie voll zu Bewusstsein. Die Anfälle häuften sich dann wieder und waren von verstärkten Symptomen wie Zittern und länger anhaltender Bewusstlosigkeit begleitet, weswegen man einen abnormalen Druckaufbau durch Flüssigkeiten im Gehirn vermutete. Nach ihrem letzten Anfall am Ende des Septembers 1845 blieb sie zunächst für vier Monate in besinnungslosem bzw. hochgradig verwirrtem Zustand, bevor sie Anfang Februar starb. Dazu schrieb Leubuscher:

> „In Hinsicht auf ihren psychischen Zustand ist zu bemerken, dass sie, mehrere Monate nach dem letzten Anfalle hindurch vollkommen unbesinnlich, mehr und mehr, je näher sie ihrem Tode kommt, zu einem freien und hellen Bewusstsein aufwacht; sie kennt wieder ihre ganze Vergangenheit, verwechselt, wie dies früher geschehen, nicht mehr ihre Umgebung, zeigt eine tiefe und innige Anerkenntnis der ihr geschenkten Teilnahme, bittet um Verzeihung, dass sie durch ihre Un-

30 Osis und Haraldsson (1977).

reinlichkeit so sehr zur Last falle, und stirbt mit dem vollkommenen Bewusstsein, dass ein so elendes und sieches Dasein der Welt nichts mehr nützen könne.“[31]

Eine nach ihrem Tod erfolgte Obduktion des Gehirns ergab folgende Befunde: Ein scharfkantiger, eckiger Knochensplitter von ein bis zwei Zentimetern Länge an der Innenseite des Schädels, chronische Gehirnhautentzündung mit übermäßig vor Blut strotzenden Gefäßen und blasenartig aufgetriebener weicher Gehirnhaut, anderweitige Einlagerung von Blasen in bestimmten Gehirnregionen sowie chronische krankhafte Wassereinlagerungen in Gehirnkammern, die zu einer beträchtlichen Erweiterung ihres Volumens geführt hatten. Leubuscher kommentierte diesen Befund folgendermaßen:

> „Wir finden eine Gehirnkrankheit, die nach sonstigen pathologischen Erfahrungen die Denktätigkeit aufhebt, die dieses Resultat wirklich jahrelang gehabt hat mit geringen Schwankungen der geistigen Tätigkeit, wo es für kurze Zeit scheint, als wolle ein freieres Bewusstsein wieder aufwachen, während ungefähr sechs Monate vor dem Tode die Gehirnkrankheit durch völligen Blödsinn wieder ihre Rechte geltend machte, und wir finden unter Fortdauer derselben organischen Bedingungen, die wenigstens nach dem rein anatomischen Befunde die Annahme einer besonderen Rückbildung nicht gestatten, die Denktätigkeit zu ihrer früheren Integrität wieder zurückkehren.“[32]

Leubuscher enthielt sich insgesamt einer eigenen Stellungnahme, aber er wies nachdrücklich darauf hin, dass die Annahme, hier habe vor dem Tode eine Rückbildung der organischen Krankheitsursachen stattgefunden und die zurückgewonnene Geistesklarheit sei mit wieder funktionierender Gehirnchemie zu erklären, eine nicht weiter beweisbare und zudem recht fragwürdige Behauptung darstellen würde.

Der Ingenieur Demeter Georgiewitz-Weitzer berichtete unter dem Pseudonym „G. W. Surya“ einen weiteren erstaunlichen Fall, der leider keine genaue Diagnose enthält, dessen Autopsie aber immerhin das Vorhanden-

31 Leubuscher (1846), S. 227.
32 Leubuscher (1846), S. 228.

sein einer chronischen Hirnhautentzündung sehr wahrscheinlich macht. Georgiewitz-Weitzer schrieb, dass ein Freund von ihm einen Bruder hatte, der seit vielen Jahren wegen „völliger geistiger Umnachtung“ in einer Anstalt untergebracht werden musste.

> „Eines Tages erhielt er nun von der Direktion dieser Anstalt ein Telegramm, dass der Geisteskranke ihn zu sprechen wünsche. Er fuhr sofort hinaus und war höchst erstaunt, seinen Bruder nun auf einmal ganz normal zu finden. Aber beim Abschied sagte ihm der Direktor der Anstalt – natürlich unter vier Augen – dass dieser lichte Moment ein nahezu sicheres Anzeichen des baldigen Todes des Kranken sei. Und so war es auch. In kurzer Zeit starb der Kranke, und nun bat der Bruder, bei der Leichenöffnung anwesend sein zu dürfen. Ausnahmsweise wurde ihm dies gestattet. Als nun das Gehirn des Verstorbenen untersucht wurde, erwies es sich als *ganz vereitert*. Die Vereiterung hatte sicher schon längere Zeit bestanden. *Womit hatte also der Geisteskranke in den letzten Tagen seines Lebens wieder klar gedacht*?”[33]

Terminale Geistesklarheit bei Demenz und Alzheimer’scher Erkrankung

Diese letzte Frage stellt sich ebenfalls in manchen der jetzt folgenden Fälle, nämlich bei Menschen, die unter fortgeschrittener Demenz litten, jedoch kurz vor ihrem Tod wieder zu Erinnerungsleistungen fähig waren, die zuvor unmöglich schienen. Denn viele Formen der Demenz, besonders diejenigen, die durch gewisse Krankheiten, wie die Alzheimer’sche Erkrankung, verursacht werden, gehen nachweislich mit der Zerstörung von Gehirnpartien einher, von denen man annimmt, dass sie für die Funktion und Speicherung der Kurz- und Langzeiterinnerungen unabdingbar sind. Doch wir sahen bereits in einigen der vorangegangenen Fälle, dass die Erinnerung auch bei psychischen Störungen und Erkrankungen, wie etwa Schizophrenie, beeinträchtigt werden kann, bei der die Gehirnstrukturen kaum modifiziert werden. Daher gibt es wahrscheinlich verschiedene Mittel und Wege, wodurch der Zugang zum Gedächtnis

33 Surya (1921), S. 14, Kursivschrift im Original.

blockiert werden kann, und wahrscheinlich ist deshalb nicht jeder Fall von terminaler Geistesklarheit bei Menschen mit Demenz gleichermaßen bedeutsam. Manche Erinnerungen mögen nur blockiert sein, manche hingegen, wie bei der Alzheimer'schen Erkrankung, könnten jedoch vollständig gelöscht sein. Als Beispiel für den ersten Typus mag z.B. der folgende Bericht aus der älteren Literatur gelten, den der britische Arzt Andrew Marshal (1742-1813) über einen psychisch kranken und sehr gewalttätigen Mann verfasst hat.

> Mit diesem Mann war eine normale Unterhaltung kaum möglich. Zudem litt er in einem solchen Ausmaß an Demenz, dass er nicht einmal seinen eigenen Vornamen korrekt erinnern konnte. Nach vierzehn Jahren in einer Heilanstalt wurde er für einige Wochen ruhiger, und es schien auf sein Ende zuzugehen. Am Tag vor seinem Tod war er sogar völlig bei Sinnen und bat um den Besuch eines Geistlichen. Mit diesem unterhielt er sich sehr aufmerksam und äußerte die Hoffnung, dass Gott sich seiner Seele erbarmen möge. Obwohl Marshal dies nicht explizit formuliert hat, schien der Mann sich offenbar wieder an sein früheres Leben und an die Zeit, in der er psychisch krank war, zu erinnern.[34]

Von den verschiedenen Formen der Altersdemenz wissen wir allerdings, dass sie mit organischen Hirnschädigungen einhergehen. Dennoch schrieb der Pastor Franz Johann Splittgerber schon im Jahr 1866:

> „Stumpfe, abgelebte Greise, bei denen unter dem Hauche des eisigen, alles höhere Geistesleben erstarrenden Alters auch die Kraft des Gedächtnisses erloschen zu sein schien, erhielten zum Öfteren unmittelbar vor ihrem Ende nicht allein dies einzelne Vermögen zurück, sondern wurden überhaupt (wenn auch nur auf einzelne erleuchtete Momente) wieder in ihren vollen geistigen Besitzstand eingesetzt."[35]

Doch wie bereits erwähnt, sind auch aus späterer Zeit Fälle von terminaler Geistesklarheit bei Menschen mit Demenz bekannt. Der folgende Fall, berichtet von einer langjährigen Seelsorgerin in einem Krankenhaus,

34 Marshal (1815).
35 Splittgerber (1866), S. 357.

ließe sich beispielsweise dazu zählen. Er scheint auch nahezulegen, dass die Sterbende im Moment der geistigen Klarheit schmerzfrei war – ein Zustand, der sehr häufig auch von Nahtod-Erfahrungen berichtet wird:

> „Eine alte Frau hatte fast zehn Jahre in ständigem Dahindämmern gelebt. Sie verwechselte die Tageszeiten, kannte Menschen ihrer Familie nicht mehr, sprach kaum, aß kaum noch. Ein Sturz mit Oberschenkelhalsbruch, daran anschließend ein kurzes Krankenlager, führte zum Ende. Am Abend des fünften Tages setzte die Kranke sich kerzengerade im Bett auf (normalerweise bei diesem Bruch nicht möglich), und sie, die zehn Jahre geschwiegen oder nur unverständliche Laute von sich gegeben hatte, betete mit lauter Stimme Wort für Wort das Vaterunser. Dann legte sie sich zurück, faltete die Hände und schlief hinüber."[36]

Auch Osis beschrieb in knappen Worten einen Fall, in dem ein seniler Patient kurz vor seinem Tode wieder zu normalem Bewusstsein kam.[37] In auffallender Weise sind mir immer mehr Berichte von terminaler Geistesklarheit bei Menschen mit der Alzheimer'schen Erkrankung bekannt geworden. Viele der mir geschilderten Begebenheiten liegen erst wenige Jahre zurück. Hier spiegelt sich womöglich die veränderte Situation in der Interessens- und Publikationslandschaft wider. Während im 19. Jahrhundert die meisten Dokumentationen von Fällen noch aus dem psychiatrischen Umfeld stammten und von erfahrenen Ärzten verfasst wurden, so finden sich in jüngerer Vergangenheit, mit Ausnahme der russischen Fallstudie, anscheinend keine Publikationen mehr über terminale Geistesklarheit aus der Feder von Psychiatern. Das heißt jedoch nicht, dass dieses Phänomen nicht mehr existiert, obwohl es durch den Einsatz von schmerzlindernden und beruhigenden Medikamenten, die oft auch eine Bewusstseinstrübung mit sich bringen, seltener geworden sein könnte. Ähnlich wie die Fälle mit Gehirntumoren ereignen sich Fälle von Alzheimer-Patienten außerdem häufig in Hospizen oder sogar zu Hause, und über ungewöhnliche Erfahrungen in diesem Umfeld wird in der medizinischen Fachliteratur nur selten etwas publiziert. Dafür lassen sich entsprechende Berichte in persönlichen Gesprächen oder auf Konferenzen zum Thema Spiritualität oder Sterben relativ häufig vernehmen. So führte der Philosoph Michael

36 Fuehrer (1950), S. 155f.
37 Osis (1961).

Grosso erst vor wenigen Jahren zwei Beispiele von dementen Patienten an, die ihm persönlich berichtet worden sind.

> Beide Personen hatten ihre engsten Familienangehörigen seit einiger Zeit nicht mehr erkannt – bis sie wenige Stunden vor ihrem Tod wieder dazu in der Lage waren. Eine von ihnen, eine 92-jährige Frau, die seit neun Jahren an der Alzheimer'schen Krankheit litt, wusste sogar wieder, wo sie war und wie alt sie war – Dinge, welche sie während der Jahre zuvor nicht mehr gewusst hatte.[38]

Ein ähnlicher Fall wurde im Jahr 2008 von einer Krankenpflegerin mitgeteilt. Nachdem diese in einer Befragung angegeben hatte, dass verwirrte und demente Personen in den letzten Tagen vor ihrem Tod „ziemlich häufig" wieder verstärkt zu sich kommen, führte sie das Beispiel ihrer eigenen Mutter an:

> „Sie litt unter Demenz und hat keinen von uns vor ihrem Ende richtig erkannt. Doch während ihrer letzten vierundzwanzig Stunden erkannte sie uns ohne Zweifel. Kurz bevor sie starb, sagte sie zu mir: ‚Ich liebe dich.'"[39]

Im Rahmen dieser Umfrage gaben sieben von zehn Pflegerinnen eines Pflegeteams an, in den letzten fünf Jahren mindestens einmal die Rückkehr geistiger Fähigkeiten von dementen Patienten kurz vor dem Tod beobachtet zu haben. Auch mir persönlich sind Berichte über terminale Geistesklarheit bei Alzheimer-Patienten zugetragen worden. Dabei kann sich diese plötzliche Geistesklarheit nicht nur in Form von unerwarteten Gesprächen zeigen, worin lange verloren geglaubte Erinnerungen und Fähigkeiten wieder zu Tage treten, sondern auch in einer schlichten, aber auffälligen Geistesgegenwart, die gar nicht vieler Worte bedarf. Einen Fall, worin lediglich ein bemerkenswerter Blickwechsel stattgefunden hatte, schilderte mir Pam Kircher, eine Ärztin aus den USA, die auch in der Hospizarbeit tätig ist. Sie wurde zu einer 85-jährigen Alzheimer-Patientin gerufen, die an Lungenentzündung erkrankt war. Pam schrieb:

---

38 Grosso (2004).

39 Brayne, Lovelace und Fenwick (2008).

„Die Krankengeschichte der Patientin beinhaltete schwerer Demenz. Mein klinischer Eindruck stimmte mit dieser Diagnose überein – sie hatte angsterfüllte Augen, wie die eines wilden Tieres, das sich in seiner Lebenslage gefangen fühlte. Zu meinem größten Erstaunen öffnete sie ihre Augen kurz bevor sie starb und sah mir für einige Zeit genau in die Augen – mit vollkommener Realisierung und Anerkennung eines Menschen, der einen anderen Menschen erkennt. Momente später nahm sie ihren letzten Atemzug und starb in Frieden. Die anwesende Krankenschwester hatte diesen anhaltenden Blick kurz vor dem Tod ebenfalls bemerkt und war genauso überrascht wie ich selbst. Wenn ich über meine Hospizarbeit vortrage, habe ich diese Erfahrung schon oft geschildert. Fast immer berichtet jemand aus dem Publikum von einer ähnlichen Erfahrung. Ich glaube, dass dieses Phänomen relativ häufig auftritt, wenn Menschen mit Demenz sterben."

Ein ähnlicher Fall wurde mir von Sabine Mehne berichtet. Das Leben von Frau Mehne wurde durch eine Nahtod-Erfahrung tiefgreifend verändert. Seitdem beschäftigt sie sich intensiv mit den Themen Sterben und Tod und engagiert sich im „Netzwerk Nahtod-Erfahrung".[40] Sie beschreibt den Tod ihrer Schwiegermutter mit den folgenden Worten:

„Sie litt mehrere Jahre an der Alzheimer'schen Erkrankung. Ihre nächtliche Unruhe und ihr stetes Wachsein überforderten sowohl ihren Ehemann als auch uns als Familie mit drei kleinen Kindern. Die Unterbringung in einem Pflegeheim mit Schwerpunkt „Demenz" wurde notwendig. Es war für uns überraschend, wie schnell sich ihr Zustand verschlechterte. Sie verbrachte die letzten Monate ihres Lebens im Bett liegend, in ihrer eigenen Welt. Uns Familienangehörige erkannte sie nicht mehr. Selbst bei dem Erkennen ihres Ehemannes waren wir unsicher, obwohl sie ruhiger wirkte, wenn er an ihrem Bett saß oder sie fütterte. Eine Unterhaltung mit ihr war nicht mehr mög-

40 Das Netzwerk Nahtod-Erfahrung wird von Menschen mit Nahtod-Erfahrungen, Medizinern sowie Natur- und Geisteswissenschaftlern aus dem deutschsprachigen Raum getragen. Ziel ist es, einen interdisziplinären Dialog für das Verständnis dieser Erfahrungen zu führen und einen ernsthaften Umgang mit diesen Erfahrungen in der Öffentlichkeit zu gestalten. Es gibt auch Anregungen zur allgemeinen Orientierung im Leben und angesichts des Todes. Für weitere Informationen siehe http://www.iands-germany.de/ .

lich. Gelegentliche Äußerungen beschränkten sich auf ein „Hallo" oder auf „Ja" und „Nein" als Antworten auf Fragen. Ich besuchte sie trotzdem gerne, und ich fühlte in ihrer Nähe immer einen großen Frieden. Sie hingegen schien auch dann weit weg zu sein und zu vergessen, dass ich neben ihr saß.

Am Tag ihres Todes hat sie ihren Mann nicht ‚wirklich' erkannt. Er saß wie immer neben ihr, als sie plötzlich zu einer ungewohnten Lebendigkeit erwachte. Sie setzte sich im Bett auf, entwickelte einen lange nicht gekannten Appetit und aß mit sichtlichem Wohlgefallen ihre Abendmahlzeit! Mein Schwiegervater, der mir diese Zeit später immer wieder schilderte, dachte tatsächlich, dass sie nun wieder gesunden würde. Es war ihr wacher Blick. Sie nahm bewussten Blickkontakt zu ihm auf, mit Augen, die anders als sonst von intensiver geistiger Wachsamkeit erfüllt waren. Es kam ihm so vor, als ob seine Frau im nächsten Moment aufstehen, ihre Koffer packen und weggehen würde, von einer solchen Energie und Klarheit schien sie gepackt worden zu sein. Gesprochen hat sie allerdings nicht. In all den Wochen, da er täglich an ihrer Seite war, hatte er einen solchen Lebendigkeitsschub nicht erlebt. So verließ er mit einer großen Zuversicht und Freude an diesem Abend ihr Zimmer. Und zu seiner großen Überraschung winkte ihm seine Frau vom Bett aus zu.

Nach seiner Ankunft zu Hause rief das Personal des Pflegeheimes an und übermittelte uns die Todesnachricht. Ihr Tod wurde seitens des Personals etwa zehn Minuten später bemerkt, nachdem mein Schwiegervater das Zimmer verlassen hatte.

In einem weiteren Beispiel sprach der Patient immerhin einen Satz, doch auch dieser Satz wurde als sehr bemerkenswert empfunden. Die betreffende Person war der Vater von Jenny Wade, einer Autorin, die selbst Publikationen zum Thema Nahtod-Erfahrungen verfasst hat. Mit etwa dreiundsiebzig Jahren zeigte ihr Vater, ein ehemaliger Militärpilot und Untersuchungsbeauftragter für Testflugunfälle, erste Symptome von Verwirrung und Erinnerungsverlust, die sich als Anzeichen der Alzheimer'schen Erkrankung entpuppten. Dazu kamen kleinere Schlaganfälle. Die letzte Zeit seines Lebens, bis zu seinem Tod im Alter von dreiundachtzig Jahren, verbrachte der Mann in einem Pflegeheim. Er schien seine Familienangehörigen noch zu erkennen, wenn sie den Raum betraten, denn dann hellte sich manchmal seine Miene auf. Er hatte jedoch alle Sprachfähigkeit verloren, und selbst einfache Körperfunktionen, wie z.B. Essen, waren ihm nicht mehr möglich. Zumeist befand er sich in einer Art Halbschlaf und schien nur noch sehr kurze direkte Fragen wie „Möchtest du mehr [zu Essen]?“ zu verstehen. Eines Tages richtete eine Pflegerin sein Bett, während der Mann in seinem üblichen halbbewussten Zustand zusammengesackt im Rollstuhl hinter ihr saß. Plötzlich wurde ihre Aufmerksamkeit durch eine offenbar gezielt ausgeführte Bewegung geweckt, und sie drehte sich zu ihm um.

> „Er hatte sich aufgerichtet, den Kopf erhoben und sah sie mit hellwachen Augen an. Und mit Lippen, die seit Monaten keinen vollständigen und verständlichen Satz mehr geäußert hatten, sprach er deutlich und nüchtern, als ob er seinen letzten Befehl bekommen hatte: ‚Ich gehe nach Hause.‘ Er starb am nächsten Morgen.“

Der folgende bemerkenswerte Alzheimer-Fall wurde mir von Erlendur Haraldsson berichtet, einem seit langen Jahren in der Psychologie und ihren Grenzbereichen tätigen Forscher. Er handelt von einer 81-jährigen Frau, die bereits seit vielen Jahren dement war und in einem Altersheim in Island lebte.

> Sie war bettlägerig, befand sich in einem koma-artigen Zustand, hatte ihre Familienangehörigen seit einem Jahr nicht mehr erkannt und auch nichts mehr gesprochen. Ihre Angehörigen besuchten sie wechselweise, um ihr an ihrem Bett Gesellschaft zu leisten. Eines Tages saß ihr Sohn Lydur bei ihr und löste Kreuzworträtsel. Plötzlich setzte sich seine Mutter in ihrem Bett auf. Sie wandte sich direkt an ihren Sohn, sah ihm ins Gesicht und sagte: „Mein Lydur, ich werde einen Vers für dich zitieren.“ Dann sprach sie laut und deutlich die folgenden Verse, die ihr Sohn als sehr passend für ihre Situation empfand (in ungereimtes Deutsch übersetzt):
>
> Oh Vater des Lichts, Preis sei Dir.
> Du gabst mir Leben und Gesundheit,
> Meinen Vater und meine Mutter.
> Nun setze ich mich auf, weil die Sonne scheint.

Du sendest Dein Licht zu mir herein,
Oh, Gott, wie gut bist Du!

Nach diesem Gedicht lehnte sich die Frau wieder auf ihr Kissen zurück und versank erneut in den koma-artigen Zustand, in dem sie auf nichts und niemanden mehr reagierte. Dennoch lebte sie noch einen Monat. Ihr Sohn schrieb diese Verse sofort auf und dachte, es sei ein Gedicht, das seine Mutter selbst verfasst hatte. Erst einige Zeit später fand die Familie heraus, dass sie einem kirchlichen Loblied eines isländischen Dichters entstammten.

Diesen Fall habe ich bereits eingangs des Kapitels erwähnt mit dem Hinweis, dass die Frau noch einige Zeit nach diesem Ereignis weiterlebte. Ich rechne ihn jedoch trotzdem in die Kategorie der terminalen Geistesklarheit, da ein solcher Ausbruch von Leben, Klarheit und vor allem spiritueller Poesie sicher ungewöhnlich ist und sich auch bis zu ihrem Tod nicht wiederholt hat. Möglicherweise ließe sich auch ein Fall hier einordnen, wonach ein 78-jähriger Alzheimer-Patient im Endstadium seiner Krankheit plötzlich anhob zu singen, jedoch wurden hier leider keine weiterführenden Angaben gemacht.[41]

Nun komme ich noch zu Fallbeispielen von Alzheimer'scher Erkrankung, wobei sogar eine echte wechselseitige Kommunikation stattgefunden hat. Der Erste hiervon wurde mir von Kenneth Ring mitgeteilt, einem der bekanntesten Pioniere der Nahtod-Forschung. Es stammt aus seinem engen Bekanntenkreis und ereignete sich erst im Jahr 2010. Er schickte mir den Bericht der Schwiegertochter der betroffenen Frau:

„Das Ereignis betrifft eine 98-jährige Frau, die ehemals eine hochkompetente Persönlichkeit war. Sie verlor ihre geistigen Fähigkeiten im Laufe der letzten Jahre. Es begann langsam, im Jahr 2005, als sie Dinge an unpassende Stellen räumte oder wegwarf und ihr Kurzzeitgedächtnis nachließ. Doch alsbald hatten sich ihre Schwächen zu einer vollständigen Demenz ausgewachsen. Ihr Verhalten war unkontrollierbar, sie konnte nicht mehr klar denken und konnte praktisch

41 Wooten-Green (2001).

nichts mehr alleine tun. Sie konnte nicht still sitzen und lief Tag und Nacht umher. Wir brachten Kinder-Schutzgitter an der Küchentüre an und hinderten sie auf diese Weise auch daran, nachts im ganzen Haus umherzulaufen. Sie fiel in die Geistesverfassung eines eineinhalbjährigen Kindes zurück und konnte keine Sätze mehr formulieren. Oft sagte sie nur ‚Ich möchte' oder ‚Ich brauche', ohne den Satz zu vervollständigen. Im Jahr 2010 sprach sie fast keinen vollständigen Satz, und schon im Jahr 2009 rätselten wir ständig, was sie uns sagen wollte. Sie verlor ein Drittel ihres Gewichts. Als sie achtundneunzig Jahre alt war, begann sie öfters hinzufallen. Schließlich fiel sie auf die Seite und brach sich die Hüfte. Zu unserem großen Erstaunen sprach sie auf der Notaufnahme-Station des Krankenhauses vollständige Sätze. Zunächst sagte sie: „Gib mir ein neues Bein." Der Satz war für sich genommen schon sehr verblüffend. Aber als ihr Sohn aus dem Zimmer ging, drehte sie sich zu mir und sagte: „Sag mir die schlechte Nachricht." Ich sagte ihr, dass ihre Hüfte gebrochen sei. Sie antwortete: „Ach, du meine Güte." Sie hatte das deutlich verstanden. Danach sagte sie uns einige Male, dass sie uns liebe, wir sie nicht vergessen sollten und sie uns nicht vergessen werde. Dies waren alles sinnbezogene und vollständige Sätze, wie wir sie seit Monaten nicht aus ihr herausgebracht hatten. Wir betrachten sie als ein letztes Geschenk von ihr. Denn obwohl wir es nicht realisiert haben, verabschiedete sie sich damals von uns. Sie wusste, was eine gebrochene Hüfte bedeutete, und sie wusste, dass dies ihr Ende war. Die Ärzte kamen, gaben ihr Morphium und brachten sie in ein Hospiz. Ab dann konnte sie erneut keine vollständigen Sätze mehr sprechen und starb nach drei Tagen."

Der jetzt folgende Fall wurde mir von einem guten Bekannten berichtet. Dessen Mutter pflegte seit vielen Jahren ihre Mutter, die bereits seit rund fünfzehn Jahren an der Alzheimer'schen Krankheit litt.

„Meine Oma war seit langer Zeit apathisch und hatte ihre Tochter, also meine Mutter, seit etwa fünf Jahren nicht mehr erkannt. Sie bezweifelte sogar, dass sie ihre Tochter war. Oma war auch sonst nicht mehr in der Lage, sinnvolle Unterhaltungen zu führen. Eines Tages, als auch ihre zweite Tochter bei ihr war, eine Tante von mir, erkannte sie beide und sprach sie mit ihren Namen an. Sie sprach mit ihnen über die Todesangst, die sie verspüre, und auch über kirchliche Themen. Danach haben sich die drei Frauen noch über ihre beiden Brüder bzw. Söhne unterhalten. Meine Oma konnte ihre komplette Familiensituation wieder erfassen. So etwas hatte es zuvor über Jahre hinweg nicht gegeben. Sie war sich dabei laut meiner Mutter ihres Zustands und auch der Umgebung bewusst, was zuvor kaum der Fall gewesen war. Meine Mutter und ihre Schwester waren sich sofort einer besonderen Klarheit bewusst. Dieses Phänomen war ihnen unbekannt und hatte auch etwas Erschreckendes. Meine Oma starb dann nachts."

Das nächste Beispiel wurde mir von Emily Kelly mitgeteilt, einer Psychologin an der Universität in Charlottesville, USA, und Mitautorin von einem der interessantesten und am besten fundierten Werke über die ungelösten Rätsel des menschlichen Geistes, das je erschienen ist.[42]

In diesem Fall begann eine Alzheimer-Patientin, die angeblich seit mehreren Jahren weder auf Familienmitglieder reagiert hatte noch zu sprechen in der Lage war, in der Woche vor ihrem Tod mit ihrer Enkelin zu sprechen. Sie erkundigte sich nach dem Wohlergehen verschiedener Angehöriger und erteilte der Enkelin Ratschläge für ihre Lebenssituation. Die Enkelin berichtete, diese Erfahrung sei für sie wie ein Gespräch mit „Rip van Winkle" gewesen. Dieser ist eine Figur in einer bekannten Kurzgeschichte des amerikanischen Schriftstellers Washington Irving. In der Geschichte fiel Rip van Winkle in einen Zauberschlaf und wachte nach zwanzig Jahren in einer reichlich veränderten Umwelt wieder auf.

Ähnlich ist auch der nächste kurze Bericht, der mich über Jim Carpenter erreichte. Carpenter ist ein renommierter amerikanischer Psychologe mit einem seit langem bestehenden Engagement in den Grenzgebieten der menschlichen Erfahrungen. Der Bericht wurde ihm von dem Kaplan eines Pflegeheims mitgeteilt.

„Eine Frau, die seit langem stark dement gewesen war, begann plötzlich

42 Kelly, Kelly, Crabtree, Gauld, Grosso und Greyson (2007).

> mit perfekter geistiger Klarheit zu dem Pflegepersonal des Heimes zu sprechen. Sie verlangte danach, mit ihrem Sohn zu sprechen. Das Personal setzte alle Hebel in Bewegung, ihn in das Heim zu bestellen. Er kam tatsächlich bald. Die beiden hatten eine erstaunliche Unterhaltung, in der sie sich über alles aussprachen und in absolutem Kontakt miteinander standen. Nach ein paar Stunden schwand die geistige Klarheit der Frau wieder. Sie starb am nächsten Tag. Wie seltsam!"

Das nächste und letzte Beispiel in der Reihe der Demenz-bezogenen Fälle ist besonders eindrucksvoll und unterstreicht den möglichen Bezug von terminaler Geistesklarheit zu Nahtod-Erfahrungen, die ebenfalls oft mit ausgesprochener geistiger Klarheit einhergehen. Auch hier beschreibt die betroffene Person, dass sie während ihrer Krankheit ihre Umgebung wahrgenommen hat, aber nicht in der Lage war, zu kommunizieren. Es findet sich in einem Buch über Nahtod-Erfahrungen von Jörgen Bruhn. Dieser schreibt:

> „Ein ehemaliger Schüler von mir leitet in Schleswig-Holstein ein Alten- und Pflegeheim. Nach einer Veranstaltung kam er zu mir und wollte von einem Ereignis berichten, das er selbst miterlebt hatte. In seinem Heim wurde seit Jahren eine Frau gepflegt, die unter der Alzheimer-Erkrankung litt. In den letzten beiden Lebensjahren habe sie auf ihre Umwelt eigentlich, so meinte er, gar nicht mehr reagieren können, sondern nur noch an die Decke gestarrt. Schließlich erlitt sie einen Herzinfarkt, war klinisch tot und wurde, da keinerlei anders lautende Verfügungen vorlagen, wiederbelebt. Nach ihrer Reanimation war sie für mehrere Stunden geistig völlig klar. . . . Sie bedankte sich nun bei ihren Kindern, dass diese sie regelmäßig besucht hätten, obwohl sie sich nie hatte dafür dankbar zeigen können. Sie freute sich darüber, Medizinern und Pflegepersonal Dankesworte sagen zu können, und zeigte durch alle ihre Äußerungen, dass sie in den letzten beiden Jahren eigentlich alles in ihrer Umgebung 'mitbekommen' hatte. Auch ihr Gefühlsleben war in dieser Zeit offenbar völlig intakt gewesen. In der folgenden Nacht beendete ein zweiter Infarkt ihr Erdenleben endgültig." [43]

43 Bruhn (2009), S. 167.

Terminale Geistesklarheit bei Schlaganfällen

Bei einem Schlaganfall, auch Gehirnschlag genannt, wird ein Teil eines Gehirnes plötzlich von der Sauerstoffversorgung abgeschnitten. Dies kann durch die Verstopfung von Adern durch Blutgerinnsel geschehen, aber auch durch das Platzen von Adern, so dass die vordem durch diese Blutgefäße versorgten Gehirnpartien kein Blut mehr erhalten. Auch kann ein erhöhter Innendruck im Schädel durch Blut aus geplatzten Adern zu einem Abdrücken von anderen Blutgefäßen führen. In allen Fällen ist das Resultat das Gleiche: Die betroffenen Gehirnregionen werden binnen kurzer Zeit ernstlich und oft irreparabel geschädigt. Häufig sind die betrübliche Folge dieser gefürchteten Vorkommnisse beträchtliche und dauerhafte Behinderungen sowohl auf der körperlichen als auf der geistigen Ebene, wenn nicht sogar der Tod. Deshalb ist es erstaunlich, wenn ein durch Schlaganfälle beeinträchtigter Mensch plötzlich wieder zu geistiger Klarheit gelangt. Ich konnte vier Fälle von terminaler Geistesklarheit finden, in die Schlaganfälle involviert waren.

Das erste Beispiel stammt aus der Feder des Arztes Ferdinand Jahn (1804-1859). Dieser hatte einen Verwandten, der einst eine heftige Gemütserschütterung erfahren hatte und daraufhin unter einer Fieberkrankheit litt, die auch seinen Geisteszustand zerrüttete. Anfangs äußerte sich diese als Tobsucht, später als ausgesprochene Scheu vor seinen Mitmenschen, die allerdings weiterhin mit manischen Phasen durchsetzt war. Alle ärztliche Hilfe bewirkte nichts. Der Mann lebte etwa zwanzig Jahre in diesem Zustand. Doch dann änderte sich seine geistige Verfassung. Jahn berichtete:

> „Um diese Zeit [nach etwa zwanzig Jahren] geschah es, dass der Unglückliche von halbseitiger Lähmung befallen ward, über deren Natur ich nichts Näheres anzugeben vermag, und dass er zugleich mehrere Tage lang, nach deren Ablauf er schlagflüssig starb, den vollen Gebrauch seiner Geistesvermögen wieder erhielt, und sich mit seinen früher von ihm wie die Pest geflohenen Verwandten und Bekannten über die von ihm vor seiner Krankheit durchlebten schönen Zeiten, über seine Eltern und Geschwister und andere im nahestehende Personen, über die Angelegenheiten seines Hauses, über seine Krankheit, über den ihm seinem Glauben nach nahe bevorstehenden Tod, und über

> seine Ansichten von dem Zustande nach dem Ableben freudig und wehmütig zugleich auf das Vernünftigste unterhielt."[44]

Heute weiß man, dass eine halbseitige Lähmung von Gliedmaßen oder anderen Körperpartien ein typisches Symptom von Gehirnschlag ist, bei dem nicht immer eine Beeinträchtigung des Bewusstseins auftreten muss. Die Vermutung liegt nahe, dass es sich hier um einen solchen Fall gehandelt hat. Einige Tage nach dieser geistigen Aufhellung starb der Mann jedenfalls an einem (weiteren?) Hirnschlag oder „Schlagfluss", wie er damals häufig bezeichnet wurde. Es scheint somit, als ob die terminale Geistesklarheit des Mannes *nach* dem ersten Schlaganfall auftrat und mit einer Vorausahnung seines baldigen Todes begleitet war.

Bei dem zweiten und sehr ähnlichen Fall trat die geistige Klarheit ebenfalls nach einem Gehirnschlag auf. Er wurde auch im 19. Jahrhundert von dem Lyriker und Philosophen Georg Friedrich Daumer (1800-1875) beschrieben. Daumer wurde auch als der Erzieher des rätselhaften Findelkindes Kaspar Hauser bekannt und widmete sich später der Ergründung der Grenzgebiete der Naturforschung. Er bekam von einem Freund den folgenden Bericht übermittelt:

> „Im Bürgerhospital zu Würzburg starb am 16. Juli 1862 ein Mann, welcher in Folge eines Schlaganfalls elf Jahre lang geistig und körperlich gelähmt war. Er stammte aus sehr guter Familie und war früher Offizier im bayerischen Heer gewesen. Bei jenem Anfall verlor er nicht nur seine Sprache, sondern auch andere Kenntnisse, sogar das Vermögen des Lesens, obschon Gesicht und Gehör unversehrt blieben. Erst nach dreijähriger Krankheit lernte er Personen wieder erkennen und wieder einzelne Wörter, aber keine Sätze sprechen und verstehen. Sieben Tage vor seinem Tod erhielt er nach einem ähnlichen, aber sehr leichten Anfall fast ganz die Besinnung wieder. Er konnte in ganzen Sätzen sprechen und eine anhaltende Rede verstehen, während dagegen seine körperlichen Kräfte bedeutend sanken. Seine geistigen Fähigkeiten wuchsen bei Abnahme der leiblichen. Am auffallendsten war seine religiöse Veränderung. Er hatte ein halbes Jahrhundert lang keine Kir-

44 Jahn (1830), S. 73f.

che besucht und kein Sakrament empfangen. Noch einige Wochen vor seinem Tod gab er Zeichen seines völligen Unglaubens. Fünf Tage vor seinem Tod jedoch ließ er einen Geistlichen kommen, beantwortete befriedigend alle ihm vorgelegten Fragen und starb eines guten Todes." [45]

Der dritte Fall stammt aus jüngerer Zeit. Eine 91-jährige Frau erlitt einen Schlaganfall, der ihre linke Seite lähmte und ihre Sprachfähigkeit beeinträchtigte. Einige Monate später folgte ein zweiter Schlaganfall, der sie vollständig lähmte und verstummen ließ. Einzig ihre Augen ließen erkennen, dass in diesem bewegungsunfähigen Körper noch Leben war. Der Berichterstatter schrieb:

> „Schließlich war es offensichtlich, dass das Ende nahe war. Es kam etwa um halb vier nachmittags an einem schönen Herbsttag. Ihre Tochter, die sie seit ihrem ersten Gehirnschlag gepflegt hatte, saß an ihrem Bett. Ein plötzlicher lauter Ausruf der Mutter ließ sie augenblicklich aufmerken. Zu ihrer Verblüffung wurde ihr Gesicht, das seit vielen Monaten eine unbewegliche Maske gewesen war, von einem freudestrahlenden Lächeln erhellt. Die Mutter wandte sich ihrer Tochter zu, strahlte sie mit einem ‚lieblichen, wundervollen Blick' an und setzte sich dann ohne offensichtliche Anstrengung in ihrem Bett auf, hob ihre Arme und sagte mit klarer und freudiger Stimme ‚Andrew!' Und mit diesem Ausspruch des Namens ihres verstorbenen Ehemannes sanken die Arme wieder. Ihre Tochter fing den Körper, aus dem der Geist auf so freudvolle Weise gewichen war, auf und ließ ihn zurück ins Bett sinken."[46]

Die Mutter scheint eine typische Todesnähe-Vision mit spiritueller Komponente erfahren zu haben, später im Buch werde ich auf diese Visionen noch ausführlicher zu sprechen kommen. Unter diesem Gesichtspunkt wäre das Geschehen also gar nicht einmal besonders ungewöhnlich – wenn da nicht die Tatsache wäre, dass die Frau im Vorfeld ihrer Erfahrung zwei Schlaganfälle gehabt hatte, die sie vollständig gelähmt hatten. Kann es denn überhaupt sein, dass kurz vor dem Tod Bewegungen, die eigentlich unmöglich sein sollten, wieder möglich sein können? Es scheint kaum

45 Daumer (1865), S. 140f.
46 Noyes (1951).

glaublich. Aber immerhin sei erwähnt, dass die unverhoffte Rückbildung von körperlichen Krankheitssymptomen oder Gebrechen schon häufiger berichtet worden ist, wenn auch nicht in dieser dramatischen Form. Beispiele hierfür werde ich ebenfalls in einem späteren Buchkapitel vorstellen. Obwohl also der eben geschilderte Fall den kritischen Verstand reichlich strapaziert, sollte man offen gegenüber der Möglichkeit bleiben, dass sich das Geschehen tatsächlich so zugetragen hat. Dies umso mehr, als ein zweiter, ähnlicher Bericht existiert. Eine offenbar medial veranlagte Frau hat ihn dem Buchautor Hans Holzer mitgeteilt:

> „Ich stand hinter meiner über siebzig Jahre alten Mutter, als sie im Sterben lag. Sie hatte einen Gehirnschlag gehabt und konnte nicht mehr sprechen. Ihre Pfleger behaupteten, sie hätten sich schon seit über einer Woche nicht mehr mit ihr verständigen können. Als ich meine Kräfte auf sie einwirken ließ, sprach sie klar und einwandfrei. ‚Wenn du nur sehen könntest, wie wunderbar und vollkommen alles ist', sagte sie, dann rief sie laut nach ihrem toten Vater: ‚Papa. Papa!' Ich sprach dann direkt mit ihr und fragte sie, ob sie Papa sähe. Sie antwortete: ‚Ja, ich sehe Papa.' Wenige Tage später ging sie ins Jenseits hinüber."[47]

Terminale Geistesklarheit bei Abszessen und Gehirntumoren

In die jetzt zu besprechende Kategorie von terminaler Geistesklarheit rechne ich alle Fälle, bei denen entweder Gewebewucherungen, Abszesse oder sogar gewebezersetzende Tumoren im Gehirn diagnostiziert worden sind. Insgesamt stelle ich hier acht diesbezügliche Fallbeispiele vor. Der erste Fall wurde von dem Arzt Christian Pfeufer (1780-1852) aufgezeichnet, seinerzeit Direktor eines allgemeinen Krankenhauses in Bamberg.

Ein Junge spielte in seinem sechsten Lebensjahr in dem Speicher des Hauses und fiel so unglücklich auf seinen Kopf, dass ein Nagel seine Stirn durchstieß. Die Wunde schien gut zu verheilen. Einige Monate nach dem

47 Holzer (1981), S. 22.

Sturz klagte er jedoch über Kopfschmerzen, die sich im Laufe der Jahre mehr und mehr verstärkten. Er musste sich häufig hinlegen, jugendlicher Frohsinn war nie an ihm zu bemerken, er mied Gesellschaft und wurde mit reiferen Jahren immer düsterer und stiller. Diese Düsterkeit ging in seinem siebzehnten Lebensjahr in wahre Melancholie über. Der Junge war zudem nicht mehr in der Lage, auch nur eine halbe Stunde lang zu laufen. Der Unglückliche litt nun beständig an starken Kopfschmerzen, auch sein Schlaf war gestört. Er blinzelte ununterbrochen, verlor das Gedächtnis, murmelte viel, sprach zuweilen irre und stierte oft stundenlang auf einen Gegenstand. Als sich dazu noch häufiges Erbrechen einstellte, wurde er in das Krankenhaus aufgenommen. Hier besserte sich zwar sein geistiger Zustand, jedoch plagte ihn weiter der Kopfschmerz. Er konnte sich nicht einmal in seinem Bett aufsetzen, geschweige denn es verlassen. Der Patient verbrachte die nächsten achtzehn Tage im Krankenhaus unverändert in diesem Zustand. Den neunzehnten Tag schilderte Pfeufer mit den folgenden Worten:

> „An diesem Tag traf ich ihn morgens bei der Ordination außer dem Bette, und nach seiner eigenen Angabe so gesund, dass er am anderen Tage die Anstalt verlassen und sich seinen Studien widmen werde. Sein Ansehen war heiter, sein Blick im Verhältnisse zu voriger Zeit verklärt, die Temperatur des Körpers und Puls regelmäßig. Er klagte auch nicht über die geringste Beschwerde im Kopf. Alle meine Umgebungen staunten über die auffallende Besserung. Kaum hatte ich eine viertel Stunde darauf meine klinischen Vorlesungen angefangen, als die Wärterin fast außer Atem in den Hörsaal trat und die Anzeige machte, dass [der junge Mann] bewusstlos in sein Bett gestürzt und im Sterben begriffen sei. Wir eilten in den Saal und fanden die Angaben derselben gegründet, den Kranken röchelnd, und nach einigen Minuten war er verschieden.“[48]

Bei der nachfolgenden Autopsie seines Gehirnes wurden hinter der Stirn zwei etwa hühnereigroße eitrige Geschwüre gefunden, ansonsten war das Gehirn in praktisch normalem Zustand. Auch sonst konnten keine Anzeichen von körperlicher Krankheit gefunden werden.

---

48 Pfeufer (1822), S. 89f.

Der nächste Fall stammt ebenfalls aus dem vorletzten Jahrhundert und wurde von dem in Liesborn im Münsterland praktizierenden Arzt Albert Matthias Vering (1773-1829) dokumentiert. Die Patientin war eine Schwägerin von ihm. In ihrer anscheinend glücklichen Vergangenheit lebte diese als Nonne in einem Kloster und erfüllte hingebungsvoll alle ihre Aufgaben. Doch das Kloster wurde geschlossen, was für die Frau einen regelrechten Schock bedeutete. War sie doch nun wieder in die Welt versetzt, der sie für immer entsagt hatte! Von ihrer geringen Pension konnte sie nicht leben, zumal sie erhebliche Anteile hiervon für die Hilfe von notleidenden Menschen einsetzte. Daher nahm ihre Schwester sie in ihr Haus auf, wo sie zunächst ein recht zufriedenes Leben führte. Im Jahr 1807 erkrankte sie an Scharlach und überstand die Krankheit zunächst offenbar gut. Doch kurz nach ihrer Genesung wurde sie von heftigem Fieber befallen, das schon bald in Delirium und wilde Tobsucht überging. Es bildete sich ein permanenter Wahnsinn aus, der solche Ausmaße annahm, dass man sich genötigt sah, sie in einem speziell für sie eingerichteten Zimmer in Verwahrung zu nehmen. Die augenfälligsten abnormalen Charakterzüge waren religiöser Art. Ihre Tobsucht erhielt für drei Jahre und vier Monate konstante Nahrung durch die fixe Idee, ihr ehemaliges Kloster existiere noch immer und sie müsse um alles in der Welt dorthin zurückkehren. Sie erkannte in dieser Zeit niemanden mehr außer ihrer Schwester und ihrer Wärterin. Im Jahr 1810 setzte bei der Frau ein schleichendes Fieber ein, und im Sommer des gleichen Jahres entdeckte man einen großen Abszess an der rechten Lende, den die Kranke verheimlicht hatte. Da der Abszess sehr stark eiterte und es für hilfreiche Eingriffe bereits zu spät war, verschlechterte sich ihr Gesundheitszustand kontinuierlich. Im September starb sie schließlich. Bezüglich ihres psychischen Befindens konstatierte Vering:

> „Je mehr die Kräfte sanken, desto ruhiger wurde die Kranke; ihr Delirium minderte sich von Tag zu Tag; sie sprach oft mehrere Stunden lang ganz vernünftig. Drei Wochen vor ihrem Tod war alle Spur von ihrem Wahnsinn verschwunden; sie zeigte einen lebhaften Wunsch, noch länger zu leben, um, wie sie sagte, ihrer Schwester in der Haushaltung Beistand zu leisten, und auf diese Weise für die viele Last und Sorge, die sie durch ihre Krankheit derselben verursacht habe, ihre Dankbarkeit an den Tag zu legen. Bei jedem Besuch von ihrer Schwester weinte sie laut und bejammerte es, dass sie derselben

durch ihre traurige Krankheit in einer Zeit, wo ihre Pension nicht ausbezahlt werde, so viele Leiden und Kosten veranlasst habe. Sie unterhielt sich mit dieser oft über die törichten Reden und Handlungen, die sie während ihres Wahnsinns geführt und unternommen hatte, und wusste sich der vornehmsten Ereignisse aus dieser traurigen Zeit sehr bestimmt zu erinnern. Als sie ihr Ende nahe glaubte, begehrte sie die Sakramente der Sterbenden; sie empfing dieselben mit außerordentlicher Andacht, betete bis zu dem letzten Augenblick ihres Hinscheidens und starb sanft und ruhig in meinen Armen, in den Armen ihres Schwagers.“ [49]

Am nächsten Tag erfolgte die Untersuchung ihres Gehirnes. Diese ergab folgende Auffälligkeiten: Die äußere harte Hirnhaut war fest mit der Innenseite des Schädelknochens verwachsen. Die Gehirnsubstanz drängte bei der Abnahme des Schädeldaches gewaltsam hervor, und es war später unmöglich, dieses wieder so aufzulegen, dass die Knochenränder schlossen. Ringsherum klaffte ein Spalt von der Breite eines Fingers. Weiterhin strotzten die Gefäße des Gehirnes vor Blut, und das Gehirn selbst hatte eine ungewöhnlich weiche Konsistenz. Ich möchte mich nicht darauf festlegen, dass hier eine Gewebewucherung, ein Abszess oder ein Tumor vorgelegen hat. Es scheint fast so, als ob dies nicht der Fall gewesen ist. Dennoch scheint mir die Zuordnung des Falles in diese diagnostische Kategorie aufgrund der ungewöhnlichen Zunahme und Ausdehnung der Hirnsubstanz noch am treffendsten. In den folgenden sechs relativ zeitnahen Fällen ist die Zuordnung allerdings eindeutig. In allen Fällen handelt es sich um Hirntumoren.

In seinem bewegenden Buch über Nahtod-Erfahrungen von Kindern beschreibt Melvin Morse den Fall eines fünfjährigen Jungen, der an einem bösartigen Hirntumor litt.

Das Endstadium der Krankheit war bereits erreicht, und das Kind lag seit drei Wochen im Koma. In dieser Zeit waren seine Familienangehörigen fast ununterbrochen bei ihm und beteten für seine Genesung. Ihr Priester riet ihnen nach diesen drei Wochen, dass sie dem Kind

49 Vering (1820), S. 138f.

auch erlauben sollten, gehen zu dürfen. Sie nahmen die Empfehlung an und beteten mit dieser geänderten Motivation weiter. Plötzlich, offenbar am ersten Tag dieser Motivationsänderung, erlangte der Junge sein Bewusstsein wieder. Er dankte seiner Familie dafür, dass sie ihn gehen ließ und kündigte außerdem an, dass er tatsächlich in Kürze sterben würde. Er starb am nächsten Tag.[50]

Es ist offenbar kein seltenes Ereignis, dass Koma-Patienten kurz vor ihrem Tod noch einmal zu sich kommen, eine überraschende geistige Klarheit und Wachheit an den Tag legen und sich von den Anwesenden verabschieden. In einer Studie wurde ermittelt, dass 79% Prozent der befragten Pfleger einer Palliativstation solche Situationen innerhalb eines Jahres erlebt hatten.[51] Tatsächlich finden sich hierzu einige Berichte in der Literatur, einige Pfleger haben mir auch selbst davon berichtet.

Das folgende Beispiel wurde Bruce Greyson mitgeteilt, einem führenden Wissenschaftler auf dem Gebiet der Nahtod-Erfahrungen, der, wie Emily Kelly, an der Universität in Charlottesville in den USA tätig ist.

Ein 42-jähriger Mann hatte bereits zwei Operationen hinter sich, wobei ihm Gehirntumoren entfernt worden waren. Trotz intensiver Behandlung, unter anderem mit Gammastrahlen und Chemotherapie, kehrten die Tumoren bald zurück. Der Mann lehnte nach einem letzten vergeblichen Versuch mit Chemotherapie weitere Behandlungen ab und entschied, seine letzte Lebenszeit unter der Obhut von Hospizpersonal zu Hause zu verbringen. Er wurde schnell bettlägerig, inkontinent, erblindete auf einem Auge, seine Aussagen wurden verworren und sein Verhalten bizarr. Er schien nicht zu wissen, wo er sich befand, und wenn Familienangehörige ihn berührten, schlug er nach ihnen wie nach einem Insekt. Alsbald stellte sich auch Schlaflosigkeit ein, der Kranke redete im Delirium ganze Nächte hindurch. Nachdem dieser Zustand für einige Wochen angehalten hatte, wurde der Mann in einer Nacht plötzlich ruhig und sprach in sinnvollen Sätzen, was er lange nicht getan hatte. Danach schlief er ein. Am folgenden Morgen war er noch immer bei Sinnen und unterhielt sich zum ersten Mal mit

50 Morse und Perry (1992a), S. 83.
51 Fenwick, Lovelace und Brayne (2010).

seiner Frau über seinen bevorstehenden Tod. Später an diesem Tag verlor er jedoch endgültig seine Sprache. Er lag noch für zwei Wochen bewegungslos in seinem Bett, dann starb er.

Ein weiterer Fall wurde mir von Beverly Brodsky berichtet, die sich nach einer eigenen Nahtod-Erfahrung viel mit diesem Thema auseinandergesetzt hat und sich für die Netzwerkbildung in dem Themengebiet engagiert.

Ihre Mutter war an Brustkrebs erkrankt, der nach Erkenntnis der behandelnden Ärzte auch Metastasen in das Gehirn gestreut hatte. Da Beverly weit von ihrer Mutter entfernt lebte, konnte sie diese nicht oft besuchen. Ihre Mutter konnte in der Endphase der Krankheit seit mehreren Monaten nicht mehr sprechen, sondern nur noch gelegentliche Laute äußern, die meistens auf Schmerzen hindeuteten. Eines Tages teilte die Pflegerin Beverly mit, dass ihre Mutter nach ihr verlangt habe. Beverly fuhr so schnell wie möglich zu ihr. Zu Beverlys größter Überraschung richtete die Kranke nun einige gezielte und deutlich verständliche Fragen an sie, wünschte ihr ein glückliches Leben und gab ihr ihren Segen. Zwei Tage darauf starb sie.

Ähnliches berichtet Sandy Macleod aus einem neuseeländischen Hospiz.

Bei einem Mann im Alter von dreiundsiebzig Jahren wurde Lungenkrebs diagnostiziert, später auch Metastasen im Gehirn. Der Mann bekam Krampfanfälle, doch durch Bestrahlung des Gehirns konnten die Symptome über sechs Monate hinweg gelindert werden. Danach jedoch wurden die Krampfanfälle unkontrollierbar, und es stellten sich erste Lähmungserscheinungen der linken Gliedmaßen ein. Als der Patient in das Hospiz eingeliefert wurde, war er unfähig zu sprechen, halbseitig gelähmt, inkontinent, hatte in der Nacht zuvor wieder einen Krampfanfall erlitten und verweigerte die Medikamentenaufnahme. Diese wurden ihm sodann intravenös verabreicht. Nach sechsunddreißig Stunden wurde er plötzlich aufmerksam, gewann seine Sprachfähigkeit wieder und unterhielt sich mit seiner Familie. Binnen einiger Stunden fiel er ins Koma und starb am nächsten Tag.[52]

52 Macleod (2009), S. 513f.

Macleod erwähnt in ihrer Publikation noch kurz einen weiteren Fall, in dem ein 45-jähriger Mann mit einem bösartigen Gehirntumor kurz vor seinem Tod unerwartet zu klarem Verstand kam und ein waches Gespräch mit seinen Kindern geführt hatte.[53]

Der letzte und sehr ähnliche Fall in dieser Beispielgruppe wurde im Jahr 2007 von dem Chirurgen Scott Haig geschildert. Auch hier erkrankte ein Mann an Lungenkrebs, der Metastasen bis in sein Gehirn gestreut hatte. Eine Untersuchung kurz vor seinem Tod zeigte, dass nur noch wenig intaktes Hirngewebe vorhanden war. Die Tumoren hatten das Gewebe nicht einfach nur zur Seite gedrängt, sondern es zerstört. In den zwei Wochen vor seinem Tod hatte der Mann zunehmend seine Bewegungsfähigkeit verloren, seine Äußerungen waren undeutlich und unzusammenhängend. Schließlich verlor er jegliche Fähigkeit zu sprechen und sich zu bewegen. Wie seine Frau und eine Krankenpflegerin allerdings berichteten, gelangte er überraschenderweise nochmals zu Bewusstsein. Er wachte aus seinem Koma-Zustand auf und sprach für etwa fünf Minuten ganz normal mit den anwesenden Familienangehörigen. Er verabschiedete sich von ihnen, tätschelte sie und lächelte. Danach fiel er wieder in den vorherigen Zustand zurück und starb binnen einer Stunde.[54]

Terminale Geistesklarheit bei Menschen mit Intelligenzminderung oder geistiger Behinderung

Als letzte diagnostische Gruppe seien noch Fälle von terminaler Geistesklarheit vorgestellt, in denen nicht etwa von einer Wiederkehr von längst verloren geglaubten geistigen Fähigkeiten berichtet wird, sondern – noch erstaunlicher – in denen unvermutet geistige Fähigkeiten an den Tag getreten sind, die vordem überhaupt nicht vorhanden gewesen zu sein schienen. Die Rede ist von Fällen terminaler Geistesklarheit bei Menschen mit Intelligenzminderung oder geistiger Behinderung. Ich konnte bislang nur drei Berichte dieser Art finden. Der erste besteht in einer knappen Notiz über den „Zwerg“ namens Bebe am Hof des ehemaligen polnischen Königs Stanislaus Leszczynski (1677-1766), der offenbar die Rolle eines Hofnar-

53 Macleod (2009), S. 514, in Tabelle 1.
54 Haig (2007).

ren innegehabt hatte. Der Berichterstatter Maximilian Perty (1804-1884) war ein respektierter Professor für Zoologie, der sich später zum Missfallen vieler Zeitgenossen genau wie der bereits erwähnte Georg Friedrich Daumer den Grenzgebieten der Naturwissenschaften zuwandte und einige sehr interessante Bücher hierüber verfasst hat. Er schrieb über Bebe:

> „Der Zwerg Bebe am Hofe des Königs Stanislaus Leszczynski äußerte keine Vernunft, hatte keinen Begriff für religiöse Dinge, kein Schließvermögen. Nie überstiegen seine Fähigkeiten die eines Hundes oder Affen. Er starb (1764) dreiundzwanzig Jahre alt; kam in den letzten vier Tagen zu klarem Bewusstsein und setzte durch seine verständigen Reden alle, die um ihn waren, in Erstaunen."[55]

Zwei erheblich ausführlichere Fallbeschreibungen stammen aus der Feder von Friedrich Happich (1883-1951). Zur Zeit ihrer Niederschrift, im Jahr 1934, war Happich bereits seit einundzwanzig Jahren in leitender Position an einer bedeutenden Heil- und Pflegeanstalt für psychisch kranke Menschen in Treysa (Schwalmstadt) in Hessen beschäftigt. Diese Heilanstalt, *Hephata* mit Namen, existiert noch heute. Im Jahr 1933 waren dort immerhin 517 pflegebedürftige Menschen untergebracht. Dieser sehr bemerkenswerte Text trug den Titel „Wertlose Menschen?" und war in der damaligen Zeit, als der Nationalsozialismus bereits weite Teile Deutschlands erfasst hatte, eine mutige Stellungnahme zugunsten der Menschen mit (geistigen) Behinderungen, die im Zuge der „Rassenhygiene" ausgemerzt werden sollten. Happich begann wie folgt:

> „Schwachsinnige und Idioten nennen wir minderwertig oder gar lebensunwert. Minderwertig sind sie aber nur im biologischen Sinn. Wie es erbbiologisch hochwertige Menschen gibt, die sittlich und sozial überaus minderwertig sind, so gibt es auch zahlreiche körperlich und geistig Gebrechliche, die sittlich hochwertig sind. Viele von ihnen – und sonderlich umnachtete Idioten – hindert die zerstörte Oberfläche ihres Wesens, dass der flüchtig beobachtende Mensch von dem verborgenen inneren Leben etwas merkt. Vorhanden ist es aber doch. Oft zeigt es sich in seiner ganzen Fülle erst in der Todesstunde. Aus den

55 Perty (1861), S. 60f.

zahlreichen Erlebnissen, die ich in einundzwanzig Jahren des Dienstes an solchen Menschen machte, will ich nur drei berichten."[56]

Ich möchte allerdings nur zwei davon hier wiedergeben, denn das dritte Beispiel bezog sich nicht auf Erlebnisse um die Todeszeit. Die Hauptfigur des ersten Berichts ist Georg. Happich schrieb:

„Vierzehn Jahre lang wurde Georg bei uns verpflegt. Als Sechsjähriger war er uns zugeführt worden, ein kleiner aufgeregter Junge. Er sprach viel in abgerissenen Worten, aber es waren nur gemeine Flüche und hässliche Schimpfworte. Bei der geringsten Kleinigkeit konnte er in maßlose Erregung geraten. Dann biss er sich vor Wut in den Arm, suchte seine Stirn an Wänden und Tischen wund zu schlagen und fluchte widerwärtig. Nach und nach gelang es, dies traurige Erbe der Heimat zu beseitigen. Aber alle Bemühungen, Georg noch eine leichte Beschäftigung beizubringen, misslangen völlig. Stundenlang saß er auf derselben Stelle einer Bank und redete ununterbrochen unter ständigen schaukelnden Bewegungen des ganzen Körpers. Namentlich um das Essen drehten sich seine Gedanken: ‚Suppe essen, Fleisch essen, Kartoffeln essen, Gemüse essen, Gemüse essen!'

Zu unserem Staunen merkten wir aber, dass Georg spielend leicht Sprüche und Lieder lernte. In der Heimat hatte er nur üble Gassenhauer gehört. Bei uns hörte er schönere Lieder, die sich rasch seinem Gedächtnis einprägten und die er mit Freuden sang. Die Namen der ihn pflegenden Brüder, die ihm die Lieder vorsangen, konnte er nicht behalten. Er unterschied sie nach den Liedern, die er von ihnen lernte. Fragte der eine: ‚Wer bin ich?', antwortete er: ‚Befiel du deine Wege'; fragte ein anderer, so sagte er: ‚Am Brunnen vor dem Tore'. Noch erstaunter waren wir, als wir mit der Zeit feststellten, dass Georg die Lieder und Sprüche nicht gedankenlos, wie die Platte eines Lautsprechers, aufnahm und wiedergab, sondern dass der sonst so tiefstehende Junge ihren tieferen Sinn erfasste. Zum ersten Mal zeigte sich dies in gefahrvoller Stunde."[57]

56 Ringger (1958), S. 21. Der weitgehend unbekannte Aufsatz von Happich wurde im Jahr 1958 in der Zeitschrift *Neue Wissenschaft* von Peter Ringger wieder abgedruckt.
57 Ringger (1958), S. 218.

Happich schildert nun, wie Georg eines Abends durch ein Fenster im vierten Stock auf das Dach des Hauses kletterte und abstürzte. Ein Baum fing seinen Sturz ab. Erstaunlicherweise trug Georg keine körperlichen Verletzungen davon, war jedoch bewusstlos. Er wurde in das Krankenhaus des Heimes getragen. Als er nach etwa zwei Stunden sein Bewusstsein wiedererlangte, waren seine ersten Worte die Liedstrophe: „Der dich behütet, schläft nicht." Happich fährt fort:

> „Eines Tages erkrankte Georg an Grippe. Wir mussten uns entschließen, ihn in unser Krankenhaus zu legen. Georg war schon oft in ihm gewesen, ohne dass ihm Todesahnungen gekommen waren. Als er aber diesmal hinübergetragen werden sollte, sagte er: ‚Und ob ich schon wanderte im finsteren Tal, fürchte ich kein Unglück!' Kaum war er im Krankenhaus in ein Bett gelegt worden, sang er sämtliche Strophen des Liedes: ‚O Welt, ich muss dich lassen, ich fahr dahin mein Straßen ins ewig Vaterland.' Am nächsten Morgen war sein erstes Wort: ‚Der Schorsch geht heute noch in den Himmel.' Als darauf jemand zu ihm sagte: ‚Georg, sing uns noch ein Lied,' sang er: ‚Dort unten in der Mühle, da geht ein Mühlenrad.' Kaum hatte er die Stelle gesungen: ‚Da ging das Rad nicht mehr', reichte er den ihn umstehenden Pflegekräften die Hand und sagte ‚Gute Nacht!' und war in demselben Augenblick entschlafen."[58]

Happich wunderte sich, wie Georg in der Lage war, diese Lieder sinnvoll auf seine eigene Situation zu beziehen. Man könnte sich außerdem wundern, wie Georg überhaupt ein tieferes Konzept von Tod und Sterben entwickeln konnte, ganz zu schweigen von der zuversichtlichen und korrekten Vorausahnung dieses Ereignisses. Falls jemand daran zweifeln sollte, ob es überhaupt möglich ist, bis zu seinem Lebensende zu singen und sich dann mit einem Gruß zu verabschieden, so ist festzustellen, dass in der Literatur über das Sterben und über Todesnähe-Visionen einige weitere derartige Fälle beschrieben worden sind. Um ein Beispiel zu nennen: In einer klassischen Schrift zu dem Thema beschrieb der prominente englische Physiker Sir William Barrett den Fall einer professionellen Sängerin, die bis zu ihrem Ende sang. Ihrem Ehemann zufolge

58 Ringger (1958), S. 218f.

war ihre Stimme niemals so derartig bezaubernd schön gewesen wie kurz vor ihrem Tod.[59]

Das zweite Beispiel Happichs beinhaltet ebenfalls Gesang. Es zählt zu den faszinierendsten und beeindruckendsten Zeugnissen über terminale Geistesklarheit, die ich finden konnte. Deshalb möchte ich es hier ausführlicher behandeln. Dies umso mehr, als Happich es nicht nur in der bereits zitierten Schrift diskutiert hat, sondern sich noch andernorts dazu geäußert hat. Auch Wilhelm Wittneben (1881-1950), der damalige Chefarzt der Anstalt von Hephata, war Zeuge dieses Ereignisses und hat den Vorfall unabhängig von Happich beschrieben. Der Fall handelt von Käthe, die im Alter von sechsundzwanzig Jahren in Hephata starb. Happich hat sie folgendermaßen charakterisiert:

> „Zu den tiefstehendsten Pfleglingen, die wir je hatten, gehörte Käthe. Sie war von Geburt an völlig verblödet und hat nie ein Wort zu sprechen gelernt. Stumpf vegetierte Käthe dahin. Stundenlang starrte sie auf einen Punkt, dann zappelte sie wieder stundenlang ohne Unterbrechung. Sie schlang Nahrung hinunter, schied das Aufgenommene wieder aus, stieß einmal einen tierischen Laut aus und schlief. Andere Lebensregungen haben wir in den langen Jahren an ihr nie wahrgenommen. Nie haben wir gemerkt, dass sie auch nur eine Sekunde an dem Leben ihrer Umgebung teilnahm. Auch körperlich wurde das Mädchen immer elender; ein Bein musste ihm abgenommen werden, und das Siechtum wurde immer stärker.“[60]

In sehr ähnlicher Weise schrieb Wittneben in der damaligen Fachzeitschrift über „Geisteskrankenpflege“ von Käthe:

> „Käthe, geboren am 30.05.1895, hatte mit sechs Wochen langdauernde Krämpfe, lernte erst mit zweieinhalb Jahren gehen, verblödete immer mehr. Sie wurde am 17.6.1901 in unsere Anstalt aufgenommen und verstarb am 1.3.1922. Ich selbst kannte sie seit 1910. Sie war völlig verblödet, sprach nie ein Wort, stierte entweder stundenlang stumpfsinnig

---

59 Barrett (1926), S. 104.

60 Zusammenfassend dargestellt aus den beiden Schilderungen in Stritter (1930, S. 176) und Ringger (1958, S. 219).

> vor sich hin oder befand sich in zappelnden Bewegungen. Manchmal stieß sie einen durchdringenden Schrei aus; an ihrer Umgebung schien sie nicht den geringsten Anteil zu nehmen. Wegen Knochentuberkulose musste ein Bein amputiert werden. Trotzdem schritt die Tuberkulose fort und führte dem Ende entgegen.[61]

Das erste Mal scheint Wittneben jedoch in einer anderen Publikation auf Käthe und verwandte Fälle Bezug genommen zu haben. Vier Jahre nach ihrem Tod bemerkte er:

> „Wer lange Arzt an einer Schwachsinnigenanstalt war und sich wirklich mit dem Geistesleben der Schwachsinnigen beschäftigt hat, wird die alte Anschauung, dass es sich bei ihnen immer nur um abgelaufene, stets unheilbare Gehirnkrankheiten handele, längst über Bord geworfen haben. Er wird oft zu seinem großen Erstaunen unter besonderen Verhältnissen, z.B. in Krankheitsfällen und ganz besonders in der Todesstunde, bei anscheinend tiefstehenden Imbezilen ein Aufleben des schlummernden Geistes gesehen haben."[62]

In wiederum ähnlicher Weise hat Happich bei einem Vortrag nur indirekt auf die Geschehnisse an Käthes Krankenbett verwiesen:

> „Ich habe es durch gar manche geradezu erschütternde Erlebnisse, die ich zusammen mit dem Chefarzt unserer Anstalten, Dr. Wittneben, gemeinsam hatte, erfahren, dass auch der armseligste Idiot ein verborgenes inneres Leben führt, das so viel wert ist wie mein eigenes inneres Leben. Die zerstörte Oberfläche hindert ihn nur, nach außen hin viel davon zu zeigen. Oft in den letzten Stunden vor dem Tode fielen alle krankhaften Hemmungen weg, und es offenbarte sich ein inneres Leben von solcher Schönheit, dass wir nur ganz erschüttert davorstehen konnten."[63]

Was aber ist geschehen, das Happich und Wittneben derartig betroffen

---

61 Wittneben (1934), S. 153.
62 Wittneben (1926), S. 396.
63 Trost (1983, S. 9f). Die zitierte Stelle stammt aus einem Vortrag, den Happich am 25.11.1932 in Kassel gehalten hatte.

gemacht und verwundert hat? Hören wir wieder Wittneben, hier aus einer anderen Quelle:

> „Des Öfteren habe ich es erlebt, dass bei tiefstehenden Kranken in der Sterbestunde, wenn die Seele sich aus der Erdgebundenheit löste, Gefühlsregungen und Äußerungen auftraten, die ich vorher nie an ihnen beobachtet, und die ich nie für möglich gehalten hatte, und die ich mir medizinisch schlechterdings nicht erklären kann. Unter anderem habe ich folgendes erlebt: … Als ich am Morgen des 1.3.1922 auf die Isolierstation kam, sagte mir die Schwester, es werde wohl bald mit Käthe vorbei sein, sie singe aber schon eine Zeit lang vor sich hin. Ungläubig trat ich in das Zimmer; aber zu meiner größten Verwunderung hörte ich, wie das Mädchen deutlich sang: ‚Wo findet die Seele die Heimat, die Ruh.' Ich benachrichtigte schnell noch den pädagogischen Leiter der Anstalt, Herrn Pfarrer Happich, der dann tief ergriffen mit mir Zeuge dieses jedem medizinischen Verstehen unverständlichen Vorgangs war. ‚Ruh, Ruh, himmlische Ruh' hauchte der Mund, ein verklärtes Lächeln flog über das sonst so verblödete Gesicht, und die Seele schwand aus den Banden des Körpers."[64]

Und nun Happichs Version des Geschehens:

> Eines Morgens rief mich einer unserer Ärzte, der als Wissenschaftler und praktischer Psychiater anerkannt ist, an: ‚Komm einmal gleich her, Käthe liegt im Sterben!' Als wir gemeinsam das Sterbezimmer betraten, trauten wir unseren Augen und Ohren nicht: Die von Geburt an völlig verblödete Käthe, die nie ein Wort gesprochen hatte, sang sich selbst die Sterbelieder. Vor allem sang sie immer wieder: ‚Wo findet die Seele die Heimat, die Ruh? Ruh, Ruh, himmlische Ruh!' Eine halbe Stunde lang sang Käthe. Das bis dahin so verblödete Gesicht war durchgeistigt und verklärt. Dann schlief sie still ein. – Immer wieder sagte der Arzt, dem ebenso wie der pflegenden Schwester und mir Tränen in den Augen standen: ‚Medizinisch stehe ich völlig vor einem Rätsel. Durch eine Sektion kann ich, wenn es verlangt wird,

64 Wittneben (1934), S. 153. Sehr ähnlich äußerte sich Wittneben noch an anderer Stelle zu dem Vorfall, in einem vermutlich persönlichen Brief an den Autor Wilhelm Otto Roesermueller (1951, S. 26).

nachweisen, dass Käthes Hirnrinde restlos zerstört und anatomisch Denkfähigkeit nicht mehr möglich war.'[65]

Laut Happich wurde Käthes Hirnrinde durch zahlreiche schwere Gehirnhautentzündungen zerstört, die sie in der Vergangenheit erlitten hatte:

> „Käthe hatte also nur scheinbar an alledem, was in der Umgebung vor sich ging, nicht teilgenommen. In Wirklichkeit hatte sie aber sichtlich gar manches in sich aufgenommen. Denn woher hatte sie Text und Melodie des Liedes, wenn nicht aus der Umgebung? Und sie hatte den Inhalt des Liedes richtig verstanden und wandte ihn in der entscheidenden Stunde ihres Lebens an. Das war schon wie ein Wunder. Noch größer aber erschien uns das Wunder, dass die bis dahin völlig stumme Käthe plötzlich klar und deutlich Worte des Liedes wiedergeben konnte, obwohl durch zahlreiche Hirnhautentzündungen solche anatomische Veränderungen in der Hirnrinde vor sich gegangen sind, dass es dem Verstand nicht begreiflich ist, dass das sterbende Mädchen plötzlich klar und deutlich und mit Verständnis singen kann."[66]

Happich drückt es zwar nicht direkt aus, aber aus dem Kontext der Beschreibungen des Falles geht hervor, dass diese Hirnentzündungen noch zusätzlich zu Käthes geistiger Rückständigkeit aufgetreten sind, womöglich im Zusammenhang mit ihrer tuberkulösen Erkrankung. Sie waren demnach nicht die eigentliche Ursache der bereits im frühen Kindesalter feststellbaren Auffälligkeiten von Käthes Verhalten und ihrer Rückständigkeit. Dies macht den Fall gleich doppelt rätselhaft. Tatsächlich scheint ein solches Geschehen jeglicher biochemischen Erklärung zu trotzen. Wie ich in Kapitel 3 noch zeigen werde, könnte man die plötzliche Aufhebung der Stummheit vielleicht noch mit einigermaßen „normalen" Mitteln begründen. Sollte jedoch außerdem eine beträchtliche Zerstörung der Gehirnrinde vorgelegen haben, wie Happich und Wittneben es angenommen hatten, wäre dies wohl kaum möglich. Der Fall bliebe somit unter den Berichten, die mit Gehirnhautentzündungen einhergingen, immer noch der eindrucksvollste. Sowohl Happich als auch Wittneben waren respektierte und auch einflussreiche Persönlichkeiten der damaligen Zeit, denen man

65 Ringger (1958), S. 220.
66 Stritter (1930), S. 176f.

sicher nicht ohne weiteres betrügerische Absichten unterstellen kann.[67] Insgesamt wiesen Happich und Wittneben im Laufe vieler Jahre unabhängig voneinander mindestens sieben Mal auf die Todesumstände Käthes hin, fünf Mal direkt und zwei Mal indirekt. Sie beschrieben den Fall in Fachzeitschriften und Aufsätzen für die Allgemeinheit, sie berichteten auf Konferenzen darüber und machten briefliche Mitteilungen. Würden sie dies getan haben, wenn dem keine entsprechende Beobachtung zu Grunde gelegen hätte? Käthe und die ebenfalls anwesende Stationsschwester müssen vielen Menschen in und um Hephata bekannt gewesen sein. Es steht zumindest fest, dass Käthe existiert hat. Als ich an die Klinik Hephata in Schwalmstadt eine Anfrage richtete, ob in etwaigen Archiven vielleicht Vermerke über sie zu finden seien, stieß ich auf überaus freundliches Entgegenkommen. Tatsächlich fanden engagierte Mitarbeiter in den Archiven von Hephata sowohl in der „Hauptliste der schwachsinnigen Zöglinge" als auch im „Totenbuch" Einträge, die bestätigten, dass Anna Katharina Ehmer, wie Käthe mit richtigem Namen hieß, in dem von Wittneben angegebenen Zeitraum in Hephata gelebt hat. Sie war die Tochter des Schneiders Hermann Ehmer und seiner Frau Christine, die in Kassel wohnten. Ein zeitgenössischer Eintrag über eine etwaige Besonderheit des Sterbens von Käthe fand sich leider nicht.

Peter Ringger, der Herausgeber der Zeitschrift *Neue Wissenschaft*, der den Aufsatz Happichs über Georg und Käthe nachgedruckt hat, merkte dazu noch an, dass er selbst einen Seelsorger einer Pflegeanstalt für „Schwachsinnige" kenne, dem es wiederholt aufgefallen sei, wie mit und nach dem Tod die Gesichter von „völlig verblödeten" Menschen sich in auffälliger Weise verklärt hätten, und dass es wertvoll wäre, derartige Fälle zu dokumentieren. Dem kann ich nur beipflichten. Dabei sind die Fälle, wobei sich die Gesichtszüge erst *nach* dem Tod auffallend verändern, sicher die am wenigsten aussagekräftigsten. Dennoch haben auch solche Fälle seit langer Zeit Anlass zur Verwunderung und Spekulation gegeben.

67 Happich besaß maßgeblichen Einfluss auf die Entwicklung der evangelischen Kirche nach der Machtergreifung durch die Nationalsozialisten, aber auch noch nach dem zweiten Weltkrieg. Für eine ausführliche Dokumentation des Lebens und Wirkens von Happich siehe Schmerbach (2001). Happich ist zu keiner Zeit Mitglied einer nationalsozialistischen Organisation gewesen und trat nach dem Krieg vielfach als Zeuge in „Entnazifizierungsprozessen" auf. Auch das Leben Wittnebens wird in diesem Buch kurz behandelt. Käthe wird allerdings nicht erwähnt.

Daher sei ein solcher Fall aus alten Tagen dargestellt. Berichtet wurde er von Heinrich Steffens (1773-1845), einem Philosophen, Naturforscher und Lyriker der Romantik.

> „Eine Frau von äußerst milder Gesinnung, fromm, geliebt von ihrer Familie, wurde von einer schweren Krankheit befallen, die sie ganz verwandelt zu haben schien. Sie wurde mürrisch, höchst verdrießlich, die schonende Liebe der Umgebung konnte sie nicht befriedigen. Allmählich verzerrte sich das Gesicht, der bleibende Verdruss war auf eine widerwärtige Weise in ihren Zügen abgeprägt. Sie wurde eine fortwährende Plage der Umgebung, deren Segen sie gewesen war. Sie starb, nachdem sie zehn Jahre in dieser für die Familie höchst peinlichen für sie selbst unglücklichen Lage gelebt hatte. Und als der Todeskampf überstanden war – traten nach zehn langen Jahren die milden Züge der Frau, das edle Antlitz, welches sich wie vorübergehend versteckt hatte, veredelt wieder hervor. Voll unendlicher Trauer erkannte man die alte Liebe; es war, als reiche der Leichnam den Lieben die versöhnende Hand, als spräche der stumme, jetzt liebliche Mund: Seht! Ihr Lieben, so war ich dennoch, als ich euch quälen musste.“[68]

Justinus Kerner (1786-1862), einer der einflussreichsten Dichter, Schriftsteller, Naturforscher und Ärzte der Romantik, hat dieses Thema in sein zugleich satirisches und dunkel-sehnsuchtsvolles Gedicht „Verjüngung“ eingeflochten:

Könnt‘ ich wieder mich verjüngen!
Könnt‘ ich wachsen wie ein Kind!
Jugend! Wie bist du verflogen!
Alter, wie kamst du geschwind!

Hab‘ Geduld, wirst dich verjüngen!
In der allerletzten Stund‘
Sich verjüngen oft die Züge
Sterbender noch um den Mund.

68 Steffens (1821), Band 2, S. 708.

Hab' Geduld, du wirst noch wachsen!
Wenn der Geist verlässt sein Haus,
Strecken sich der Leiche Glieder
Oft noch wie zum Wachstum aus.[69]

Kommen wir nun zur Betrachtung von terminaler Geistesklarheit mit spirituellen Komponenten, die bereits bei Käthe und einigen anderen Fällen angeklungen sind.

Terminale Geistesklarheit mit spirituellen Komponenten

In dieser letzten zu besprechenden Gruppe von Fällen möchte ich das Augenmerk nicht so sehr auf medizinische Belange und Diagnosen richten, sondern auf einen bestimmten Zug von Spiritualität oder Jenseitigkeit, der in manchen der Berichte anklingt und auch bereits angeklungen ist, und der uns möglicherweise einen Hinweis darauf geben könnte, wie terminale Geistesklarheit im Zusammenhang mit anderen ungewöhnlichen Phänomenen in Todesnähe zu verorten ist. Ich werde derartige Fälle hier grob in drei etwas unterschiedliche Typen zusammenfassen. Zum Ersten handelt es sich um Visionen von jenseitigen Landschaften, Wesenheiten oder einfach nur von Eindrücken, die einen ausgesprochen positiven Stimmungsumschwung herbeiführen und oft von erstaunlicher geistiger Klarheit begleitet sind. Zum Zweiten handelt es sich um Visionen von verstorbenen Verwandten oder Freunden, die am Bett gesehen werden – zumeist mit der Absicht, die sterbende Person „abzuholen". Diese beiden Varianten sind typisch für die bereits erwähnten Todesnähe-Visionen. Der dritte Typus besteht aus Fällen, in denen sich der in einem komaartigen Zustand befindliche Patient offenbar in Träumen von Bezugspersonen bemerkbar gemacht hat, dann unvermittelt sein Bewusstsein wiedererlangt, auf seinen im Traum mitgeteilten Wunsch Bezug nimmt – und stirbt.

Zur ersten Kategorie lässt sich das in der Einleitung wiedergegebene Erlebnis des Arztes Ritter von Zimmermann rechnen, wonach eine seiner Pati-

69 Pissin (1914), Teil 1, S. 183f. Das Gedicht entstand um 1836.

entinnen eine flammende Rede zu Gott erhob, danach ihr Haupt zurückneigte und starb; vielleicht auch der Fall des Greises, der nach achtundzwanzig Jahren am Tag seines Todes wieder zu sprechen begonnen hatte, nachdem er einen „freudigen Traum" gehabt hatte; ebenso der Fall des Mannes, der kurz vor seinem Tod begann, geistliche Lieder und „Freut euch des Lebens" zu singen; der Fall der Alzheimer-Patientin, die sich urplötzlich aufrichtete und ein religiöses Gedicht vortrug; oder auch der Fall von Käthe.

Ein bislang noch nicht beschriebener Fall, der an denjenigen von Ritter von Zimmermann erinnert, wurde von Gotthilf Heinrich von Schubert wiedergegeben, der auch den eben erwähnten Bericht über den seit achtundzwanzig Jahren stummen Greis berichtet hat. Nun beschreibt von Schubert eine seit zwanzig Jahren geisteskranke Frau aus der Uckermark in Brandenburg, die vor ihrem Tod nicht nur ihre geistige Klarheit wiedererlangt hat, sondern zusätzlich eine außergewöhnliche Veredelung ihrer seelischen Fähigkeiten an den Tag legte. Vier Wochen vor ihrem Tod verschwanden die Symptome ihrer geistigen Krankheit. Und diejenigen Menschen, die sie bereits vor (und erst recht während) ihrer Krankheit gekannt hatten, erkannten sie jetzt kaum wieder, denn

> „so veredelt, erweitert und erhöht waren alle Kräfte und Empfindungen ihrer geistigen Natur, so veredelt ihr Ausdruck. Sie sprach in dieser Zeit Dinge mit einer Klarheit und inneren Helle aus, welche der Mensch in seinem jetzigen Zustande nur selten oberflächlich erkennen lernt. Ihre Geschichte erregte Aufsehen: Gelehrte und Ungelehrte, Gebildete und minder Gebildete drängten sich an jenem merkwürdigen Krankenbett, und alle mussten eingestehen, dass, wenn die Kranke während der ganzen Zeit ihres Wahnsinnes den Umgang und die Belehrung der gelehrtesten und erleuchtetsten Männer ihrer Zeit gefunden hätte, ihr Geist doch nicht gebildeter, ihre Erkenntnisse doch nicht umfangreicher und höher hätten sein können als jetzt, wo sie aus einer so langen, tiefen Gefangenschaft aller Kräfte zu erwachen schien."[70]

Während dieser Fall offenbar geeignet war, auch bei gelehrten Zeitgenossen einen tiefen Eindruck zu hinterlassen, wird man dies bei der zweiten Kategorie, welche die Visionen von Verstorbenen beinhaltet, nicht immer

70 von Schubert (1814/1968), S. 145f.

behaupten können. Wir haben hier bereits die Fälle der gelähmten Hirnschlag-Patientinnen kennengelernt, die offenbar eine Erscheinung ihres verstorbenen Gatten bzw. Vaters gesehen hatten. Beide waren zuvor gelähmt und stumm, riefen jedoch nun erfreut die Namen ihrer Lieben aus. Gemeinhin werden derartige Visionen als wunschgesteuerte Halluzinationen verstanden. An dieser Stelle möchte ich es hierbei bewenden lassen, aber ich werde später bei der Diskussion von Todesnähe-Visionen noch genauer darauf eingehen, ob dies tatsächlich die naheliegendste und beste Erklärung für diese Erlebnisse ist. Hier jedenfalls sei schlicht mit Falldarstellungen fortgefahren, und es ist zumindest bemerkenswert, dass wiederum Gotthilf von Schubert vor etwa zweihundert Jahren ein recht ähnliches Ereignis beschrieben hat. Es handelt sich um den damals angeblich bekannten Fall des Fräulein Ludwiger aus Dessau, von dem „einige Zeugen" zu von Schuberts Zeit noch am Leben gewesen sein sollen. Dieses Fräulein hatte angeblich in ihrer „frühesten Kindheit" unbeabsichtigt eine größere Menge giftiger Flüssigkeit zu sich genommen. Von Schubert schrieb:

> „Die nur mit Mühe vom Tode Gerettete erhielt seitdem nie wieder Bewusstsein, Sprache und Beweglichkeit der Glieder, und an Gestalt immer einem Kinde ähnlich bleibend, lag sie verschiedene Jahre in dumpfer Starrheit zu Bette. Die Pflege des hilflosen Kindes befiehlt die sterbende Mutter ihren anderen Töchtern noch in der letzten Stunde an, und diese nehmen sich des zurückgelassenen Kindes mit unermüdeter Sorgfalt an. Nur an einem einzigen Tage (dem Hochzeitstag der einen Schwester) vergisst man dem Kinde seine Nahrung zu reichen. Zuletzt, mitten in den Zerstreuungen des Festes, erinnern sich alle drei Schwestern der versäumten Pflicht, und zugleich nach dem Zimmer der Kranken hineilend, sehen sie das Kind, das sich sonst nie ohne fremde Hilfe aufrichten konnte, sich frei und mit einer heiteren Miene emporheben, und den erstaunten Schwestern versichern: ‚Die Mutter sei eben hier gewesen und habe ihr schon ihr Essen gereicht.' Es war dies das erste und das letzte Wort des kranken Kindes, das einige Zeit hiernach verstarb, ohne dass sich jemals wieder etwas Ähnliches an ihm ereignet hätte."[71]

Vergleichbares berichtete auch ein krebskranker Mann, von dem bereits

71 von Schubert (1808/1967), S. 355.

die Rede war. Es handelt sich um den Mann, der nach Wochen des Delirierens eines Nachts plötzlich zu sich kam und auch am nächsten Morgen noch bei klarem Verstand war. Auch er machte darauf aufmerksam, dass verstorbene Bekannte um sein Bett versammelt seien und die Gegenwart dieser Gestalten ihm angenehm war und ihn nicht erschrecke. Der Mann, ehemals in leitender Position im Wertpapierhandel tätig, hatte zuvor und während seines Kampfes gegen den Krebs nicht an ein Leben nach dem Tod geglaubt. Jetzt, nachdem er aus dem Delirium erwacht war, glaubte er nach eigener Auskunft allerdings daran.

Auch Menschen mit fortgeschrittener Demenz scheinen Visionen von Verstorbenen zu erfahren. Guy Lyon Playfair, ein namhafter Autor von Büchern über parapsychologische Themen, berichtete mir den Fall einer ihm gut bekannten Nachbarin, die im hohen Alter unter rapidem Gedächtnisschwund litt.

> Sie erkannte alsbald weder Freunde noch Angehörige und benötigte eine Vollzeitbetreuung. Nachdem die Frau seit mehr als einem Jahr niemanden aus ihrem vergangenen Leben mehr erkannt hatte, auch nicht die Familienangehörigen, die mit ihr im gleichen Haus lebten, klingelte sie eines Tages nach ihrer Pflegerin und bestellte in überraschend klarer Manier drei Tassen Tee. Verwundert hakte diese nach, ob sie dies ernst meine. Doch tatsächlich: Die Dame behauptete, ihr Bruder und ihre Schwester seien „aus dem Untergrund" zu ihr gekommen und würden gerne eine Tasse Tee mit ihr trinken. Beide waren seit langem gestorben und für die Pflegerin nicht sichtbar. Am nächsten Tag starb die Frau.

Mag man dies nun für eine Halluzination halten. Dennoch ist es bemerkenswert, dass die Frau überhaupt wieder wusste, dass sie einen Bruder und eine Schwester gehabt hatte, sie „wiedererkannte" und sich dazu in einer für ihren gewöhnlichen Zustand ungewöhnlich klaren Weise artikulierte. Wie bereits mehrfach gezeigt, können manche Patienten mit fortgeschrittener Demenz kurz vor ihrem Tod wieder lebende Familienangehörige erkennen. Warum sollte dies also nicht auch beim „Erscheinen" von verstorbenen Angehörigen möglich sein?

Noch deutlicher wird dieser Sachverhalt in einem Fall, den ein Pionier der Nahtod-Forschung, Raymond Moody, in seinem neuesten Buch beschrieben hat.[72] Hier verschlechterte sich der Gesundheitszustand eines älteren Alzheimer-Patienten mit dem Namen Sykes rapide.

> Nachdem Herr Sykes in das für viele Alzheimer-Patienten typische Endstadium eingetreten war, in dem er nicht mehr wusste, wo er war, keinerlei Anzeichen von Verständnis zeigte, seine Frau und Kinder nicht mehr erkannte und auch nicht mehr zusammenhängend reden konnte, lebte er noch etwa zwei Monate in diesem Zustand. Er hatte den Kontakt mit der Realität vollständig verloren, und körperliche Symptome kündigten sein nahes Ende an. Eines Tages veränderte sich sein Verhalten jedoch in sehr bemerkenswerter Weise. Herr Sykes setzte sich in seinem Bett auf und begann so klar und deutlich zu sprechen, als ob er es nie verlernt hätte. Er sprach allerdings nicht zu den anwesenden Pflegern, sondern sah mit leuchtenden Augen nach oben zu einer für alle anderen unsichtbaren Gestalt, die er als seinen Bruder Hugh bezeichnete. Es schien, als ob er wie in einem Café mit Hugh plauderte, und er lachte sogar ab und zu. Die Pfleger nahmen an, er spräche zu einem Verstorbenen, doch die Frau von Herrn Sykes klärte sie später darüber auf, dass Hugh durchaus am Leben sei. Sie hatte noch am Tag zuvor mit ihm gesprochen, um ihm mitzuteilen, dass sein Bruder bald sterben würde. Zur Überraschung aller stellte sich alsbald jedoch heraus, dass Hugh etwa zu der Zeit, zu der sich Herr Sykes in seinem Bett aufgesetzt hatte, plötzlich an einem Herzinfarkt gestorben war. Noch am gleichen Tag verstarb auch Herr Sykes.

Zum Abschluss meiner Fallzusammenstellung über terminale Geistesklarheit möchte ich nun noch den dritten Typ mit einer gewissen spiritualistischen oder jenseitigen Komponente vorstellen: Fälle, in denen die unresponsiven Patienten sich im Vorfeld des Wiedererwachens offenbar über Träume bemerkbar gemacht haben.

Die Grundzüge eines ersten Falls sind uns bereits bekannt. Er betrifft

72 Moody (2010), S. 15f. Moody hat im Jahr 1975 mit einem bahnbrechenden Buch das Thema Nahtod-Erfahrungen zum ersten Mal ins breite Licht der Öffentlichkeit gerückt.

den fünfjährigen Jungen, der, einen Tag bevor er an einem bösartigen Hirntumor starb, noch einmal zu Bewusstsein gekommen war, nachdem er bereits drei Wochen im Koma gelegen hatte. Ich habe beschrieben, wie die Familie auf Anraten eines Priesters davon absah, weiterhin für die Heilung des Jungen zu beten, dessen Ende unaufhaltsam bevorstand. Diese Entwicklung hat nun aber den besonderen Hintergrund, dass der Junge dem Priester zuvor in einem ungewöhnlich intensiven Traum erschienen war, den dieser nicht ignorieren konnte. Der Junge bat ihn darin eindringlich, seinen Eltern mitzuteilen, dass es Zeit für ihn sei zu Sterben und sie aufhören sollten, für seine Genesung zu beten. Es war dem Priester, als ob der Junge von Angesicht zu Angesicht zu ihm gesprochen hatte. Nur mit einiger Mühe fand er die Worte, diesen „Traum" der Familie mitzuteilen, die dessen Inhalt schließlich akzeptierte und das Kind gehen ließ. Wie beschrieben, wachte der Junge daraufhin aus dem Koma auf, dankte seiner Familie dafür, dass sie ihn gehen ließ, und starb am nächsten Tag.[73]

Mit diesem Beispiel möchte ich die Fallzusammenstellung zur terminalen Geistesklarheit beschließen, obwohl sich noch weitere interessante Fälle anführen ließen. Es dürfte deutlich geworden sein, dass in den Wochen oder Momenten, die dem Tod eines geistig beeinträchtigten Menschen vorangegangen sind, vielfach bemerkenswerte Beobachtungen gemacht worden sind. Solche Beobachtungen wurden bei unterschiedlichsten Krankheitsbildern und Krankheitsursachen gemacht, und zwar sowohl von ausgebildetem medizinischen Fachpersonal als auch von schlichten Laien, wie den Familienangehörigen der Sterbenden. Die nun zu klärende Frage ist, welche Erklärungsmodelle für diese Beobachtungen zur Verfügung stehen. Dieser Aufgabe werde ich das folgende kurze Kapitel widmen. Erst danach soll terminale Geistesklarheit in den Zusammenhang mit rätselhaften Gehirnbefunden sowie mit weiteren ungewöhnlichen Phänomenen gestellt werden, die immer wieder aus Zuständen der Todesnähe berichtet werden – und die möglicherweise dazu beitragen können, das wahrscheinlichste Erklärungsmodell zu identifizieren.

73 Morse und Perry (1992a), S. 83. Einen ähnlichen Fall schilderte Lerma (2007).

2.

Erklärungsansätze für terminale Geistesklarheit

Der erste der beiden möglichen Erklärungsansätze

Es gibt lediglich zwei grobe Rahmenbedingungen, innerhalb derer Erklärungsmodelle für die Berichte über terminale Geistesklarheit aufgestellt werden können. Sie lauten:

1) Alle Fälle von terminaler Geistesklarheit lassen sich auf die Biochemie des Gehirnes zurückführen.
2) Zumindest manche Fälle von terminaler Geistesklarheit lassen sich nicht auf die Biochemie des Gehirnes zurückführen.

Der erste dieser Ansätze wurde bereits im 19. Jahrhundert von einigen Ärzten vertreten. Sie gingen davon aus, dass sich in Fällen terminaler Geistesklarheit die „krank machenden" Substanzen oder Störungen im Gehirn kurz vor dem Tod zurückbildeten und führten dies auf die allgemein veränderte Körperchemie von Sterbenden zurück. So sollte z.B. hohes Fieber ein Mittel sein, etwaige Keime oder Schadstoffe im Gehirn zu beseitigen. Tatsächlich lagen damals bereits Beobachtungen vor, die einen solchen Mechanismus nahe zu legen schienen. Der britische Arzt Samuel Tuke (1784-1857), der sich unter anderem für die Verbesserung der Lebensbedingungen der Insassen von damaligen Unterbringungs-Anstalten für psychisch kranke Menschen eingesetzt hat, berichtete im Jahr 1813 einen erstaunlichen Fall:

„Ein junges Mädchen, das bei dem Vater meines Freundes, als dieser noch ein Knabe war, Hausdienste verrichtete, wurde irre und versank zuletzt in vollständiger Idiotie. In diesem Zustand hatte sich diese Unglückliche seit mehreren Jahren befunden, als sie vom Typhus befallen wurde. Mein Freund, der damals schon einige Zeit praktizierender Arzt gewesen war, behandelte sie. Er war erstaunt, als er bei ihr in dem Maße, in dem ihr Fieber vorrückte, eine Entwicklung ihrer mentalen Fähigkeiten beobachtete. Während desjenigen Zeitraums des Fiebers, in welchem andere Menschen irre reden, war sie gänzlich vernünftig. Sie erkannte in den Gesichtszügen ihres Arztes den Sohn ihres alten Herrn, den sie vor so vielen Jahren gekannt hatte; sie berichtete von mehreren Begebenheiten, die seine Familie betrafen, aber auch über andere, welche sie selbst in früheren Zeiten betroffen hatten. Aber ach! Es war nur der Schimmer der Vernunft. Als das Fieber nachließ, hüllten Wolken ihre Seele erneut ein; sie versank in ihren vorigen beklagenswerten Zustand und blieb darin bis zu ihrem Tod, der wenige Jahre später erfolgte."[74]

Jahrzehnte später beobachtete auch der Psychiater Julius Wagner-Jauregg (1857-1940), dass bei Patienten im fortgeschrittenen Stadium der Syphilis die Fieberschübe eine deutliche Besserung ihrer geistigen Verwirrtheit und Demenz bewirken können, manchmal sogar Heilungen. Später entwickelte er eine Methode, Patienten im Anfangsstadium der Syphilis mit bestimmten Malaria-Erregern zu infizieren, wodurch die Krankheit in vielen Fällen zum Erliegen gekommen ist. Man stellte später fest, dass die Syphilis-Erreger die erhöhten Körpertemperaturen der Fieberschübe nicht vertragen und daran eingehen. Vor dem Aufkommen von Antibiotika war diese drastische Therapieform für Syphilis weit verbreitet, und Wagner-Jauregg wurde im Jahr 1927 für seine Entdeckung mit dem Nobelpreis für Medizin ausgezeichnet.

Bei psychischen Erkrankungen, wie den affektiven Störungen oder der Schizophrenie, vermuteten frühe Ärzte weiterhin, dass eine Art „Nervenkraft" oder ein „Lebensprinzip" im Körper unharmonisch verteilt sei oder eine Stauung erführe, woraus die psychische Beeinträchtigung resultieren

74 Tuke (1813), S. 137.

würde. Wenn sich dieses Lebensprinzip wieder umverteilen würde, beispielsweise indem es sich durch eine Erkrankung des Magen-Darmtraktes jetzt dort konzentrierte, so könne der Kopfpol des Menschen wieder freier agieren und das klare Denken zurückkehren. Tatsächlich wird dem aufmerksamen Leser vielleicht schon aufgefallen sein, dass terminale Geistesklarheit bei diesen Krankheitsbildern häufig mit tödlich endenden Magen-Darm-Erkrankungen einhergegangen ist. Obwohl diese Gedanken in ihrer ursprünglichen Form sicher revidierungsbedürftig sind, mag doch etwas Wahres an ihnen sein. Man weiß zwar bislang nicht, wie genau die Verkettung von möglichen biochemischen Prozessen hier verlaufen könnte, aber es ist nicht auszuschließen, dass eine solche Verkettung besteht und sich auffinden ließe. Aus diesem Grund wiesen unter anderem auch die russischen Psychiater in ihrer Publikation über die drei Schizophrenie-Patienten nachdrücklich darauf hin, dass solche Fälle genau untersucht werden sollten. Es besteht durchaus die Möglichkeit, dass ein vertieftes Verständnis der Biochemie des Gehirns oder auch des Körpers beim Auftreten von terminaler Geistesklarheit ein bislang unbeachtetes Fenster zur Entwicklung von neuen Therapieformen öffnen würde, wie es bereits einmal bei den Forschungen von Wagner-Jauregg geschehen ist.

Allerdings steht auch zu vermuten, dass für verschiedenartige Fälle von terminaler Geistesklarheit auch verschiedenartige Ursachen in Frage kommen. Der renommierte Anatom und Physiologe Karl Friedrich Burdach (1776-1847) hat schon im Jahr 1826 konstatiert, dass es zwei Arten von terminaler Geistesklarheit gibt: Bei der ersten Art nimmt das Ausmaß der geistigen Verwirrung im selben Maß mit dem Verfall der körperlichen Kräfte langsam ab, so dass der Patient kurz vor dem Tod zwar sehr schwach, aber geistig wieder zurechnungsfähig ist. Dieser Prozess kann sich über Wochen hinziehen. Als Beispiele hierzu können wieder die Fälle mit affektiven Störungen und Schizophrenie dienen. Bei der zweiten Art tritt die geistige Klarheit unvermittelt kurz vor dem Tod auf – oft nur wenige Stunden, Minuten oder sogar Sekunden vorher. Dazu lassen sich einige Beispiele von demenzkranken Patienten zählen. Außerdem wird es hier schwieriger, eine rein biochemische Erklärungsvariante heranzuziehen – vor allem bei den Fällen, in denen z.B. Alzheimer-Patienten kurz vor ihrem Tod plötzlich wieder zu sich gekommen sind und ihr Erinnerungsvermögen wiedererlangt haben. Bislang geht man davon aus, dass bei dieser Krankheit die persönlichen Erinnerungen durch die Zerstörung von wichtigen Gehirnregionen unwiederbringlich gelöscht werden. Wieso aber erinnern sich dann Alzheimer-Patienten kurz vor ihrem Tod wieder an ihr Leben, erkennen lange nicht erkannte Familienangehörige wieder und können plötzlich wieder sprechen?

Nun muss man natürlich berücksichtigen, dass lichte Momente mit verhältnismäßig klarem Bewusstsein bei vielen psychischen Erkrankungen – inklusive einiger Varianten von Demenzkrankheiten im normalen Krankheitsverlauf – immer wieder auftreten können. Auch Alzheimer-Patienten können hinsichtlich ihrer Geistesverfassung erhebliche Schwankungen aufweisen. Dies tun sie manchmal in einem solchen Ausmaß, dass führende Wissenschaftler der Alzheimer-Forschung explizit darauf hingewiesen haben, dass diese Schwankungen mit den bisherigen Erklärungsmodellen für die Alzheimer'sche Krankheit nicht in Einklang zu bringen sind. Die geistige Verfassung kann derart plötzlich und gravierend umschlagen, dass Prozesse wie ein rascher Verlust von alten Neuronen oder ein Neugewinn an regenerierten Neuronen nicht als Erklärung dafür herangezogen werden können. Die Wissenschaftler spekulieren über alternative Deutungen für diese Schwankungen, die auf molekularer Ebene und auf der Ebene von neuronalen Netzwerken in Frage kommen könnten. Sie stellen weiterhin fest, dass solche neuen Erklärungsansätze ein großes therapeutisches Potenzial in sich bergen; aber auch, dass „überraschenderweise" dieses „faszinierende Phänomen" der Schwankungen des Geisteszustandes bei Alzheimer-Patienten bislang nur wenig systematisch untersucht worden ist.[75] Vergleichbare Schwankungen gibt es auch bei vielen anderen psychischen Erkrankungen sowie bei Menschen, die beträchtliche Gehirnverletzungen erlitten haben.[76] Es wäre sicher sehr interessant, einmal zu untersuchen, wie sich diese luziden, das heißt geistesklaren Intervalle im Verlauf der sich normalerweise über Jahre hinziehenden geistigen Beeinträchtigungen verteilen. Es wäre zu erwarten, dass die geistesklaren Intervalle bei Alzheimer-Patienten anfangs noch relativ häufig sind und manchmal den ursprünglichen Charakter der Patienten wieder nahezu vollständig aufleben lassen. Sie dürften jedoch mit fortschreitender Krankheit immer seltener werden und auch an Qualität und Dauer verlieren. Sollte dem

75 Palop, Chin und Mucke (2006).
76 Gardner (1976).

tatsächlich so sein, wären Fälle von terminaler Geistesklarheit, wo echte Dialoge mit den Anwesenden geführt werden und auch die Erinnerungsfähigkeit wieder intakt zu sein scheint, sehr bemerkenswert und würden nicht ins Bild des allgemeinen Krankheitsverlaufs passen. Zumindest sind mir bislang nur sehr wenige Fälle untergekommen, in denen während der Endphase der Erkrankung ein luzides Intervall aufgetreten wäre, das nicht unmittelbar mit dem bevorstehenden Tod verknüpft zu sein schien. Vielleicht mag das darauf zurückzuführen sein, dass diese Fälle als unbedeutend angesehen und nicht weiter überliefert werden. Ich halte das für unwahrscheinlich; denn sollte dies häufiger vorkommen, würde man in der Fachliteratur zur Alzheimer'schen Erkrankung sicher vermehrt Hinweise dafür finden. Es könnte sich jedenfalls als außerordentlich nützlich und hilfreich erweisen, mittels entsprechender Studien die zeitliche Verteilung von luziden Intervallen bei Alzheimer-Patienten zu dokumentieren und dazu auch eine Skala zu entwickeln, mit welcher der Grad der geistigen Klarheit eingeschätzt werden kann.[77] Man könne hier mit relativ einfachen Mitteln einen möglicherweise sehr bedeutenden Beitrag zur Erforschung der Phänomenologie der Alzheimer'schen Krankheit leisten.

Da wir nun schon bei luziden Intervallen im Endstadium der Alzheimer'schen Erkrankung angelangt sind, die nicht direkt auf den bevorstehenden Tod der Patienten hinweisen, möchte ich ein diesbezügliches Beispiel anführen. Wie bei manchen anderen bereits vorgestellten Fällen, starb die Patientin zwei Wochen nach ihrem Moment der geistigen Klarheit. Ich habe diesen Fall dennoch nicht unter die Kategorie der terminalen Geistesklarheit gerechnet und werde noch zeigen, warum ich es nicht tue. Es folgt die bewegende Geschichte von Liz, die im hohen Alter von achtundachtzig Jahren aus dem Leben schied, und Luther, ihrem 90-jährigen Ehemann. Ich gebe sie hier gekürzt wieder, basierend auf der Schilderung

---

77 Beispiele, an denen man sich orientieren könnte, bieten die Skalen für Kliniker und für Nicht-Kliniker, die zur Einschätzung der täglichen Fluktuationen des Geisteszustandes bzw. des Verwirrungsgrades von dementen Patienten entwickelt worden sind (Walker et al., 2000), oder die Karnofsky-Skala zur Erfassung der körperlichen und geistigen Funktionsfähigkeit von sterbenden Patienten (Schag et al., 1984; Crooks et al., 1991). Zur Erfassung der mehr transzendentalen Komponenten könnte man sich an den Skalen von Bruce Greyson und Kenneth Ring orientieren, die zur Charakterisierung von Nahtod-Erfahrungen entwickelt worden sind (Greyson, 1983, 1990; Ring, 1980).

von Ron Wooten-Green, einem Hospiz-Kaplan, der Liz fast ein Jahr lang bis zu ihrem Tod begleitet hat.

„Es war lange her, seitdem Liz den Kontakt mit der Realität verloren hatte. Sie konnte zwar noch Gespräche führen, aber diese machten nicht mehr viel Sinn. Luther, ihr treuer Ehemann, lief drei Mal am Tag zwei Häuserblöcke weit zum Pflegeheim, um ihr Blumen zu bringen. Immer, wenn ich Liz besuchte, wusste ich, was mich erwartete. Egal ob Luther da war oder nicht: Liz lag in ihrem Bett, schaute zum Fenster und sagte: „Dort draußen ist ein gutes Ballspiel", obwohl vor ihrem Fenster niemals Ball gespielt wurde und auch kaum der Platz dafür vorhanden war. Wenn Luther da war, fragte sie ihn dann stets, ob er die Hausarbeit auf der Farm erledigt, die Kühe und Schweine versorgt und die Eier gesammelt hätte, so dass sie diese verpacken könne. Dabei hatte Liz seit fast fünfzig Jahren kein Ei mehr verpackt, und sie hatten das Farmland seit dreißig Jahren nicht mehr bewirtschaftet. Obwohl sie die Farm noch besaßen, war diese seit Jahrzehnten verpachtet. Aber so ist es mit Alzheimern. Die Vergangenheit ist viel gegenwärtiger als die Gegenwart.

Als ich diesmal das Zimmer betrat, herrschte eine ungewöhnliche Stille. Liz saß in einem Rollstuhl. In der ganzen Zeit, in der ich sie betreut habe, habe ich sie niemals außerhalb ihres Bettes gesehen. Luther saß mit gesenktem Kopf auf einem Stuhl neben ihr. Die beiden hielten sich an ihren Händen.

Gerade als ich das Zimmer wieder leise verlassen wollte, sah Luther auf und begrüßte mich lächelnd mit seinem einnehmenden Gruß: ‚Schön, dich zu sehen!' – doch ich konnte auch sehen, dass Tränen auf seinem freundlich grüßenden Gesicht glänzten. Kurz darauf sah auch Liz zu mir auf, jedoch ohne ihr übliches Lächeln. ‚Keiner spielt Ball. Das Spiel ist vorbei.' Liz schien von einer Traurigkeit erfüllt, die ich nie zuvor an ihr gesehen hatte. Luther ergänzte mit von Verzweiflung erstickter Stimme: ‚Wir werden die Farm verlieren.' Während Luther weinte, nahm Liz seine Hand und zog ihren trauernden Ehemann in ihre Arme. Luther schniefte jetzt, und Liz weinte leise. Ich aber stand bestürzt vor der Szene, die sich vor mir entfaltete.

‚Warum?‘, fragte Liz. Luther sah zu ihr auf und sagte: ‚Um für dich hier sorgen zu können.‘ ‚Warum hast du mir das nicht gesagt?‘, fragte Liz. Luther, verschreckt und verwirrt, wandte sich zu mir und stotterte: ‚Weil … weil … ich dachte, dass du dich ohnehin nicht erinnern würdest.‘ Und Liz, mit der Sicherheit einer Frau, die sechs Kinder erzogen, die unzählige öffentliche Veranstaltungen organisiert und alle Finanzen von Haus und Farm geregelt hatte – diese Frau, die seit Jahren nicht mehr in der Lage war, in Verbindung mit der Realität zu treten, antwortete dem Mann ihres Lebens und ihrer Liebe: ‚Ich weiß. Aber ich muss so etwas wissen.‘

Liz wusste am nächsten Tag von all dem nichts mehr. Innerhalb von Sekunden nahm die Dynamik der Alzheimer'schen Krankheit wieder ihren Lauf. Zwei Wochen nach diesem Ereignis starb Liz. Aber es fand kein Ballspiel mehr vor ihrem Fenster statt. Das Spiel war endgültig vorbei. Und Luther wusste bis zu seinem Todestag, dass Liz für einen Augenblick verstanden hatte, was los war, und dass er für diesen einen Moment seinen lieben Partner wieder hatte, zum Halten und gehalten werden. Liz hatte sich mit ihrer Umwelt und ihrem besorgten Mann zu einer Zeit wieder verbunden, als niemand es noch für möglich gehalten hatte.“ [78]

Wie oft mögen solche ungewöhnlichen Begebenheiten im Endstadium der Alzheimer‘schen Erkrankung wohl vorkommen? Angaben darüber existieren scheinbar nicht. Es scheint, dass hier die geistige Klarheit nicht durch den nahenden Tod von Liz bedingt gewesen war. Eher scheint das umgekehrte der Fall gewesen zu sein: Die Nachricht über den Verlust der Farm hatte möglicherweise ihren Tod beschleunigt. Daher rechne ich den Fall nicht als typisches Beispiel für terminale Geistesklarheit. Dennoch war es offenbar auch hier eine besonders bedeutungsvolle und emotionale Situation, welche die Luzidität herbeigeführt hat. So könnte ein verbindender Bezug zur echten terminalen Geistesklarheit immerhin in dieser Hinsicht hergestellt werden, dass besonders intensive Erfahrungen, die im Un(ter)bewussten der Patienten registriert werden, verborgene Persönlichkeitsaspekte und auch Erinnerungen wieder an die Oberfläche bringen.

78 Wooten-Green (2001), S. 119-122.

Die nagenden Fragen bleiben aber bestehen: Sind die persönlichen Erinnerungen bei Alzheimer-Patienten möglicherweise nicht endgültig gelöscht, sondern nur verborgen und dem Normalbewusstsein nicht erreichbar? Können gewisse geistige Funktionen vielleicht tatsächlich weitestgehend unabhängig vom Gehirn existieren und sogar fortbestehen, wie es die Ärzte der Antike lehrten und wie es in der zweiten Erklärungsmöglichkeit für zumindest manche Fälle von terminaler Geistesklarheit angenommen wird? Wer einmal einen Blick auf Bilder von den zerstörten Gehirnen der terminalen Alzheimer-Patienten geworfen hat, der mag sich tatsächlich fragen: Wo und wie sollen hier noch realitätsbezogene Erinnerungen gespeichert sein? Die Sachlage wird zudem durch den Befund verkompliziert, dass Menschen offenbar erhebliche Gehirnschädigungen aufweisen können, die exakt dem Alzheimer'schen Krankheitsbild gleichen – und dabei aber geistig vollkommen gesund sind und auch nicht an Demenz leiden![79] Man sieht, das Verhältnis zwischen Gehirn und Geistesleistung bei älteren Menschen ist komplizierter, als es scheinen mag. Vieles liegt noch völlig im Dunkel.

Der zweite Erklärungsansatz und die Romantik

Auch in einigen anderen Fällen von terminaler Geistesklarheit wurde das Gehirn nach der Autopsie in einem sehr schlechtem Zustand aufgefunden, so dass, wie wir sahen, beispielsweise der Arzt Rudolf Leubuscher den rein biochemischen Erklärungsansatz ganz gezielt hinterfragt hat. Zudem ist in vielen Fällen nicht recht ersichtlich, worin der das Gehirn und das Gedächtnis „reinigende" oder „reparierende" Effekt bestehen soll. Hohes Fieber trat nur in manchen der Fälle auf. Möglicherweise kämen auch körpereigene Hormone, wie Endorphine, in Frage, die bekanntlich Glücksgefühle auslösen können. Vielleicht können Endorphine oder andere Hormone kurz vor dem Tod ausgeschüttet werden, ausgelöst durch eine Art psychische oder körperliche Panikreaktion. Doch bliebe auch hier rätselhaft, wie genau derart einfach gestrickte Hormone Erinnerungen wieder zur Verfügung stellen könnten, wenn doch davon ausgegangen werden muss, dass zumindest in manchen Fällen mit Demenz, Gehirnschlag

79 Zieger (2010) sowie Forstmeier und Maerker (2009) zitieren die wichtigsten diesbezüglichen Studien.

oder Hirntumoren die relevanten Gehirnstrukturen zerstört worden sind. Betrachten wir speziell die Fälle von Käthe und den beiden Schlaganfall-Patientinnen so, scheint eine rein biochemische Erklärung schlichtweg unzureichend. Wenn man diese Fälle als gegeben annimmt, so muss man weiterhin annehmen, dass noch etwas *Anderes* mit im Spiel gewesen sein muss. Und dieses *Andere* muss in der Lage sein, unabhängig vom zerstörten oder beeinträchtigten Gehirn zu agieren.

Wir haben hiermit den Boden der Gelehrten des Altertums, mancher Ärzte der Romantik und auch späterer Autoren, wie Carl du Prel (1839-1899),[80] Demeter Georgiewitz-Weitzer oder Friedrich Happich und Wilhelm Wittneben, betreten. Sie sprachen in diesem Zusammenhang von der menschlichen Seele, die sich von ihren materiellen Fesseln löse. Oftmals lagen diesen Ansichten nebst der terminalen Geistesklarheit noch anderweitige Beobachtungen zugrunde. Diese Beobachtungen wurden besonders von Ärzten und anderen Gelehrten der Romantik diskutiert. Die kulturgeschichtliche Epoche der Romantik erstreckte sich von etwa 1790-1850, wobei es schwierig ist, genaue Zeitgrenzen dieser vielgestaltigen Bewegung aufzuzeigen. Sie ergriff die bildende Kunst, die Musik und vor allem auch die Literatur. Diese romantischen Bewegungen wurden von einem naturphilosophischen Unterbau getragen, der sich auch auf die Wissenschaften inklusive der Medizin erstreckte. Dies umso mehr, als der Arzt der Romantik nicht als Spezialist und isoliert von anderen Wissensgebieten praktizierte, sondern typischerweise eingebettet in einem vielschichtigen Netz von Denkern und Künstlern lebte, in dem die Medizin als Heil"kunst" im wahrsten Sinne des Wortes aufgefasst worden ist.[81]

Ein charakteristischer Zug der romantischen Medizin war ihre teilweise Anbindung an Strömungen, die unter den Namen „Mesmerismus", „Animalischer Magnetismus" und „Somnambulismus" geläufig sind. Sie

80 Carl du Prel war ein produktiver Philosoph und Schriftsteller, der einige einflussreiche Abhandlungen zur Bedeutung von paranormalen Phänomenen für das Verständnis der menschlichen Psyche verfasst hat. In seiner „Monistischen Seelenlehre" (du Prel, 1888/1971a, S. 468ff) findet sich eine der bis heute umfassendsten Zusammenstellungen von Quellen für Beispiele von terminaler Geistesklarheit in der Literatur. Der Großteil der Beispiele ist in diesem Buch wiedergegeben.

81 Eine gute Einführung in diese Thematik bieten Leibbrand (1937) und Leibbrand (1956).

stellen in vieler Hinsicht die Vorläufer der späteren Hypnose-Forschung dar und wiesen den Romantikern den Weg in das faszinierende Reich der unterbewussten Regionen der menschlichen Psyche. Dazu zählte auch die Beschäftigung mit den Träumen und ihren Inhalten. Die Romantik gilt daher als die Zeit der Entdeckung des Unterbewusstseins. Viele heute aktuelle Konzepte der Tiefenpsychologie, der Psychoanalyse oder auch der Traumdeutung gehen ursprünglich auf Autoren der Romantik zurück, insbesondere auf den schon mehrfach genannten Gotthilf Heinrich von Schubert.

Ohne an dieser Stelle tiefer auf die erwähnten Themen eingehen zu wollen, sei hier der folgende wichtige Aspekt festgehalten: Viele Personen, die sich in tiefen „somnambulen" Stadien befanden, wirkten nach außen hin oft praktisch leblos, wie in tiefer Trance befindlich, Teilweise waren ihre Körper sogar kühl und steif. Lediglich ihr Sinn für das Gehör schien erhalten zu bleiben, denn sie konnten in diesen Stadien auf die Worte ihres „Magnetiseurs" reagieren. Mit diesem standen sie in sogenanntem „Rapport".

Es ist nun erstaunlich, was viele Somnambule in übereinstimmender Weise von ihren Erlebnissen während des tiefen Trance-Zustandes erzählten. Sie berichteten über telepathischen Kontakt mit ihrem Magnetiseur, darüber, dass sie ihren eigenen Körper und die Ursachen ihrer Krankheiten von innen „sehen" konnten, dass sie aber auch zutreffende Wahrnehmungen an weit entfernten Orten machen und sogar ihren Körper verlassen konnten. Auch erfuhren sie Einblicke in transzendentale Bereiche des Daseins. Weiterhin erhielten sie offenbar häufig Auskunft darüber, wie ihre Genesung eingeleitet werden könne. Hierin schienen sie oft Recht zu behalten, so dass sie gemäß ihrer eigenen im somnambulen Zustand verordneten Kuren gesundeten. Häufig sind solche vorhergesagten Genesungen sicher durch Selbstsuggestion zu erklären – insofern man auf diesem weitgehend unverstandenen Gebiet der geistigen Beeinflussung von körperlichen Prozessen überhaupt von Erklärungen sprechen kann. Einige Somnambule berichteten überdies, dass dieser fast leblose Zustand ihres Körpers demjenigen des tatsächlichen Sterbens gleichen würde und die inneren Erlebnisse sich dann ebenfalls ähnelten. Aus der Tieftrance zurückgekehrt, konnten sich viele Somnambule nicht an ihre Erlebnisse und Schilderungen erinnern.

Vor allem aber schien auch häufig das gesamte Wesen des Somnambulen im Vergleich zu deren Normalbewusstsein verändert zu sein. Manchmal legten sie eine Geistesschärfe und moralische Einstellung an den Tag, die bei den oft in weltlicher und geistiger Hinsicht recht ungebildeten Menschen sehr erstaunlich wirkte. Selbst von Menschen mit psychischen Erkrankungen oder geistigen Verwirrungen wurde immer wieder berichtet, dass sie im somnambulen Zustand vollkommen vernünftig und normal wirkten, dass sie aber wieder in ihre Verwirrtheit zurückfielen, sobald sie aus der Trance erwachten. Ein klassisches Beispiel wurde im Jahr 1813 von dem französischen Wegbereiter des Somnambulismus beschrieben, dem Marquis de Puységur (1751-1825).

> Puységur nahm einen Jungen zur Behandlung auf, der in nahezu allen Belangen völlig unzurechnungsfähig war. Dazu kam die ausgesprochene Unfähigkeit, sich auch nur an die einfachsten Dinge seines Alltags zu erinnern. Im somnambulen Zustand jedoch war er voll bei Sinnen und besaß ein vollständiges Erinnerungsvermögen an alles, was er je getan hatte, selbst an seine Träume. Er erklärte seine Krankheit durch Komplikationen, die ein chirurgischer Eingriff an seinem Gehirn nach sich gezogen hatte. Zudem gab er Anweisungen, wie er zu heilen sei. Nach etwa sechs Monaten war sein Zustand auch in seinem Alltagsbewusstsein wieder zufriedenstellend, nur eine Erinnerungsschwäche behielt er zurück.[82]

Aus solchen Beobachtungen folgerten einflussreiche Philosophen und Ärzte der Romantik dreierlei:

1. Selbst in Zuständen von tiefer geistiger Verwirrung bleibt der wesentliche Kern der individuellen menschlichen Psyche unter der Oberfläche erhalten.

2. Der somnambule Zustand stellt ein Mittel dar, mit dem die geistigen Fähigkeiten der Menschen erhöht werden können. Dies zeigt sich beispielsweise an den übersinnlichen Fähigkeiten, die sie dann an den Tag legen können, aber auch an den gesteigerten geistigen und

82 Für eine Zusammenfassung des Falles siehe Gauld (1995), S. 113ff.

sprachlichen Fähigkeiten, über die viele Somnambule inklusive mancher ansonsten verwirrter Patienten in diesem Zustand verfügen.

3. Da im somnambulen Zustand die Sinnesorgane des Körper ausgeschaltet und geradezu überflüssig sind, der Körper oft kalt und steif ist, und da hierbei übersinnlich-somnambules Erkennen sowie gesteigerte geistige Klarheit auftreten können, kann dieser Zustand auch mit dem Anfangsstadium des Sterbens verglichen werden. Im Sterben kehrt der Mensch also zu seiner ursprünglichen und höheren Natur zurück, die wie alle Natur primär aus dem Geist entstanden ist. Hier wird gesteigertes Wahrnehmen und Erkennen möglich, das nicht mehr an die körperlichen Sinnesorgane und die Vermittlung des Gehirns gebunden ist.

Dieses Denkmotiv kehrte auch bei einigen nachromantischen Autoren immer wieder, darunter besonders bei Carl du Prel. Seine Schrift „Die Mystik im Irrsinn", aus dem Jahr 1889, stellt diesen Gedankengang mit explizitem Bezug auf Menschen mit psychischen Erkrankungen in aller Ausführlichkeit dar. Du Prel führt etliche Belege aus der älteren Literatur an, die ihn untermauern sollen.[83]

Doch das Zeitalter des Mesmerismus und Somnambulismus scheint unwiderruflich vorbei zu sein. Es liegt lange zurück – für viele Grund genug, den dort berichteten Beobachtungen, die zudem oft nicht den heutigen wissenschaftlichen Dokumentationsstandards entsprechen, nicht allzu viel Bedeutung beizumessen. Doch die Romantiker thematisierten außerdem bereits Nahtod-Erfahrungen und außerkörperliche Erfahrungen in ihren Schriften und, wie wir noch sehen werden, auch Todesnähe-Visionen und weitere ungewöhnliche Phänomene in Todesnähe. Autoren wie Kerner und von Schubert zählen daher zu den Pionieren der Nahtod-Forschung. Romantische Naturforscher untersuchten aber auch andere mehr objektive Indizien dafür, dass zwischen Gehirn und Geist kein absolutes 1:1-Verhältnis besteht. Auch diese Belege erstrecken sich in ununterbrochener Kontinuität bis zum heutigen Tag und sind somit noch immer aktuell. Das gilt z.B. von massiven Gehirnverletzungen, die offenbar keine oder nur sehr

83 Du Prel (1889/2006a), S. 71-99.

geringe Auswirkungen auf den Geisteszustand und das Erinnerungsvermögen des Betreffenden gehabt haben. Diese und andere Phänomene, die ein kritisches Licht auf die heute vielbeschworene Hypothese werfen, der menschliche Geist samt seinen Gedanken und Gefühlen sei ausschließlich ein (Neben-) Produkt der biochemischen Reaktionsprozesse von für sich genommen toten Atomen und Molekülen im Gehirn, werden im folgenden Kapitel behandelt.

3.
Rätselhafte Gehirnbefunde

In diesem Kapitel stelle ich zunächst merkwürdige Gehirnbefunde vor, die für die Hypothese, dass alles menschliche Selbsterleben ausschließlich auf Bewegungen von Molekülen und auf elektrische Ströme zurückzuführen sei, knifflige Fragen mit sich bringen. Den Anfang machen verblüffende Beobachtungen bei Gehirnverletzungen und drastischen Operationen wie der Hemisphärektomie (hierbei werden komplette Großhirnhälften bzw. Hemisphären herausoperiert).

Dann möchte ich das vorstellen, was ich als „den Menschen hinter der Kulisse“ bezeichne, und widme mich in diesem Zusammenhang besonders der Entwicklungsstörung, die erst in den letzten Jahrzehnten als Autismus bekannt geworden ist. In diesem Zusammenhang diskutiere ich Implikationen von sogenannten „inselbegabten“ Personen, mathematischen Genies und „Wunderkindern“, bevor noch bemerkenswerte Fälle des Wasserkopf-Syndroms zur Sprache kommen.

Dann schließe ich dieses Kapitel mit einigen grundsätzlichen Überlegungen zur Funktionsweise unseres Gehirns. Letztlich wird deutlich werden, dass wir diesbezüglich noch herzlich wenig wissen und das zweite Erklärungsmodell für terminale Geistesklarheit, dasjenige der Romantiker und ihrer Nachfolger, möglicherweise mehr Berechtigung hat, als man zunächst vermuten möchte.

Massive Gehirnverletzungen und operative Eingriffe

Bereits zur Zeit der Romantik waren Gehirnverletzungen bekannt, die keine nennenswerten Auswirkungen auf die betroffenen Menschen zu haben schienen. So konstatierte der Anatom Friedrich Gotthilf Voigtel (1770-1813) unter Angabe reichhaltiger Literatur bereits im Jahr 1804:

> „Ein Mensch kann, wie es scheint, einige Unzen [eine Unze entspricht heute ca. 30 Gramm] von der Hirnsubstanz verlieren, ohne dass der Tod oder eine Verletzung der Seelenkräfte erfolgt. Einem Knaben von zwölf Jahren wurde durch einen Windmühlenflügel eine große Portion Gehirn herausgeschlagen; er wurde geheilt und litt nicht den geringsten Schaden an seinen Geisteskräften. Einem anderen Knaben wurde durch einen Ziegel der Schädel zerschmettert und eine große Portion Gehirn herausgeschlagen, und er wurde ohne Folgen geheilt. Bei einem Mädchen von dreizehn Jahren gingen durch Eiterung nach und nach fast sechs Unzen Gehirn verloren, wobei endlich dennoch die Heilung erfolgte. Solcher Beispiele findet man viele."[84]

Obwohl solche Beispiele natürlich Ausnahmen von der Regel darstellen, findet man dennoch einige davon. Besonders die frühe Kriegschirurgie machte reichlich Erfahrung in dieser Hinsicht. Über hundert Jahre nach Voigtel berichtete z.B. der namhafte Entwickler der lokalen Betäubungsmethode, Carl Ludwig Schleich (1859-1922), auf direktes Nachfragen des bereits erwähnten Ingenieurs Demeter Georgiewitz-Weitzer (alias G. W. Surya):

> „Bezüglich Ihrer Anfrage versichere ich Sie der Wahrheit gemäß, dass ich mindestens *20 Fälle* von Gehirnverletzungen behandelt habe, bei denen löffelweise Ganglien enthaltende Gehirnmasse entleert wurde, ohne dass die geringste Störung der Intelligenz des Zahlbegriffes und des Ichbewusstseins zu bemerken war. Es war eine ständige Frage an meine Assistenten und Schwestern: *Glauben Sie nun noch angesichts dieser Gehirnsubstanzverluste, dass das Gehirn der Sitz der Seele*

84 Voigtel (1804), S. 626f.

sei? Zitieren Sie das, lieber Freund, wenn Sie wollen, es ist nun einmal so."[85]

Schleich setzte seinem Buch „Vom Schaltwerk der Gedanken" einen Wahlspruch voran, womit er deutlich machte, dass der menschliche Geist seiner Auffassung nach keineswegs ein bloßes Produkt der biochemischen Gehirnaktivität ist:

> Auf den feinsten Nervensaiten
> Spielt ein Spielmann sein Gedicht.
> Wohl siehst Du die Finger gleiten,
> Doch den Spielmann siehst Du nicht.[86]

Obwohl die angeführten Beispiele erstaunlich sind, so ist andererseits bekannt, dass das menschliche Gehirn eine enorme Flexibilität und Anpassungsfähigkeit besitzt. Auch nach plötzlich erfolgten Gehirnschädigungen können verlorengegangene Fähigkeiten oder Erinnerungen im Laufe der Zeit wieder zurückgewonnen werden, indem gewisse Gehirnteile entsprechend umorganisiert werden. Selbst wenn z.B. das komplette Kleinhirn entfernt werden muss, unsere tennisballgroße Schaltzentrale für körperliche Bewegungsabläufe, können manche betroffene Menschen im Laufe der Zeit wieder eine fast normale Bewegungskompetenz erlangen. Das geschieht, obgleich das Kleinhirn ein eigenständiges Teilorgan des Gehirns ist und dazu auch eine innere Struktur hat, die deutlich von den anderen Teilen des Gehirns abweicht. Obwohl manche Neurowissenschaftler solche Fähigkeiten als „äußerst verblüffend" bezeichnen,[87] wird dennoch angenommen, dass es aufgrund dieser Regenerationsfähigkeit des Gehirns letztlich gar nicht so erstaunlich ist, wenn manche Menschen mit erheblichen Schäden der Gehirnmasse ein praktisch normales Leben führen. Die Fähigkeit des Gehirns, sich gemäß den jeweils herrschenden Anforderungen (neu) zu organisieren, wird gemeinhin als die „Plastizität" des Gehirns bezeichnet. Sie soll dafür verantwortlich sein, dass verlorengegangene Fähigkeiten im Laufe der Zeit wiederhergestellt werden können. Aus diesem Grund sind gut dokumentierte Verletzungen und Operationen,

---

85 Surya (1921), S. 15f. Kursivdruck im Original.
86 Schleich (1916).
87 Bower und Parsons (2003), S. 67.

die mit dem plötzlichen Verlust größerer Gehirnareale einhergehen und bei denen *von Beginn an* keine oder nur sehr wenige Funktionsausfälle zu verzeichnen sind, im hiesigen Zusammenhang am interessantesten. Tatsächlich gibt es hier faszinierende Befunde.

Am frappierendsten sind die Beispiele, bei denen aufgrund schwierig zu behandelnder Gehirnkrankheiten komplette Großhirnhälften aus dem Schädel der Betroffenen herausoperiert werden, die bereits erwähnten „Hemisphären-Ektomien", oder kürzer und fachmännisch „Hemisphärektomien". Meistens werden derartige Operationen an Kindern durchgeführt, doch auch Erwachsene gehören zu den Patienten. Das Erstaunliche: Abgesehen von bestimmten körperlichen und kognitiven Funktionsausfällen werden weder die Persönlichkeit noch das Gedächtnis durch diesen massiven Eingriff nennenswert beeinträchtigt! Die Operierten besitzen nach der Entfernung einer Gehirnhälfte – egal ob die rechte oder die linke – nach wie vor praktisch alle persönlichen Erinnerungen! Man kann manchmal sogar lesen, dass überhaupt keine Erinnerung verlorengeht.

> So staunt John Freeman, ein weltweit führender Chirurg auf dem Gebiet der Hemisphärektomie, „bis heute darüber, dass alle Hemisphärektomie-Patienten ihr Gedächtnis behalten. ‚Sie vergessen nichts', sagt Freeman."[88]

Auch mir berichtete eine Mutter eines Jungen, der sich mit fünf Jahren einer Hemisphärektomie unterzogen hatte, dass dieser nichts vergessen hatte und auch seine Fähigkeit, neue Inhalte in seinem Langzeitgedächtnis abzuspeichern, nicht gelitten habe. Das Langzeitgedächtnis gilt als im Großhirn angelegt, also genau in dem Teil, der bei einer Hemisphärektomie zur Hälfte entfernt wird. Wie aber kommt es dann, dass die persönlichen Erinnerungen erhalten bleiben und nicht etwa ein Großteil oder gar die Hälfte fehlt? Selbst wenn man mit manchen Forschern annimmt, dass Erinnerungen an keinem bestimmten Ort im Gehirn abgespeichert werden, sondern irgendwie (wie das gehen soll, weiß man nicht) über das gesamte Gehirn verteilt sind, so müsste man dennoch erwarten, dass die Entfernung einer gesamten Gehirnhälfte einen gravierenden Effekt nach sich ziehen würde.

88 Eberle (1999).

Wenn man sich nun in neurowissenschaftlichen Fachpublikationen auf die Suche nach Erklärungsansätzen für dieses rätselhafte Beibehalten des Gedächtnisses macht, muss man jedoch bald feststellen, dass dieses Thema hier nicht behandelt wird. Ich habe jedenfalls keinen einzigen Beitrag gefunden, der auf diese Thema eingegangen wäre, und einem anderen Interessierten ging es ebenso.[89] Man muss abseits der Fachpublikationen suchen. Ein erster Erklärungsansatz stammt von Freeman selbst. Er spricht in einem Interview die Vermutung aus, dass alle Erinnerung im Gehirn grundsätzlich zweimal angelegt wird: Einmal in der rechten und einmal in der linken Gehirnhälfte. Entfernt man also eine hiervon, so bliebe dennoch alles in der jeweils anderen erhalten und abrufbar.[90] Dies mag eine logische Möglichkeit darstellen, sie entspricht aber – zumindest so weit ich das beurteilen kann – nicht den gängigen neurobiologischen Vorstellungen von der Anlage des Gedächtnisses. Man muss insbesondere fragen, wieso in anderen Fällen von größeren Gehirnverletzungen, bei denen ja oft ebenfalls nur eine Hemisphäre betroffen ist, Erinnerungen in großem Stile unwiederbringlich gelöscht werden. Ein klassischer Fall aus der Neuropsychologie mag dies verdeutlichen. Es handelt sich um den 23-jährigen russischen Soldaten Zasetsky, dem im Jahr 1943, im Gefecht mit den Deutschen, eine schwere Kopfwunde zugefügt wurde.

> Ein Geschoss verletzte *den hinteren oberen Teil der linken Hemisphäre* erheblich. Deren Vorderpartie und auch die komplette rechte Hirnhälfte blieben jedoch erhalten. Der talentierte junge Wissenschaftler Zasetsky überlebte, war jedoch nur noch ein Schatten seiner selbst. Er hatte praktisch alles vergessen und verlernt. So gut wie alles musste Zasetsky wieder lernen, auch das Schreiben. Seine Erinnerungen waren massiv beeinträchtigt und konnten nie wieder vollständig hergestellt werden. Seine Heimatstadt war ihm fremd. Er hatte vergessen, wie man selbst einfachste Aktivitäten ausführt, wie z.B. jemanden zu sich zu winken oder einen Hammer zu gebrauchen. Er hatte außerdem jegliche Orientierung verloren, konnte links von rechts nicht unterscheiden, so dass er kaum alleine das Haus verlassen konnte. Alltägliche Worte wie „Tisch" weckten lediglich ein Gefühl der Vertrautheit in ihm, aber er konnte ihnen keine Bedeutung zuordnen. Bei all dem

89 Alexplorer (2004).
90 Zuger (1997).

> war sein „Ichgefühl" jedoch weiterhin vorhanden. Aber es war ein Ich in einem luftleeren Raum, praktisch ohne Orientierung und Wissen über sich selbst. Da seine vorderen Gehirnteile intakt waren, besaß er allerdings nach wie vor seine Willenskraft – denn diese vorderen Partien sind mit Fähigkeiten wie Willen und Planungskompetenz assoziiert. Unermüdlich trieb es ihn dazu, sich immer mehr von seiner alten Welt zurückzuerobern. Er dokumentierte seinen steinigen Weg in einem persönlichen Tagebuch, das Tausende von Seiten umfasst. Zasetzky besaß außerdem noch eine lebendige Vorstellungskraft, und sein ästhetischer Sinn für beispielsweise schöne Musik und schöne Landschaften schienen unbeeinträchtigt. Als im Laufe der Zeit einige Erinnerungen wiederkehrten, waren es zunächst diejenigen der frühen Kindheit. Aber alles, was er beispielsweise während seines Studiums gelernt hatte, blieb für immer verloren.[91]

Befunde wie dieser stellen ein Problem für die Hypothese Freemans dar, wonach alle Erinnerung grundsätzlich doppelt angelegt wird. Man sollte dann doch erwarten, dass Zasetsky genau wie die Hemisphärektomie-Patienten nach wie vor den allergrößten Teil seines Gedächtnisses beibehalten hätte, wenn nicht sogar alles. Es ist sehr erstaunlich, dass es einem Menschen, dem nur ein Teil einer Hemisphäre zerstört worden ist, so viel schlechter ergehen kann als denjenigen, die eine komplette Hemisphäre entfernt bekommen. Müsste man hier nicht genau das Gegenteil erwarten, dass nämlich den Hemisphärektomie-Patienten viel mehr Erinnerungen fehlen?

Für einen zweiten Erklärungsansatz für die Beibehaltung des Gedächtnisses von Hemisphärektomie-Patienten habe ich ebenfalls keine Referenzen aus der Fachliteratur gefunden, aber ein renommierter Neuropsychiater hat mich auf ihn aufmerksam gemacht. Hier geht man davon aus, dass die erkrankte Gehirnhälfte gar nicht mehr an der Formierung des Gedächtnisses beteiligt ist, sondern dass die Erlebnisse der Betroffenen nur noch in die gesunde Hälfte eingespeist werden. Es wäre dann nicht weiter verwunderlich, dass alle Erinnerung nach der Operation noch da

---

91 Der Fall wird u.a. von Gardner (1976, S. 415-422) besprochen. Für die hochinteressante Originalpublikation siehe Luria (1972). Der Psychologe Aleksander Romanovich Luria stand fünfundzwanzig Jahre lang mit Zasetsky in engem Kontakt.

ist – denn sie ist ja nie in der kranken Hälfte gewesen! Als Beispiele können hier die Fälle dienen, in denen bereits Säuglinge und Kleinkinder aufgrund eines Defekts in einer Hemisphäre unter schweren epileptischen Anfällen leiden. Hier bildet sich regelmäßig auf der nicht befallenen Seite die dominante Gehirnhälfte heran.

Noch interessanter sind allerdings die Fälle, worin ein Mensch zunächst jahrelang gesund gelebt hat und erst später an einer verhängnisvollen Krankheit erkrankt ist, die eine Hemisphärektomie notwendig gemacht hat. Hier wird sodann postuliert, dass sämtliche bereits in der erkrankten Hemisphäre gespeicherten Gedächtnisinhalte vor der Operation auf die gesunde Seite übertragen worden sind. Damit wäre erklärt, warum auch sie danach noch vorhanden sind. Mögliche Beispiele hierzu stellen Patienten mit „Rasmussens Gehirnentzündung" dar, einer mysteriösen und unheilbaren Krankheit, die jedoch auf eine Hemisphäre oder gewisse Gehirntumoren beschränkt bleibt. Obwohl Rasmussens Gehirnentzündung meist früh im Kindesalter auftritt, erkranken manche Kinder auch erst im Alter von bis zu zehn Jahren an ihr – wie Kaci Caves, die schließlich mit vierzehn Jahren operiert worden ist.[92] Ein Beispiel für eine erfolgreiche Hemisphärektomie an einem Erwachsenen betrifft einen Mann, der erst mit fünfunddreißig Jahren wegen eines großen Hirntumors operiert worden war, nachdem er erst zwei Monate zuvor begonnen hatte, von Bewegungsstörungen geplagt zu werden. Die Veränderungen seiner Persönlichkeit unmittelbar nach der Operation bestanden lediglich in einer gewissen emotionalen Abstumpfung und geistiger Langsamkeit. Obwohl selbst in dieser sehr ausführlichen Fallbeschreibung keine Aussage zu seiner Erinnerungsfähigkeit direkt nach der Operation zu finden ist, stellen die Autoren zumindest zehn Jahre später nach einem Besuch bei dem Mann lapidar fest, dass sein „Gedächtnis nicht beeinträchtigt zu sein scheint".[93] Mittlerweile sind etliche Hemisphärektomien an erwachsenen Menschen durchgeführt worden. Ihre Durchführung gilt gemeinhin als kritischer als bei kleinen Kindern, da die Plastizität des Gehirns mit zunehmendem Alter deutlich abnimmt und damit die Regeneration von verlorenen körperlichen und kognitiven Fähigkeiten erschwert wird. Doch auch in den Fachpublikationen zu erwachsenen Patienten finden sich keinerlei Aussa-

92 Eberle (1999).
93 Bell und Karnosh (1949), S. 292.

gen zu der Fähigkeit der Operierten, sich an ihr Leben zu erinnern oder neue Langzeiterinnerungen abzuspeichern.[94] Unterstellen wir hier einmal, dass der eben erwähnte 35-jährige Mann tatsächlich (nahezu) alle Erinnerungen behalten hat. Dann müssten Erinnerungen von über dreißig Jahren, die von der rechten Hemisphäre (mit-)gespeichert worden waren, im Laufe von vielleicht nur einigen Monaten auf die gesunde linke Seite hinüberverlagert worden sein, ohne dass der Mann dabei irgendwelche sonstigen Auswirkungen seines Tumors bemerkt hätte. Im fortgeschrittenen Stadium der Krankheit, kurz vor der Operation, müssen die Erinnerungen dann nur noch direkt in die linke Hemisphäre eingeschrieben worden sein, die rechte hingegen wurde gar nicht mehr dazu benutzt.

Nun ist mir erneut nicht bekannt, dass ein solch massives (und unbemerktes) Verschieben von Erinnerungen von einer Hemisphäre in die andere ein neurowissenschaftlich nachgewiesenes Phänomen wäre. Es hat bestenfalls den Charakter einer Hypothese. Ein Einwand gegen sie erhebt sich auch dann, wenn man z.B. die Fallgeschichte von Philipp Dörr betrachtet, einem Jugendlichen, dem im Alter von elf Jahren die rechte Hemisphäre herausoperiert worden ist. Er berichtete nämlich, dass ihm „eine Reihe von Erinnerungen" fehlen, vor allem aus den *letzten* Jahren vor der Operation.[95] Wir lernen aus dieser knappen persönlichen Aussage etwas durchaus Interessantes: Offenbar scheinen zumindest bei manchen Patienten durchaus einzelne Erinnerungen verlorenzugehen. Dann fehlen, wie bei dem plötzlich verwundeten Soldaten Zasetsky, am ehesten diejenigen Erinnerungen, die am *jüngsten* sind – sprich diejenigen, die gemäß obiger Hypothese doch eigentlich gar nicht mehr in die kranke Hemisphäre eingespeist worden sein dürften! Wenn man nun annimmt, dass eben nicht jede neue Erinnerung sogleich in die gesunde Hirnhälfte eingeschrieben wird, sondern nur der größte Teil, so muss dann auch verwundern, dass die vergleichsweise riesige Masse der alten und eher unwichtigen Erinnerungen offenbar komplett in die gesunde Hemisphäre übertragen worden sein soll. Insgesamt wirkt auch dieses zweite Erklärungsmodell, mit der

94 Siehe z.B. McClelland und Maxwell (2007) oder Cukiert et al. (2009). In der letztgenannten Publikation wird überdies festgestellt, dass der Gesamt-Intelligenzquotient der behandelten Patienten nach der Operation angestiegen ist. Auch der sprachbezogene IQ ist im Durchschnitt von 82 auf 86 Punkte gestiegen.

95 Traufetter (2003).

angenommenen Gedächtnisübertragung, konstruiert. Wie es scheint, ist es auch nicht durch klinische Untersuchungsergebnisse abgesichert. Es verwundert, dass bislang offenbar noch kein Hirnforscher ein Interesse daran gezeigt hat, die hier vorgestellten und durchaus fragwürdigen Hypothesen einer ernsthaften Überprüfung zu unterziehen.

Doch die bemerkenswerte Beibehaltung der Erinnerungen ist nicht das einzig Erstaunliche bei Hemisphärektomien. Ein weiteres Beispiel betrifft die Neubildung des Sprachzentrums. Dieses ist normalerweise in der linken Gehirnhälfte des Menschen angelegt. Oftmals befindet es sich noch dort, wenn diese entfernt werden muss. In diesen Fällen kann der Patient nicht mehr sprechen. Er kann es aber wieder lernen, und zwar umso besser, je jünger er ist. Viele Kinder, denen die linke Gehirnhälfte entfernt werden musste, lernen praktisch wieder so gut zu sprechen, als ob sie es nie verlernt hätten. Auch dies ist ein durchaus interessanter Befund, denn: In den Fällen, in denen die Sprachfähigkeit verlorengegangen ist, muss man annehmen, dass das Gedächtnis zwar übertragen und gerettet worden ist, die Sprachfähigkeit aber nicht. Sie ist fort. Ein Beispiel hierzu ist die bereits erwähnte Kaci Caves. Wenn ein Patient wie Kaci wieder lernen möchte zu sprechen, ist hier nur eines von Bedeutung: Der persönliche Wille zu möglichst häufigem Sprachtraining! Dies ist den Medizinern auch von anderen Patienten mit Hirnschädigungen durch Schlaganfälle oder Verletzungen bekannt: Je stärker der Wille und Einsatz ist, verlorengegangene geistige oder körperliche Fähigkeiten wiederzuerlernen, umso besser wird es gelingen. Ein Paradebeispiel hierfür bieten die unermüdlichen Bemühungen Zasetskys, sich sein vergessenes Leben zurückzuerobern.

Die Umsetzung des Willens kann also geschwächte Nervenbahnen im Gehirn wieder stärken und ausbauen, ja sogar ganze Schaltzentralen, wie das entfernte Sprachzentrum, neu anlegen oder auch die Bewegungskompetenz wiederherstellen, falls das dafür zuständige Kleinhirn entfernt werden musste. Dem unbefangenen Beobachter mag dies so scheinen, als ob die menschliche Geistesaktivität die materielle Ausbildung des Gehirnes steuert und neu konfiguriert. Das Problem ist allerdings, dass dies gemäß dem gängigen schulwissenschaftlichen Modell des menschlichen Geistes nicht sein kann; denn hier gilt der Geist nur als ein nachgeordnetes Nebenprodukt der feuernden Gehirnzellen, die einzig ihren biochemischen und elektrischen Reaktionsgesetzen gehorchen müssen. Man mag sich aber nun fragen: Wieso sollte in der rechten Gehirnhälfte ein Haufen von für sich genommen toten Molekülen, die aus überwiegend Kohlenstoff, Stickstoff, Sauerstoff und Wasserstoff bestehen, bemerken, dass in der linken Gehirnhemisphäre z.B. ein „Sprachzentrum“ abhandengekommen ist, und es dann auf der rechten Seite wieder aufbauen? Im Rahmen von rein biochemischen Theorien sollte sich doch gar nichts weiter ereignen, außer dass es zu Störungen der üblichen chemischen und elektrischen Prozesse und somit auch der geistigen Fähigkeiten kommt. Die Hirnforscher verwiesen hier, wie erwähnt, gerne auf die Plastizität des Gehirns, das sich neuen Herausforderungen entsprechend umorganisiere. Das ist sicherlich richtig. Diese Umformung und Umorganisation geschieht. Allerdings ist die vielzitierte Plastizität oder auch die angebliche Selbstorganisation des Gehirns nur ein *beschreibender* Begriff, es steckt – und das ist wichtig zu verstehen – keinerlei tiefere Erklärung darin, wie genau und warum der Umorganisierungsprozess der betreffenden Biomoleküle im verbliebenen Gehirnteil überhaupt vor sich geht. Bilden sich die neuen Verschaltungen etwa um aufgrund der Vorgabe des menschlichen Willens und seiner versuchten körperlichen Umsetzung? Obwohl alles danach aussieht und auch *alles in der therapeutischen Praxis danach ausgerichtet wird*, gibt es sicherlich kaum einen modern denkenden Hirnforscher, der dies öffentlich unterschreiben würde. Denn das würde schließlich bedeuten, dass das Nebenprodukt der feuernden Neuronen, der menschliche Geist samt seinem Willen, effektive Macht über die neuronalen Prozesse des Gehirns besitzen würde – ein äußerst unangenehmer Gedanke für die meisten heutigen Gehirnwissenschaftler. Doch interessanterweise erkennen auch einige Psychiater und Neurobiologen diesen Sachverhalt entschieden an. Sie stellen anhand zahlreicher experimenteller Untersuchungsergebnisse und therapeutischer Befunde ausführlich dar, wie der menschliche Geist in vielen Fällen tatsächlich die Gehirnaktivität zu steuern scheint, und sie zeigen, dass er damit auch die Plastizität des Gehirns mitbestimmen dürfte.[96] Es erstaunt immer wieder, wie sehr dieser eigentlich offensichtliche Sachverhalt von den meisten Gehirnforschern einfach bestritten wird, und zwar ohne die Vorlage von nennenswerten Argumenten.

Manche Gehirnforscher sind jedoch bescheidener und verweisen auf die

96 z.B. Beauregard (2007), Beauregard und O’Leary (2007), Doidge (2007), oder Schwartz und Begley (2002).

vielen ungelösten Fragen, die hinsichtlich eines Verständnisses der Gehirnfunktionen noch immer bestehen. So gesteht auch Freeman, dass noch niemand weiß, wo das Sprachzentrum in der rechten Hemisphäre neu aufgebaut wird und welche vormaligen Funktionen es dabei wohin verdrängt. Dies ist ein weiterer nicht ganz unwichtiger Aspekt dieser Verlagerungsprozesse, der natürlich auch bei den angenommenen Verlagerungen der sehr umfangreichen Gedächtnisinhalte eine bedeutende Rolle spielen müsste.[97]

Im nächsten Kapitel werde ich noch einige Beispiele dafür anführen, dass „der Geist" nicht nur die Struktur und Funktionsweise des Gehirnes nach seinen Vorstellungen modellieren und umgestalten, sondern auch mannigfaltige andere Veränderungen im Körpergewebe hervorrufen kann. Das erfolgt auf bislang kaum erforschten und noch vollständig ungeklärten Wegen. Wie wir sehen werden, wecken manche dieser Befunde zusätzlichen Zweifel daran, dass ausschließlich die Biochemie feuernder Neuronen für die Umformung und Neuprägung von organischer Materie verantwortlich zu machen ist.

Das Fazit aus der Beschäftigung mit der Hemisphärektomie lautet nach all dem: Wie bei dem Rätsel der ungewöhnlichen Schwankungen der Geisteszustände der Alzheimer-Patienten, stoppt das naturwissenschaftliche Forschen wieder genau an den Stellen, wo es wirklich spannend wird. Ich kann zwar nicht ausschließen, dass für die Beibehaltung des Gedächtnisses in Zukunft auch eine mit der Schulmedizin verträgliche Erklärung gefunden werden könnte, doch so lange hier noch nicht einmal nachgeforscht wird, ist jegliche dahingehende Versicherung verfrüht. So müssen auch vier führende Experten auf dem Feld der Hemisphärektomie, darunter Freeman, gestehen, dass sie letztlich vor einem Rätsel stehen. Christine Kenneally hat die vier befragt und schreibt:

> „Als ich die Chirurgen fragte, wie es möglich ist, mit einem halben Gehirn zu leben, ja sogar ein richtiges Leben zu führen, sprachen sie alle über Plastizität, Flexibilität, Redundanz und Potenzial, und dann lächelten sie und sagten alle das Gleiche: ‚Wir wissen es nicht wirklich.' "[98]

97 Choi (2007).
98 Kenneally (2006).

Der Mensch hinter der Kulisse

Im Folgenden werde ich einen wichtigen Aspekt von Hemisphärektomien und anderen Gehirnschädigungen, wie Gehirnschlägen und sogenannten geistigen Entwicklungsstörungen, diskutieren, der direkt mit terminaler Geistesklarheit in Zusammenhang stehen könnte. Ich möchte ihn hier den „Menschen hinter der Kulisse" nennen. Auch über diesen Aspekt erfahren wir in den modernen Fachpublikationen über Hemisphärektomie nichts Genaues. Man beschäftigt sich dort überwiegend mit Tabellen und Statistiken, jedoch nicht mit den Berichten von einzelnen Patienten, die jedoch einiges darüber zu erzählen haben, wie sie selbst die Zeit nach dem Eingriff erlebt haben. Wenn man darüber etwas erfahren möchte, bleibt einem nur die Tagespresse. Hier können wir lesen, wie beispielsweise Kaci Caves die Zeit erlebt hat, nachdem ihr die Gehirnhälfte mit dem Sprachzentrum entfernt worden war. Obwohl sie auf die Frage, welche Farbe der Himmel hat, nicht mehr antworten konnte; obwohl sie einfache Worte wie „Tasse" oder „Jeans" nicht mehr sprechen konnte, so schien sie dennoch all diese Worte zu kennen und (an) sie *denken* zu können. Ihre Persönlichkeit und auch ihr inneres Sprachverständnis schienen kaum beeinträchtigt gewesen zu sein – sie konnte das gedachte Wort nur nicht als gesprochenes Wort äußern. Ute Eberle berichtet in einem Artikel über sie:

> „Sie verwandelte sich [nach der Operation] von einer Einserschülerin in eine 14-jährige, die kaum lesen konnte. ‚Es war niederschmetternd', sagt sie heute. ‚Ich konnte an das Wort denken, aber ich kriegte es nicht heraus.' Und auch heute, zwei Jahre nach der Operation, muss sie oft nach Wörtern suchen. Ihre Sätze sind einfach, und Gesten versuchen zu erklären, was die Sprache noch immer nicht vermag. ‚Es ist sehr, sehr frustrierend', sagt Kaci, die jeden Nachmittag mit ihrer Mutter zwei Stunden Lesen und Sprechen übt … Später will sie aufs College. ‚Es ist immer noch schwer für mich zu sprechen, aber ich werde besser, immer noch, viel besser', sagt die heute 16-jährige. Im vergangenen Schuljahr schrieb sie schon wieder nur noch Einser."[99]

Wie es schon bei Zasetsky angeklungen ist, wird hier deutlich, dass das,

99 Eberle (1999).

was wir äußerlich von den operierten Menschen wahrnehmen, nicht notwendigerweise die innerlich aktive Persönlichkeit und ihr Selbstempfinden repräsentiert. Wir wissen praktisch nichts von dem, was in einem Menschen, der seiner Kommunikationsfähigkeit aufgrund einer Gehirnschädigung dauerhaft beraubt worden ist oder nur eingeschränkt über sie verfügt, wirklich vor sich geht. Dies trifft auch auf Patienten zu, die Gehirnschläge erlitten haben. Es existieren eindrucksvolle und bewegende Berichte von Schlaganfallpatienten, die während und nach ihrer Genesung aufgezeichnet haben, wie sie das fürchterliche Eingesperrtsein in einen Körper, der nicht länger den geistigen Vorgaben gehorcht, erlebt haben; wie anstelle des gedachten Wortes trotz größter Bemühungen einfach nichts über die Lippen kam oder nur die falschen Worte, und wie selbst die einfachsten Äußerungen geradezu unmenschliche Anstrengungen erfordert haben.[100] Jeder, der um diesen Sachverhalt weiß, sollte Schlaganfallpatienten nicht als geistig beschränkte oder „behinderte" Personen ansehen, die nicht mehr die alten sind und nur noch so viel begreifen, wie sie zu äußern oder zu leisten in der Lage sind. Denn der Mensch hinter der Kulisse, sein Ich, sein Persönlichkeitskern und einiges von seinem Denken ist womöglich noch intakt und somit ein gänzlich anderer, als wir zu glauben geneigt sind. Ein diesbezügliches Beispiel stellt auch der fünfjährige Junge dar, der an einem Gehirntumor litt und drei Wochen im Koma lag, bevor er kurz vor seinem Tod wieder zu sich kam.

Die Situation ist ganz ähnlich wie bei Menschen, die unter dem „Locked-In"-Syndrom leiden. Betroffen sind beispielsweise Menschen, die an der gefürchteten „Amyotrophen Lateralsklerose" erkrankt sind. Diese Krankheit nimmt den Betroffenen langsam ihre Bewegungsfähigkeit, bis sie am Ende nur noch mittels Augenbewegungen kommunizieren können – obwohl sie geistig vollkommen präsent sind. Manchmal werden auch die Augenbewegungen unmöglich. Dann ist Kommunikation bestenfalls noch über spezielle Apparaturen möglich, welche die Gehirnströme der Patienten messen und analysieren. Stellt man diesen Menschen gezielte Fragen, können diese Geräte anhand von bestimmten Aktivitätsmustern, die kurz darauf am Gehirn abgegriffen werden, Antworten wie Ja oder Nein identifizieren.[101] Bei dieser Krankheit weiß man immerhin, dass sich

100 Beispiele hiervon beschreibt z.B. Gardner (1976).
101 Siehe z.B. Hinterberger, Wilhelm, Mellinger, Kotchoubey und Birbaumer (2005).

in dem nahezu leblosen Körper noch ein voll kompetentes menschliches Bewusstsein befindet. Doch bei vielen Patienten, die durch Autounfälle oder Sauerstoffmangel in ein Koma gefallen sind (z.B. nach Herzinfarkten oder Situationen von Beinahe-Ertrinken), weiß man dies nicht. Doch auch hier kann es sein, dass der Mensch hinter der Kulisse nach wie vor über ungeahnte rein innerliche geistige Kapazitäten verfügt. Die angesprochenen Geräte zur Analyse der Gehirnaktivität werden als vielversprechende Kandidaten gehandelt, hier Kenntnisse bezüglich des Geisteszustandes der komatösen Einzelpersonen ableiten zu können.[102]

Auch bei autistischen Menschen kann es den *Menschen hinter der Kulisse* geben. Der Autismus bezeichnet ein Spektrum an frühkindlichen Entwicklungsstörungen, wobei in erster Linie die Unfähigkeit zur Kommunikation und zum sozialen Umgang mit anderen Menschen auffällig ist. Die intellektuelle Begabung autistischer Kinder ist dabei sehr unterschiedlich. Sie reicht von geistiger Eingeschränktheit bis hin zu überdurchschnittlicher Intelligenz. Daher wird Autismus von vielen selbst Betroffenen und von den meisten ihrer Mitmenschen eher als eine besondere Wahrnehmungsform denn als eine Krankheit angesehen. Häufig entwickeln autistische Kinder erstaunliche Fähigkeiten im Rechnen, im Musizieren und auf anderen Gebieten; in einfacher Form scheint dies bei etwa jedem zehnten autistischen Menschen aufzutreten.[103] Wir werden Beispiele hierzu im nächsten Abschnitt über außergewöhnlichen Inselbegabungen kennen lernen. Doch auch hier möchte ich drei bemerkenswerte Autisten vorstellen: Birger Sellin sowie die eineiigen Zwillinge Konstantin und Kornelius Keulen.

Wer Birger Sellin im täglichen Leben beobachtet hat, musste zu einer reichlich pessimistischen Diagnose bezüglich seiner geistigen Fähigkeiten kommen. So bezeichnete ihn eine ehemalige Betreuerin als einen „stark geistig behinderten Menschen mit autistischen Syndromen“[104]. Dies dürfte der allgemeinen Einschätzung entsprochen haben. Wer ihn betreute oder besuchte, dem bot sich das Bild eines oft schnaufenden und keuchenden Jungen, der rastlos im Zimmer hin und her irrte, sich ungestüm auf das

---

102 Laureys (2007).
103 Treffert (2010), S. 48.
104 Anonymus (1994a), S. 191.

Sofa warf, wieder aufsprang, in wilde und anhaltende Schreikrämpfe ausbrach, sich mit dem Handballen ins Gesicht schlug und sich biss, manchmal bis aufs Blut; der aber auch stundenlang mit seinem Oberkörper hin- und herschaukelte oder völlig in sich versunken stundenlang Glasmurmeln durch die Finger gleiten ließ. Er sprach kein Wort. Außerhalb seines Elternhauses war für ihn noch nicht einmal der Gang zum Briefkasten alleine möglich.

Dabei begannen die merkwürdigen Verhaltensweisen erst gegen Ende des Jahres 1974, als Birger knapp zwei Jahre alt war. Bis dahin hatte er sich bestens entwickelt. Er war ein aufgeschlossenes Kind, das sehr früh zu sprechen begann. Nach einer dreimonatigen Phase, in der er sehr krank war und mehrfach Mittelohrentzündungen gehabt hatte, verlor er innerhalb weniger Wochen seine Sprache, vermied jeglichen Körper- oder Blickkontakt und verfiel in scheinbar grundlose Schreianfälle. Eine Diagnose von Ärzten der Kinder- und Jugendpsychiatrie bescheinigte eine wahrscheinliche Hirnschädigung aufgrund einer Entzündung im Gehirn, ein Zusammenhang mag in den häufigen Mittelohrentzündungen liegen. Später erkannte man, dass sich Birger zu einem autistischen Menschen entwickelt hatte. Bis zu seinem 20. Lebensjahr war eine nennenswerte Kommunikation mit ihm so gut wie unmöglich. Im Jahr 1990 versuchte seine Mutter, mit ihm die Technik des „gestützten Schreibens" auszuprobieren – und es gelang! Bei dieser Technik soll körperliche und emotionale Unterstützung durch vertraute Bezugspersonen innere Blockaden lösen, die sonst ein aktives Handeln, wie etwa das Schreiben, verhindern. So berührte beispielsweise die Mutter von Birger seinen rechten Arm, während er mit äußersten Anstrengungen versuchte, mit dem Zeigefinger seiner rechten Hand auf die Tasten einer Computertastatur zu tippen (daher enthalten seine Texte auch keine Großbuchstaben). Obwohl das gestützte Schreiben vor allem mit dem Argument kritisiert wird, dass die Schreibenden letztlich nur schreiben, was ihnen von den sie berührenden Bezugspersonen bewusst oder unterbewusst vorgegeben wird, lässt sich diese Vermutung zumindest in manchen Fällen nur schlecht aufrechterhalten.[105] So hat auch Birger viele anfänglich skeptische Menschen durch

105 Einen detaillierten Überblick über Methoden, die in der klinischen experimentellen Forschung zur gestützten Kommunikation eingesetzt werden, aber auch über die Problematiken, die zu berücksichtigen sind, gibt Bober (2011). Die wirklich

die Art und Weise seines Arbeitens davon überzeugt, dass es tatsächlich er selbst ist, der da schreibt – obwohl man dies aufgrund seines sonstigen Verhaltens kaum für möglich halten mochte.[106] Überzeugende Argumente waren die Tatsache, dass Birgers Schreibstil auch bei der Stütze durch über zehn verschiedene Personen stets der Gleiche blieb, dass er zu Hause auf Fragen antwortete, die ihm auswärts gestellt worden waren und deren Inhalt zu Hause niemand kannte, und dass er es nach einiger Zeit sogar schaffte, einzelne Worte und sogar Halbsätze auch gänzlich ohne körperliche Stütze durch andere Personen zu tippen. Bemerkenswert ist weiterhin, dass Birger noch zu der Zeit, bevor seine Mutter die gestützte Kommunikation ausprobiert hatte, in ganz seltenen Ausnahmefällen sogar vollständige Sätze gesprochen hat.[107] Auch dies deutet darauf hin, dass er tatsächlich in der Lage war, Sprache zu verstehen und anzuwenden.

Die Texte, die Birger geschrieben hat, zeichnen ein erschütterndes und bewegendes Bild eines höchst sensiblen und intelligenten Menschen, der hinter der Fassade des wirren Autisten ein vollbewusstes Leben führt. Er hatte sich mit fünf Jahren selbst das Lesen beigebracht, ohne dass jemand dies bemerkt hätte oder wusste. Als er im Kindesalter Dutzende von Büchern der Bibliothek des Hauses scheinbar sinnlos und gedankenverloren durchgeblättert hatte, hatte er sie in Wirklichkeit gelesen – wobei er den Inhalt ganzer Seiten in Sekundenschnelle erfasst und gespeichert hatte. Selbst „sogenannte schwierige daten kann ich auf einen blick erlernen“,

---

interessanten Fälle, wie Birger Sellin und die Keulen-Zwillinge, diskutiert die Autorin allerdings nicht, was verwundert. Letztlich lässt sie die Frage offen, ob gestützte Kommunikation nun funktioniert oder nicht, und sie gibt wertvolle Anregungen zur Verbesserung der experimentellen Untersuchungsmethoden. Wer sich für praktische Erfahrungen mit gestützter Kommunikation aus dem Lebensalltag von Menschen interessiert, die mit der gestützten Kommunikation leben, sei auf die Webseite des *FC Netz Deutschland* verwiesen, wobei *FC* für gestützte Kommunikation steht: http://www.fc-netz.de.

106 So auch die Autoren des dritten *Spiegel*-Artikels über Sellin (Anonymus, 1994b) aus einer Reihe von drei Artikeln, die innerhalb weniger Monate in diesem Magazin erschienen sind. Nachdem der *Spiegel* zunächst positiv über Sellin berichtet hatte, ruderte er in einem zweiten Bericht zurück und suggerierte, die Texte seien durch die „ehrgeizige Mutter“ entstanden (Anonymus 1994a). Als man sich schließlich dazu entschied, Sellin beim Schreiben zu beobachten und nicht nur aus der Ferne zu urteilen, ruderte der *Spiegel* erneut zurück und korrigierte das negative Urteil von zuvor. Für eine Zusammenfassung des *Spiegel*-Falls siehe auch Sellin (1995).

107 Persönliche Mitteilung seines Vaters Dankward Sellin am 10.12.2011.

schrieb er.[108] Auch die Grundzüge der englischen Sprache hatte er sich beigebracht. Entgegen allem Anschein hatte Birger in all den achtzehn Jahren seine Situation sehr wohl wahrgenommen und genau registriert, was um ihn herum vorging. Reden jedoch überforderte ihn maßlos, er konnte es einfach nicht. Er schrieb dazu:

> „tatsache ist ich kann nie reden denn ich bin zu schlecht in der inneren wirklichkeit und tatsache ist ich kann es nicht lernen weil ich einfach unsinn reden würde“[109]

Dass Birger aber dennoch tief und konsequent denken kann, hat er in seinen Mitteilungen gezeigt. Wer sich einen Eindruck von dem beeindruckenden Schriftwerk Birger Sellins verschaffen möchte, der sollte seine beiden Bücher lesen. Was er hier an Gedankentiefe und sprachlicher Kreativität nach achtzehn Jahren der totalen Einsamkeit und inneren Verzweiflung durch das geöffnete Ventil des gestützten Schreibens letztlich zu Papier gebracht hat, ist bestürzend und faszinierend zugleich. Ich gebe drei eher nüchterne Beispiele wieder, in denen Birger sich in seiner ganz eigenen Ausdrucksweise zum Thema Sprechen geäußert hat.

> „wir [Autisten] können nicht sprechen weil unsere innere unruhe außergewöhnlich gar nervend ist
> es ist eine unruhe da die unbeschreiblich ist und ohne geeigneten ausdruck sein muß weil außenmenschen es nicht kennen und ihr keine bezeichnung haben geben können
> ich nenne es unruhemachtuntiefe
> ich habe selten zeiten ohne diese unruhe“[110]

> „in meinem kopf kann ich klar inhaltlich denken und fühlen kann ich auch wenn ich aber in dieser ausderkisteumwelt sogenannte einfachste handlungen atemberaubend in die tat umsetzen will kann ich es nicht unruhe überfällt mich angst und idiotische panik bringen mich fast zur verzweiflung“[111]

108 Sellin (1993), S. 140.
109 Sellin (1993), S. 100.
110 Sellin (1993), S. 166.
111 Sellin (1993), S. 141.

„ruhende sprache ist nicht gleichbedeutend mit intelligenzmangel eine sprachhemmung kann verschiedene innerlich inruhestehende ausrichtende funktionen haben“[112]

Heute, im Jahr 2012, ist Birger Sellin neununddreißig Jahre alt und lebt seit über vier Jahren in einer Wohngruppe für autistische Menschen. Das Schreiben mittels gestützter Kommunikation fällt ihm immer noch schwer, aber er kann sogar ohne körperliche Stütze Texte schreiben. Doch selbst für einfache kurze Sätze würde er Minuten benötigen, so dass er weiterhin die körperliche Berührung als Stütze vorzieht. Doch das sicher Wichtigste ist: Es scheint ihm in seiner Wohngruppe gutzugehen, und er hat nach eigenem Bekunden Frieden mit seinem Autismus geschlossen.[113]

In einer ähnlichen Situation wie Birger Sellin befinden sich die Zwillinge Konstantin und Kornelius Keulen. Auch sie sind Autisten, die nie sprechen und doch kommunizieren. Doch die Erscheinungsbilder des Autismus sind sehr verschiedenartig. Trotz der für Autisten nicht ungewöhnlichen Stummheit verkörpern die Zwillinge ihre ganz eigene Form dieser Entwicklungsstörung. Ihre Mutter, Silvia Keulen, schildert Konstantin und Kornelius als immer schon fröhliche und gesellschaftsliebende Kinder, die sich immer gerne berühren ließen. Die Zwillinge wurden 1985 geboren und besuchten mit zwei Jahren einen Regelkindergarten. Mit sechs wurden sie in eine Regelschule eingeschult, obwohl sie praktisch nichts sprachen und auch nicht schreiben konnten. Anders als Sellin, über dessen bahnbrechende Texte das gestützte Schreiben in Deutschland überhaupt erst bekannt geworden ist, wurden sie schon ein halbes Jahr nach Beginn der Einschulung an diese Technik herangeführt. Auch Konstantin und Kornelius scheinen zu den Personen zu gehören, bei denen das gestützte Schreiben funktioniert. Wie Sellin, schrieben beide mit einem Zeigefinger auf einer Computer-Tastatur; und zwar zunächst nur, wenn sie dabei von einer Bezugsperson am Arm berührt wurden. Zu Hause war dies hauptsächlich ihre Mutter, bei den Klassenarbeiten halfen zwei „Stützlehrerinnen“. Ab der 10. Klasse ging dann ihre Mutter bei Klassenarbeiten mit in die Schule, wobei sie je einen ihrer beiden Söhne hintereinander stundenlang beim Schreiben stützte. Konstantin und Kornelius zählten in der Schule

112 Sellin (1993), S. 191.
113 Persönliche Mitteilung von seiner Mutter Annemarie Sellin am 8.11.2011.

stets zu den Jahrgangsbesten. Ähnlich wie Birger Sellin, beantworteten auch die Zwillinge selbst diejenigen Fragen zum Unterrichtsstoff richtig, deren Antworten ihrer Mutter nicht bekannt waren. Sie lernten später auch noch, ganz ohne stützende Berührungen ihre Tastatur zu bedienen. Nur die Anwesenheit einer vertrauten Person ist dafür noch wichtig. Die gestützte Kommunikation hat ihnen somit ermöglicht, eine regelgerechte Schullaufbahn zu absolvieren. Heute studieren die beiden Philosophie und Geschichte und stehen kurz vor dem Abschluss ihres Studiums. Sie haben alle notwendigen Prüfungen bereits mit Erfolg absolviert. Dabei gingen sie stets ohne Begleitung in die Universität, nur zu den Prüfungen hat wieder ihre Mutter sie begleitet. Bei ihren Lehrern und Professoren kam nie ein Zweifel daran auf, dass die Zwillinge selbst ihre Prüfungstexte schrieben. Sie schreiben auch bei Freunden über Dinge, die diese nicht wissen, und umgekehrt zu Hause über Dinge, die den Eltern nicht bekannt sind. Somit ist erwiesen, dass Konstantin und Kornelius eigenständig schreiben – was sie übrigens, wie Sellin, stets von sich behauptet haben. In ihrer Freizeit lieben es die Zwillinge, ins Theater, in Konzerte oder ins Kino zu gehen.[114]

Zwei Bücher verdeutlichen, welch ein reichhaltiges und intensives Leben auch hier hinter der Kulisse dieser manchmal weltabgewandt wirkenden und stets schweigenden Persönlichkeiten tatsächlich blüht.[115] Auf die Frage der Mutter, was ihn am aktiven Sprechen hindern würde, antwortete beispielsweise der achtjährige Kornelius:

> „wer sprechen tun will der untersucht ein problem herausgefordert
> und für mich untersuche ich in der stille
> und wer laut spricht der zerstört seine welt
> eine welt die würdig ist und weiterbestehen soll."[116]

Konstantin schrieb mit elf Jahren dazu:

> „ich ordne noch mindestens jeden interessanten ton falsch zu so außergewöhnlich, dass ich falsch reagiere. immer muss ich alles umdenken, ehe ich einen wertvollen entschluss fassen kann. wertvoll heißt, dass

114 Persönliche Mitteilungen von ihrer Mutter Silvia Keulen am 19.11.2011.
115 Keulen, Keulen und Kosog (2004); Keulen und Keulen (2010).
116 Keulen, Keulen und Kosog (2004), S. 81.

ich leicht etwas tun kann, was verlangt wird. possierlich ist der hund. er tut nur instinktiv alles, was er will. er muss nicht nachdenken, wie er etwas tun muss.“[117]

Das gestützte Schreiben scheint also zumindest bei einigen autistischen Menschen gut zu funktionieren. Für diese Menschen stellt es eine immense Hilfe dar, sich verständlich zu machen. Doch vielleicht gibt es den *Menschen hinter der Kulisse* auch in all den anderen Fällen, wo es nicht funktioniert – weil hier die inneren Hürden zu groß sind und die Betreffenden sich mittels dieser Technik einfach nicht ausdrücken können. Sind viele Autisten, die als „geistig behindert“ bezeichnet werden, es vielleicht gar nicht im eigentlichen Sinn des Wortes, sondern können ihr Innenleben nur nicht zeigen – genau wie Birger Sellin als „stark geistig behindert“ gegolten hatte, bevor er gestütztes Schreiben als Kommunikationskanal entdeckt hatte?

Ziel dieses Abschnittes war es, zu zeigen, dass es den *Menschen hinter der Kulisse* letztlich bei einer Vielzahl von Gehirnschädigungen und Krankheitsbildern gibt. Unschwer lassen sich hier Parallelen zu dem finden, was im Kontext der terminalen Geistesklarheit als das „Innere Leben“ bezeichnet worden ist. Sollte der *Mensch hinter der Kulisse* also bei psychisch kranken Menschen in Todesnähe wieder durchscheinen können, wäre dies also gar nicht so verwunderlich. Die Frage ist nur, wie dies bewerkstelligt werden würde, und ob es diesen inneren Menschen auch bei Fällen wie bei der Alzheimer'schen Erkrankung oder bei Käthe geben kann. Was die Alzheimer'sche Krankheit betrifft, so ist zumindest Elmer Green, der seine an Alzheimer erkrankte Frau durch den Krankheitsprozess bis zum Tod begleitet hat, fest davon überzeugt, dass hinter der äußeren dementen Kulisse das wahre Wesen seiner Frau weiterhin fortexistiert hat. Er schildert verschiedene Episoden aus der Zeit dieser Krankheit, darunter auch solche aus seinem Traumleben, worin er Indizien für eine fortdauernde Kommunikation mit der alten Persönlichkeit seiner Frau zu erkennen vermeint.[118] Wie auch der Fall von Liz und Luther im 2. Kapitel verdeutlicht hat, wäre es sicher interessant, weiteres Material zu sammeln, das auf die Existenz des Menschen hinter der Kulisse bei Demenzkrankheiten deuten würde.

117 Keulen, Keulen und Kosog (2004), S. 89.

118 Green (2001). Greens Frau starb allerdings ohne Anzeichen von terminaler Geistesklarheit.

Was Käthe betrifft, so möchte ich hier auf die Möglichkeit hinweisen, dass letztlich auch sie eine unerkannte Autistin gewesen sein könnte. Damit würde der Fall viel von seiner scheinbaren „Unmöglichkeit“ verlieren. Vergleichen wir einmal das übliche Verhalten des jugendlichen Birger Sellin und manche andere Autisten mit dem Verhalten von Käthe, wie es von Happich und Wittneben skizziert worden ist: Sie starrte oft stundenlang auf eine Stelle, brach unvermittelt in anhaltende krampfartige Bewegungsanfälle aus, sie sprach nie auch nur ein einziges Wort, sondern äußerte lediglich „tierische“ Laute, schlang ihr Essen herunter und schien niemals am Leben ihrer Umgebung teilzunehmen und das Geschehen zu verfolgen. Solche Verhaltensweisen lassen sich bei manchen stark autistischen Menschen wiederfinden. Es scheint hier Parallelen zu geben. Hatte Käthe vielleicht innerlich doch an ihrer Umwelt teilgenommen? Hatte sie sprechen bzw. verstehen gelernt, vielleicht sogar lesen, ohne dass es jemand gemerkt hatte und ohne dass sie ihr inneres Leben jemals zeigen konnte (oder wollte)? Hatte sie etwa Lieder verstanden und sich gemerkt? Dann wäre es womöglich gar nicht so erstaunlich, wenn ihr wahres Wesen in dem entrückten Zustand kurz vor ihrem Tod einmal die Möglichkeit erhalten hätte, die sonst vorhandenen Blockaden zu überwinden und sich auch nach außen zu manifestieren, ähnlich wie es beim gestützten Schreiben geschieht. Es ließen sich sogar an Georg, Happichs zweitem vorgestellten sterbenden Patienten, typische autistische Züge erkennen. Erinnern wir uns: Er wiederholte andauernd stereotype Wortphrasen, schaukelte dabei stundenlang mit dem Körper, entwickelte bei geringsten Kleinigkeiten heftigste Erregungen und biss und schlug sich dann wund bis aufs Blut. Er schien sein Verhalten mit zunehmendem Alter besser in den Griff zu bekommen, und dadurch konnte er vielleicht die hemmenden Sprachblockaden über das Singen ein Stück weit überwinden. In der Tat können auch manche heutige Autisten kaum sprechen, dafür aber sehr gut Lieder singen.[119] Vielleicht wusste Georg sehr wohl, wie die Pfleger mit Namen hießen, konnte es aber nur nicht aussprechen. So sang er die Lieder, die er von ihnen gelernt hatte – ganz ähnlich wie auch manche Stotterer, die kein gesprochenes Wort ohne zu stottern aussprechen können, flüssig und fließend singen.

Doch letztlich sind solche Gedanken nur Spekulationen über lang ver-

119 So zum Beispiel die blinde Ellen Boudreaux, siehe Treffert (2006).

gangene Fallberichte von terminaler Geistesklarheit. Sie machen allerdings deutlich, dass man in der Gegenwart wichtige vertiefende Arbeit leisten könnte und sollte. Wie alle Menschen, sterben auch Autisten und andere Menschen mit geistigen oder kommunikativen Beeinträchtigungen. Doch es wird kaum jemals über ihre letzten Tage oder Minuten berichtet. Das ist sehr schade, denn möglicherweise wären hier wertvolle Schätze zu bergen, von denen wir viel über das mögliche verborgene innere Leben dieser Personen lernen könnten – und damit auch über die Natur des Bewusstseins von uns Normalbürgern, die besser an die Herausforderungen der Alltagswelt angepasst sind.

Inselbegabungen und Wunderkinder

Bei Georg hatten wir die beachtenswerte Tatsache kennen gelernt, dass er sich trotz aller geistigen Beschränkungen viele Lieder sehr gut merken konnte, ja sogar über die Benutzung von entsprechenden Zitaten zu kommunizieren verstand. Es schien hier eine Art lichte Insel aus dem Meer der sonstigen mentalen und kommunikativen Defizite herauszuragen. Auch dies ist ein typischer Zug von Autisten. Man schätzt, dass etwa jeder zehnte Autist über Inselbegabungen verfügt. Autismus ist jedoch keine *Voraussetzung* für Inselbegabungen, denn sie treten auch bei verschiedensten anderen Krankheitsbildern auf. Menschen, die trotz anderweitiger geistiger Einschränkungen über Inselbegabungen verfügen, nennt man „Savants". Aber auch völlig gesunde Menschen können von klein auf über außergewöhnliche geistige oder künstlerische Fähigkeiten verfügen. Dann spricht man von „Wunderkindern". Manchmal können sich solche außergewöhnlichen Fähigkeiten bis ins Extrem steigern. Diesen Fällen ist der nächste Abschnitt gewidmet.

Savants sind schon seit langem bekannt und wurden auch in den Schriften der Romantik thematisiert.[120] Einer der berühmtesten Savants der

120 So schildert beispielsweise von Schubert den Fall des „blödsinnigen" August Weck, der die meiste Zeit seines Lebens damit verbrachte, durch Deutschland zu wandern, obwohl er selbst einfachste Sinnzusammenhänge nicht verstehen konnte. Er besaß dennoch ein „außerordentliches Sach- und Wortgedächtnis" und ein extrem ausgeprägtes Ortsgedächtnis. Er wusste auch nach Jahren immer noch genau bis in die kleinsten Einzelheiten, was er wann und wo gegessen hatte. Man hat teilweise sogar versucht, ihm das dadurch zu erschweren, dass man ihm von möglichst

heutigen Zeit war ohne Zweifel Kim Peek (1951-2009), das Vorbild für den bekannten Film „Rainman", in dem Dustin Hoffman die Hauptrolle spielte. Peek wurde mit einer Fehlbildung des Gehirns und einem übergroßen Kopf geboren. Spätere Untersuchungen zeigten, dass seine beiden Großhirnhälften nicht miteinander verbunden waren. Die normalerweise dafür vorhandene Struktur fehlte. Anstelle dessen klaffte in der Mitte seines Kopfes eine große mit Gehirnflüssigkeit gefüllte Leere. Weiterhin wies seine linke Hemisphäre Fehlbildungen auf, und sein Kleinhirn war viel zu klein und wirkte deformiert. Das alles hinderte Peek jedoch nicht daran, sich an praktisch alles zu erinnern, was er jemals gelesen oder auch gehört hatte. Gegen Ende seines Lebens hatte er den Inhalt von nicht weniger als 12 000 Sachbüchern exakt parat, auch konnte er sich offenbar an jede Melodie erinnern, die er seit seiner Kindheit gehört hatte, selbst wenn er sie nur ein einziges Mal gehört hatte. Er kannte zudem Dutzende Telefonbücher auswendig, sämtliche Fahrpläne, Liniennetze, Vorwahlen und Postleitzahlen der USA und Kanadas, und er hatte etliche weitere Interessensgebiete, wie Sport, Geschichte, Geographie, Raumfahrt und klassische Musik. Dabei las er seit seiner Kindheit jedes Buch nur ein einziges Mal. Danach hatte er den Inhalt für immer verinnerlicht und stellte es mit dem Buchrücken nach hinten wieder ins Regal zurück. Das Lesen der Seiten ging dabei in Sekundenschnelle. Dazu „scannte" Peek die linke und rechte Seite eines aufgeschlagenen Buches jeweils getrennt mit dem linken und dem rechten Auge ein. Auch im Rechnen war Peek verblüffend schnell. Er wurde zum Beispiel einmal gefragt, wie viel 4397 mal 8915 ist. Nach einem kurzen Schnaufen und der Bemerkung, dass er nicht gerne rechne, folgte sofort die richtige Antwort: „Drei, neun, eins, doppel-neun, zwei, doppel-fünf" – also 39 199 255. Dabei schien es dem Fragesteller, als ob Peek dieses Ergebnis nicht ausgerechnet habe, sondern als ob er es irgendwo hergeholt und gesehen hätte.[121]

Es ist interessant und bedauerlich zugleich, dass die Savants nicht erklären können, wie sie solche Rechenkunststücke ausführen. Sie schei-

---

vielen verschiedenen Speisen servierte. Er konnte den Inhalt ganzer Briefe, die man ihm vorgesagt hatte, auch nach einiger Zeit wortgetreu wiedergeben – obwohl er deren Inhalt offenbar nicht erfassen konnte (von Schubert, 1850, Band 2, S. 101-103).

121 Hoppe (2003), S. 74.

nen es selbst nicht zu wissen – und sollten sie es wissen, fehlen ihnen die Worte dafür, es uns mitzuteilen. Doch Peek war keineswegs nur eine mechanische Gedächtnis- und Rechenmaschine, sondern entwickelte im Laufe der Zeit eigene gedankliche Kreativität und gezielten Sprachwitz. Komplexere Bedeutungszusammenhänge und abstrahierendes Denken bereiteten ihm jedoch Schwierigkeiten. Er verstand alles am besten, wenn es wörtlich genommen werden konnte. Daher erklärt sich seine Vorliebe für Sach- und Geschichtsbücher. Mit den körperlichen Funktionen haperte es besonders: Er konnte sich nicht alleine anziehen, sich nicht die Schuhe binden, sich nicht duschen und so fort. Er war auf ständige persönliche Betreuung angewiesen, die sein Vater bis zu Peeks Tod hingebungsvoll aufgebracht hatte.

Ein weiterer Gedächtnisgigant mit einer besonderen Begabung für das Rechnen ist Daniel Tammet, falls man das, was er tut, überhaupt als Rechnen im herkömmlichen Sinn bezeichnen kann. Anders als der nicht als autistisch geltende Peek, weist Tammet seit seiner frühen Kindheit gewisse autistische Charakterzüge auf, konnte sich aber mit immensen Mühen erfolgreich auf den Umgang mit anderen Menschen einstellen. Für ihn besitzen Zahlen ganz bestimmte Qualitäten und vielerlei Gestalten, die sich am ehesten mit Farben und Formen vergleichen lassen. Mit diesen Formen „rechnet" er. Die bunten Formen, welche die jeweiligen Ausgangszahlen der Rechenoperation repräsentieren, mischen sich und formieren sich wie von selbst neu, so dass Tammet die neuen Farbmuster lediglich auslesen und in der uns vertrauten Sprache formulieren muss. Diese Fähigkeit scheint er schon als kleiner Junge besessen zu haben. Vermutlich haben sie sich nach schweren Epilepsie-Anfällen entwickelt, die er im Alter von drei Jahren erlitten hatte. Dies ist sehr erstaunlich, denn es zeigt, dass das Savant-Syndrom auch erst im Laufe des Lebens erworben werden kann, und zwar üblicherweise nach einer Gehirnschädigung oder einer sonstigen Funktionsbeeinträchtigung. Tammet selbst beschreibt seine „Berechnungen", beispielsweise von 53 mal 131, so:

> „Wenn ich eine Multiplikation durchführe, sehe ich … beide Zahlen als unverwechselbare Formen, die einander räumlich gegenüberstehen. In dem Raum zwischen den beiden entsteht eine dritte Form, die ich als neue Zahl wahrnehme: 6943, die Lösung der Rechenaufgabe.

> ... Das dauert nur Sekunden und geschieht ganz spontan. Es ist, als würde man rechnen, ohne nachdenken zu müssen."[122]

Wenn Tammet hingegen Zahlen durch andere Zahlen dividiert, so sieht er vor seinem inneren Auge binnen kürzester Zeit

> „eine Spirale, die sich in immer größer werdenden Windungen und Schleifen nach unten schraubt. Unterschiedliche Divisionen erzeugen unterschiedlich große Spiralen mit unterschiedliche verlaufenden Kurven. Durch meine mentale Bilderwelt kann ich eine Rechenaufgabe wie 13:97 (0,1340206...) bis auf fast 100 Dezimalstellen genau berechnen."[123]

Tammets Rechenkünste und andere außergewöhnliche Talente wurden offenbar erst im Alter von drei Jahren ausgelöst. Auch bei anderen Savants traten vergleichbare Fähigkeiten erst zu einem späteren Zeitpunkt auf, ohne dass sich vorher Vergleichbares gezeigt hätte. Am frappierendsten ist in dieser Hinsicht Orlando Serrell, der im Alter von zehn Jahren mit solcher Wucht von einem Baseball auf die linke Kopfseite getroffen wurde, dass er ohnmächtig wurde. In der Folgezeit stellte er erstaunt fest, dass er seit diesem Tag nichts mehr von dem vergaß, was er täglich erlebte. Er verfügte jetzt zudem über gewisse Rechenfähigkeiten, die ihm vorher völlig fehlten und für die er sich auch nicht interessiert hatte. Serrell behauptet von sich, nicht zu wissen, wieso er sich nun so gut erinnern kann, und besteht darauf, dass er keine speziellen Gedächtnisübungen macht. Tatsächlich zeigte eine Untersuchung seines Gehirnes, dass gewisse Gehirnregionen, die typischerweise beim Abrufen von Erinnerungen aktiv sind, bei ihm nicht aktiviert sind, wenn er sich an die von den Wissenschaftlern gestellten Fragen bezüglich der Ereignisse an einem bestimmten Tag „erinnert". Er scheint sich demnach anders zu erinnern als der Normalbürger.

Es ist eine ganze Reihe von anderen Savants mit außergewöhnlichen Gedächtnisleistungen bekannt. Leslie Lemke konnte komplette Klavierkonzerte fehlerfrei nachspielen, nachdem er sie nur ein einziges Mal im Radio gehört hatte. Er war blind und hatte nie auch nur eine Unterrichts-

122 Tammet (2007), S. 19.
123 Tammet (2007), S. 18.

stunde Klavier genommen. Und der phänomenale Stephen Wiltshire malt auf meterlangen Papierwänden riesige Großstadtszenarien nach, nachdem man ihn nur einmal mit dem Hubschrauber nach oben geflogen hat. Perspektivisch stimmt alles bis in die kleinsten Details, und jede einzelne Häuserfassade hat die richtige Anzahl von Stockwerken und Fenstern.[124]

Ähnlich wie Peek und Tammet scheinen auch mathematische Wunderkinder manchmal über einen gewissermaßen automatisierten Zugang zu den Regeln ihrer Spezialität zu besitzen. Beispielsweise berichtet Srinivas Ramanujan (1887-1920), der von vielen Mathematikern für das begabteste mathematische Genie gehalten wird, das jemals gelebt hat, dass er seine Fähigkeiten der indischen Gottheit Namagiri verdanke, die ihm seine mathematischen Einsichten und Gleichungen in seinen Träumen vermitteln würde.[125] Ramanujan stammte aus einer einfachen südindischen Familie und hatte sich außer der äußerst dürftigen mathematischen Grundausbildung der dort üblichen Schulen alle weiterführenden Kenntnisse selbst angeeignet. Das hieße wohl in seinen Augen – mit der Hilfe von Namagiri.

Angesichts solcher Sachverhalte mag man sich fragen, wie genau diese Personen ihre Fähigkeiten gelernt haben. Oder haben sie diese gar nicht erst erlernen müssen, sondern irgendwie schon von Grund auf besessen? Haben sie vielleicht Zugriff auf etwas, das jenseits unseres bewussten Denkens und Kalkulierens liegt? Der Psychiater Darold Treffert erforscht das „Savant-Syndrom" seit über fünfzig Jahren und gilt als der erfahrenste und renommierteste Experte auf diesem Gebiet. Er steht seit Jahrzehnten in Kontakt zu vielen außergewöhnlichen Savants und ist überzeugt davon, dass manche von ihnen Fähigkeiten an den Tag legen, die sie niemals gelernt haben. Er hat mehr als genug derartige Fälle erforscht. Als ein Beispiel führt er Jay Greenberg an, ein heute international anerkanntes musikalisches Wunderkind.[126] Als Jay zwei Jahre alt war, zeichnete er kleine Celli auf sein Malpapier, obwohl in seinem Elternhaus keine Musik gepflegt wurde. Es befanden sich noch nicht einmal Musikinstrumente in

---

124 Sehr informative Quellen über diese und weitere Savants liefern die beiden Bücher von Treffert (Treffert, 2006; 2010) und auch seine Homepage (http://www.darold-treffert.com) sowie das Internet überhaupt.

125 Kanigel (1991), S. 36.

126 Treffert (2010), S. 55f.

seiner Wohnung, schon gar nicht solche unüblichen wie Celli. Mit drei Jahren verlangte er, Cello spielen zu dürfen. Als seine Eltern mit ihm ein Musikgeschäft besuchten, setzte er sich spontan an ein Kindercello und spielte! Er hatte niemals zuvor ein echtes Cello gesehen. Danach malte Jay Notenlinien und platzierte Miniatur-Celli in unterschiedlichen Höhen auf die Linien – der Beginn seiner Kompositionstätigkeit! Er brachte sich selbst Klavierspielen bei – die „Regeln der Musik" schien er einfach so zu kennen. Mit fünf Jahren hatte er bereits fünf Sinfonien komponiert. Die fünfte Sinfonie hat eine Länge von 1328 Takten und wurde vom *London Symphony Orchestra* professionell eingespielt. Jay sagte, die Musik ströme wie mit Lichtgeschwindigkeit von außen auf ihn ein, manchmal sogar mehrere Sinfonien zur gleichen Zeit. Er müsse sie nur aufschreiben, korrigiert wird später nichts – ähnlich wie es von Mozart berichtet wird.

Ein weiteres Beispiel einer erstaunlichen Kenntnis, die anscheinend nicht erlernt worden ist, liefert Ellen Boudreaux. Sie ist eine blinde Autistin, die über faszinierende musikalische Fähigkeiten verfügt. Sie summte bereits im zarten Alter von sechs Monaten Lieder nach! Doch ich möchte hier nicht auf dieses Kuriosum eingehen, sondern auf ihr frappierendes Zeitverständnis. Als sie einmal im Alter von acht Jahren die elektronische Zeitansage durch ein Telefon gehört hatte, schien sie eine eigene digitale innere Uhr gestartet zu haben. Seit dem kann sie jederzeit sagen, wie spät es ist – und zwar auf die Sekunde genau![127] Vor allem ist erstaunlich, dass sie von Anfang an wusste, dass nach 1 Uhr, 59 Minuten und 59 Sekunden die Uhrzeit 2 Uhr folgt. Sie hatte als Blinde niemals eine Uhr gesehen, und ihr gegenüber ist die Zählweise für Stunden und Minuten nie explizit erwähnt oder erklärt worden.[128] Auch Ellen Boudreaux rechnet Treffert zu denjenigen Personen, in denen eine nicht erlernte Fähigkeit einfach zu Tage trat. Über derartige „Kopfuhren" scheinen auch andere Savants zu verfügen. Besonders aus dem Forschungsfeld der Hypnose und ihrem Vorgänger, dem Somnambulismus, sind derartige Fähigkeiten seit langem bekannt. Äußerst rätselhaft sind sie allemal; denn es ist kein biologischer Rhythmus im menschlichen Organismus bekannt, der über Tage hinweg derart konstant verläuft, dass sich der Mensch bewusst oder unbewusst

127 Treffert und Wallace (2002), S. 80.
128 Treffert (2010), S. 131.

daran orientieren könnte.[129] Doch wenn man nicht auf eine Art hellseherisches Wissen als Erklärungsansatz zurückgreifen möchte, so muss man annehmen, dass diese sekundengenaue Uhr irgendwie in manchen Menschen mitläuft, auch wenn bislang niemand sagen kann, wie dies funktionieren könnte.

Ähnlich erstaunlich sind die Fähigkeiten von manchen Savants, mit einem Blick die exakte Anzahl von Objekten zu erfassen. Manche erkannten beispielsweise sofort und immer korrekt, wie viele Streichhölzer aus einer Schachtel geschüttet wurden, aus wie vielen Schafen eine Herde bestand, wie viele Bücher in einem Regal standen oder wie viele Fensterscheiben eine große Häuserfront besaß. Wenn wir Normalbürger dergleichen Angaben machen möchten, müssen wir schätzen und irren uns dabei im Durchschnitt um sieben Einheiten.[130]

Was nun die Fähigkeiten betrifft, die offenbar nicht erlernt worden sind: Woher kommen sie denn? Treffert vermutet, dass wir Menschen mit entsprechenden Genen ausgestattet sind, deren Funktionen normalerweise schlummern, aber in besonderen Situationen aktiviert werden können. Er spricht von einem „genetischen Gedächtnis", das durch die Generationen gereicht werden soll. Das ist verblüffend. Möchte ein erfahrener und weithin anerkannter Wissenschaftler, der in seinen Büchern und Artikeln die vielfach verästelten Facetten des Savant-Syndroms auf nüchterne und kenntnisreiche Weise diskutiert, uns wirklich weismachen, die Menschen besäßen verborgene Gene, die uns beispielsweise schon als Kleinkind wissen lassen können, was ein Cello ist und wie man es spielt, oder dass nach 1:59:59 Uhr die Uhrzeit 2 Uhr folgt, oder die eine verborgene sekundengenaue Uhr in uns starten können? Treffert beruft sich zwar auf gewisse Aspekte der neueren Genforschung, jedoch gehen seine Ausführungen letztlich an den kritischen Fragen vorbei und werfen sowohl aus molekulargenetischer als auch aus evolutionsbiologischer Sicht ernstliche Proble-

129 Bereits Carl du Prel (1890/2006b) hat diese Phänomene in einer Abhandlung über die „Kopfuhr" diskutiert und kam zu dem Schluss, sie könnten nicht einfach bloß mit Gehirnchemie erklärt werden. William McDougall (1911/1965) sowie Edward F. Kelly und Michael Grosso (2007) wiesen ebenfalls auf die Probleme hin, die mit Erklärungen für die Kopfuhr verknüpft sind.

130 Kelly und Grosso (2007), S. 433.

me auf. Seine Argumentationsweise repräsentiert vielmehr ein typisches Beispiel dafür, dass kritische und nüchterne Wissenschaftler ganz entgegen ihrem sonstigen Vorgehen angesichts möglicher Phänomene, die sich nicht mit herkömmlichen schulwissenschaftlichen Theorien erklären lassen, auf geradezu irrationale und willkürliche Gedankenkonstrukte verfallen.

Allerdings weiß Treffert auch, dass wir von einem echten Verständnis des Savant-Syndroms und der Fähigkeiten von Wunderkindern noch meilenweit entfernt sind. In einer persönlichen Mitteilung zeigte Treffert sich offen auch für alternative Erklärungsmodelle. Er schloss hier keineswegs aus, dass Savants über einen Zugang zu einer Art kollektivem Allgemeinwissen verfügen und von dort ihre Informationen erhalten können.[131] Ich schließe diesen Abschnitt mit einem Zitat von ihm, worin er deutlich macht, warum er die Erforschung von Savants und Wunderkindern für so bedeutend hält und worin zudem deutlich wird, dass die Fähigkeiten dieser Menschen auch für die Fragestellungen dieses Buches von beträchtlicher Bedeutung sind:

> „Die Wichtigkeit des Savant-Syndroms liegt in unserer Unfähigkeit, es zu erklären. Die Savants stellen eine deutliche Mahnung an unsere Unkenntnis über uns selbst dar, besonders darüber, wie unser Gehirn funktioniert. Denn kein Modell für die Gehirnfunktion, insbesondere für das Gedächtnis, wird vollständig sein, wenn es nicht auch diese bemerkenswerten Fähigkeiten einschließen und erklären kann."[132]

Das Gehirn: Produzent oder Filter für Bewusstseinsinhalte?

Die vorangegangenen Ausführungen leiten zwangsläufig zu der Frage über, die auch für die beiden möglichen Erklärungsmodelle für terminale Geistesklarheit von entscheidender Bedeutung ist: Wird der menschliche Geist wirklich nur vom Gehirn mittels seiner Biochemie produziert, oder hat das Gehirn vielleicht eher eine filternde und sortierende Funktion, die es einer

---

131 Persönliche Mitteilung von Treffert an Gerda Lier am 17.06.2008, wiedergegeben in Lier (2010), S. 825f.

132 Treffert (2006), S. 3.

dahinterstehenden eigenständigen und umfassenderen Seele erlaubt, aus den einströmenden Datenmassen nur das Wichtigste zu extrahieren, um auf der Erde ein geordnetes Leben führen zu können? Diese „Filter-Theorie" ist wiederholt von Psychologen und Philosophen vertreten worden. Einer ihrer frühesten und bedeutendsten Vertreter war William James (1842-1910), der bahnbrechende Begründer der amerikanischen Psychologie. Er verdeutlichte das Filter-Prinzip anhand des Beispiels eines Prismas, durch das ein Lichtstrahl geschickt wird.[133] Diese Analogie lässt sich hier folgendermaßen ausarbeiten: Dieser Lichtstrahl entspricht dem Bewusstsein eines Individuums oder auch dem Träger dieses Bewusstseins. Dieses wird hinter dem Prisma in eine Reihe von bunten und klar unterscheidbaren Farben aufgefächert. In ähnlicher Weise kann man sich vorstellen, dass das Gehirn die Datenmasse der Bewusstseinsinhalte, die auf das Ich einstürmt, wie das Prisma in getrennte Erfahrungsinhalte aufgliedert und sortiert und dabei auch die Fähigkeit, klar zu denken und zu analysieren, gewährleistet. Zusätzlich würde auf diese Weise eine geordnete und geregelte Kommunikation mit anderen Menschen ermöglicht. Andere Bewusstseins- oder Erfahrungsinhalte würden dabei aber auch ausgeblendet, so wie sich an das Spektrum der sichtbaren Farben hinter dem Prisma zwei unsichtbare Spektren anschließen, beginnend beim infraroten und ultravioletten Licht.

Gemäß dieser Analogie wäre also das Wachbewusstsein des Ichs zwar eindeutig durch das Gehirn bzw. das Prisma mitbestimmt, aber dieses wäre dennoch nicht der Produzent des Ichs bzw. des ursprünglichen Lichtstrahls. Wird die Oberfläche des Prismas zerkratzt oder bekommt es innere Risse, so wird auch das Verhalten des Lichtstrahls entsprechend gestört. Der ursprüngliche Lichtstrahl vor dem Prisma bliebe davon jedoch unberührt. In Analogie dazu könnte das Gehirn durch Drogen, Verletzungen oder Krankheiten in seiner Funktion beeinträchtigt werden und damit das Ich-Bewusstsein einschränken und trüben. Die Essenz einer Persönlichkeit bräuchte dadurch nicht betroffen zu werden, sie hätte lediglich nicht mehr die Möglichkeit, sich in der gewohnten Weise für die Umwelt verständlich zu machen. In neuerer Zeit sind vielfach ähnliche Analogien zur Verdeutlichung dieses Sachverhalts herangezogen worden, worin beispielsweise das Gehirn mit einem Radio verglichen worden ist,

133 James (1900).

durch das die Wellenlängen der einzelnen Sender empfangen und hörbar gemacht werden. Eine Funktionsstörung des Radios würde die Sendungen jedoch nicht beeinträchtigen.

James betonte mit seinen Überlegungen bereits im Jahr 1900 einen eigentlich banalen Sachverhalt, der bis heute von den Gehirnforschern viel zu wenig berücksichtigt wird: Wenn in einer Gehirnregion eine bestimmte Aktivität festgestellt wird und zugleich eine bestimmte geistige Regung stattfindet, so heißt dies noch lange nicht, dass diese Aktivität im Gehirn die entsprechende geistige Regung des Menschen auch produziert. Es ist in logischer Hinsicht vollkommen gleichwertig anzunehmen, dass Änderungen von Gehirnzuständen nur den Filter für die Geistesprozesse auf eine solche Art modifizieren, dass sich auch der geistige Zustand entsprechend verändert. James machte unmissverständlich klar, dass wir im Sinne objektiver naturwissenschaftlicher Beobachtung immer nur eine Korrelation zwischen Geist und Gehirn nachweisen können, aber niemals eine Produktion des Geistes aus dem Gehirn. Wenn also Aussagen über die Wahrscheinlichkeit der Produktionstheorie getroffen werden sollen, so muss man anderswo Ausschau halten als in den gegenwärtigen Gehirnwissenschaften, worin die dokumentierten Korrelationen vorschnell und unkritisch als echte Ursachen für Geistesprozesse ausgegeben werden. Alternative Modelle werden nicht einmal diskutiert.

Sollte sich der Leser an dieser Stelle für etwaige schulwissenschaftliche Erklärungsmodelle für das Savant-Syndrom oder auch für die Fähigkeiten der Wunderkinder interessieren, so muss er enttäuscht werden. Alles Vorgebrachte beschränkt sich auf allgemeine Vermutungen: Bei vielen (aber nicht allen) Savants sind Bereiche der linken Hemisphäre offenbar anomal entwickelt oder in ihrer Funktion beeinträchtigt, so dass hier manchmal ein ursächlicher Zusammenhang gesehen wird. Besonders in den Fällen, in denen die Hirnschädigung und die Inselbegabung erst nach der Geburt aufgetreten sind, wird eine nachfolgende Umorganisation der Neuronenverschaltung im Gehirn postuliert (Plastizität!), wodurch die Schleusen einer ansonsten verhinderten Fähigkeit geöffnet worden seien. Bei Treffert sollen hier dann auch dic freigeschalteten „Gene für das Gedächtnis“ eine Rolle spielen.

Dies ist bemerkenswert. Denn damit kommen bei Erklärungsversuchen für das Savant-Syndrom Redewendungen zum Ausdruck, die sich fast wörtlich mit dem Vokabular der Filter-Theorie decken: Das Gehirn wird in beiden Fällen als Filterorgan angesehen, das die Datenflut der Sinneseindrücke sortiert und speichert. Durch eine Fehlfunktion oder einen Defekt soll dieser Filter aber nicht mehr richtig funktionieren und der Savant deshalb vollen Zugriff auf die gesamte Datenmasse eines eng umrissenen Wissensgebietes haben. Das heißt, er hat in einem Teilbereich Zugriff auf eine nahezu unbegrenzte Informationsflut und Speicherfähigkeit, die nach der Ansicht von manchen Wissenschaftlern theoretisch in jedem von uns ungenutzt schlummert.

Wenn man liest, auf welche Weise viele Autisten von den Sinneseindrücken, die sie aus ihrer Umwelt empfangen, derart überfordert werden, dass sie quasi implodieren und sich zur Beruhigung am liebsten mit stereotypen Handlungen, wie Schaukeln des Körpers oder sortieren von Gegenständen, beschäftigen, so scheint es in der Tat plausibel, dass hier ein Filtersystem nicht richtig funktioniert. Selbst leise Geräusche können Autisten als äußerst störend und sogar schmerzhaft empfinden, der bloße Anblick eines ungeordneten Haufens von bunten Dingen kann sie in größte Verwirrung und Panik versetzen. Wenn man weiterhin hört, wie der kleine Jay Greenberg schon als Kind so mit innerlich gehörter Musik überschüttet und derart bedrängt worden ist, dass er gleich mehrere Sinfonien gleichzeitig in seinem Kopf gehört hat, so mag auch hier zutreffen, dass bei ihm ein bestimmter Filter nicht so wie bei anderen Menschen funktionierte.

Umfasst also der offene Datenkanal der Savants und Wunderkinder nebst den Daten unserer Alltagswelt noch zusätzliche Aspekte des Seins – Aspekte einer Art Hintergrundrealität, die der normal erfahrbaren Alltagswelt normalerweise unerkannt zugrunde liegt? Es ist in diesem Zusammenhang interessant, was der 13-jährige Kornelius Keulen über seinen visuellen Wahrnehmungsprozess geschrieben hat:

> „ich nehme die allesumfassende gedankenwelt wahr. ich sehe die energien der gegenstände. sehen heißt, ich sehe einen stuhl nicht als bild, sondern als energiesicht. das sieht aus wie eine flirrende farbige ansaugende masse. erstaunlich, dass ich gelernt habe, auch den stuhl

> so zu begreifen wie die anderen. so finde ich zugang zur welt der anderen. ich lernte es zuerst durch eure ansagen, wenn ich etwas tun sollte. zuerst war es sehr schwer, aber dann materiellisierte sich meine sicht. Jetzt sehe ich beide bilder. seitdem finde ich mich kinderleicht zurecht. die energiefelder sind für mich hilfreich, da sie mir kontakt zur energie im ereignisraum geben. ereignisse finden im raum statt. sie richten sich ein in die teilenergien im zeitabschnitt. so erlebe ich die welt. das ist sehr umständlich, da ich so sehe wie ihr und die ereignisse dazu. ich selektiere pausenlos. . . . wer so viel denken muss, um sich zurechtzufinden, ist sehr angestrengt."[134]

Das seltsame Phänomen, dass die Keulen-Zwillinge kaum jemals beim Lesen gesehen worden sind, aber dennoch den Inhalt sehr vieler Bücher kennen, versucht Kornelius folgendermaßen zu erklären:

> „Ich gerate in Erklärungszwang. Ich lese alle Bücher in einer Weise, dass das Buch lichthaft in mir erscheint. Keiner sieht das und ein Erklären wird sehr mystisch. Neue Bücher liebe ich besonders. Im Lesen ermindere ich mein Wissen. Ich verbinde das Gelesene mit feinen Abspeicherungen und finde neues feines Denken bei mir."[135]

Konstantin antwortete auf die Frage, wie sie lesen:

> „Wir lesen alle Bücher in dichter Abfolge. Keiner sieht es. Keiner wird verstehen, wie das geht. Das ist wesentlich mit unserer Art, die Welt zu verstehen, verbunden."[136]

Viele Menschen aus ihrem Umfeld haben sich schon über diese Eigenart der Keulen-Zwillinge gewundert. Nicht nur der ehemalige Philosophielehrer der beiden an ihrem Gymnasium musste sich erst daran gewöhnen. Er schreibt:

> „Man muss sich vorstellen, man gibt ihnen Kant, einen Auszug aus ‚Die Kritik der reinen Vernunft', und sie sehen das Buch nicht einmal

134 Keulen, Keulen und Kosog (2004), S. 165.
135 Mieder und Schwarz (2005).
136 Pinkerneil (2004).

> an. Sie schieben es zurück über den Tisch, als wäre das etwas, was sie nie im Leben freiwillig anfassen würden. Aber als es darum ging, den Text auszuwerten, gaben die Zwillinge ihre Ausarbeitungen ab, und man merkte, dass sie das Buch sehr wohl gelesen und verstanden hatten. Wie das geht, weiß ich nicht, aber es scheint, als sei in den Brüdern ein Wissen vorhanden, das ihnen nie jemand gegeben hat."[137]

Da die beiden in ihren frühesten Schriften teilweise Fremdwörter benutzt haben, die in der Familie niemand gekannt hat, vermutet auch der Vater der beiden, ganz ähnlich wie Treffert es tun würde, dass sie ein „ererbtes urgeschichtliches Sprachgefühl haben". Auch ist interessant, dass das Verhalten der beiden Zwillinge untereinander bereits in ihrer frühesten Säuglingszeit perfekt aufeinander abgestimmt war. Später in der Schule machten sie oft identische Fehler, und sie selbst sagen von sich, dass sie alles voneinander wissen. „ereint ist unser denken", schrieb Kornelius einst. Er behauptete auch ganz unumwunden, Gedanken anderer Menschen lesen zu können. Auch von anderen Autisten werden vielfach Begebenheiten berichtet, die auf telepathische oder hellseherische Fähigkeiten hindeuten – genau wie auch von nicht-autistischen Zwillingen.[138] Ich selbst kenne einen Zwilling, bei dem ein telepathischer Kontakt mit seinem mittlerweile verstorbenen Zwillingsbruder im wahrsten Sinne des Wortes an der Tagesordnung war. Unter anderem haben auch sie in der Schule stets die gleichen Fehler gemacht, ohne dass sie voneinander abgeschrieben hätten. Manchmal sollen sie sogar zur selben Zeit die gleichen Träume geträumt haben. Was immer auch an solchen Berichten nun im Einzelnen dran sein mag, grundsätzlich scheint mir sicher: Auch hier tut sich wieder ein weites Tor zu einem hochinteressanten und praktisch jungfräulichen Forschungsfeld auf. Sollten sich die genannten Befunde erhärten, so wären sie als ein sehr deutliches Indiz dafür zu werten, dass zwischen Gehirn und Geist *kein* exaktes 1:1 Verhältnis besteht, wie es im Rahmen der Produktionstheorie angenommen werden muss. Die Filter-Theorie jedoch hätte damit keine Probleme, im Gegenteil. Sowohl telepathische Fähigkeiten als auch die verblüffenden Fähigkeiten mancher Savants sind von einigen Autoren

137 Keulen und Keulen (2010), S. 15f.

138 Für ungewöhnliche Fähigkeiten von Autisten siehe z.B. Stillman (2006) oder Williams (1998). Für bemerkenswerte Beobachtungen bei eineiigen Zwillingen siehe Nahm (2007) und besonders Playfair (2008).

bereits als mögliche Stütze der Filter-Theorie herangezogen worden. Auch der Philosoph Keith Chandler tritt angesichts dieser Fähigkeiten in ganz ähnlicher Weise dafür ein, dass das Gehirn wie ein *Scanner* arbeitet und Informationsquellen abgreift, die nicht der physikalisch-materiellen Welt entstammen.[139]

Das Wasserkopf-Syndrom oder „Hydrozephalus"

Ich möchte jetzt noch ein letztes kurioses Phänomen aus der medizinischen Literatur vorstellen, welches das in der Schulwissenschaft angenommene 1:1-Verhältnis zwischen Gehirn und Geist weiter in Frage stellt. Es betrifft das Vorhandensein von ungewöhnlich hoher Intelligenz bei Personen, die zugleich eine ungewöhnlich geringe Gehirnmasse besitzen. Dies ist bei manchen Menschen mit dem Wasserkopf-Syndrom der Fall, das auch als Hydrozephalus bekannt ist. Hierbei ist ähnlich wie bei Kim Peek ein Teil des Schädelinneren dort mit Wasser gefüllt, wo normalerweise Gehirnsubstanz sein sollte. Allerdings sind die Ausmaße der wassergefüllten Hohlräume bei Menschen mit Wasserkopf oft noch deutlich größer als bei Kim Peek. Am interessantesten sind wiederum die extremen Fälle, in welchen mehr als 90% der Schädelhöhle lediglich mit Flüssigkeit angefüllt sind.

So hat der bereits zitierte Ingenieur Georgiewitz-Weitzer in seinem Buch einen Berliner Architekten erwähnt, der bei nahezu vollem Bewusstsein gestorben sein soll. Die Autopsie soll, gemäß eines Anatomen namens Benecke an der Universität Berlin, ergeben haben, dass sich im Inneren seines Schädels nur „Gehirnhäute" befanden, es aber ansonsten „völlig leer" war.[140] Das soll wohl heißen, dass der Schädel weitestgehend mit Flüssigkeit anstatt mit Gehirnmaterie gefüllt war. Dieser ungeheuerlich wirkende Befund konnte in der Folgezeit bestätigt werden. Die bemerkenswertesten Fälle hat John Lorber (1915-1996), ein renommierter Spezialist für frühkindliche Entwicklungsstörungen im Bereich der Wirbelsäule und des Schädels, untersucht. Lorber, unter anderem Mitglied des Nobelpreis-Komitees, untersuchte mehr als sechshundert Menschen mit Wasserkopf-

---

139 Chandler (2004). Autoren, die die Filter-Theorie im hiesigen Zusammenhang diskutiert haben, sind z.B. E.F. Kelly (2007) und Gerda Lier (2010).

140 Surya (1921), S. 15.

Syndrom und fertigte Röntgenaufnahmen von ihren Köpfen an. Er fand, dass acht von ihnen einen Gesamt-Intelligenzquotienten von hundert oder mehr hatten – obwohl mehr als 90% ihres Schädels anstatt mit Gehirnmasse mit Gehirnflüssigkeit gefüllt waren. Der Wert von 100 gilt in der Bevölkerung als der Durchschnitt. Der eindrücklichste seiner Fälle betraf einen Mathematikstudenten, der bei verschiedenen Tests einen Gesamt-IQ von 126 bis 130 aufwies. Sein „verbaler IQ", der sich im Gegensatz zum „Handlungs-IQ" rein auf die Einschätzung von geistigen Fähigkeiten beschränkt, erreichte sogar 140 bis 144 Punkte! Damit lag er sehr weit über dem Durchschnitt. Lorber kommentierte:

> „Der Junge hat praktisch kein Gehirn. ... Als wir sein Gehirn untersuchten, fanden wir, dass sich anstatt der normalerweise 4,5 Zentimeter dicken Schicht von Gehirngewebe zwischen den Gehirnkammern und der Großhirnoberfläche nur eine dünne Lage von ungefähr einem Millimeter Dicke befand. ... Ich kann nicht sagen, ob das Gehirn des Mathematik-Studenten 50 oder 150 Gramm wiegt, aber es ist klar, dass es weit entfernt davon ist, an die üblichen 1,5 Kilogramm heranzureichen. Und der Großteil seiner Gehirnsubstanz besteht aus den tiefer liegenden primitiveren Hirnstrukturen, die beim Wasserkopf-Syndrom ohnehin relativ unbeeinträchtigt bleiben."[141]

Der junge Mann besaß zwar einen etwas großen Kopf, hatte sich aber rundherum normal entwickelt und ließ sich erst als Student aufgrund gewisser Beschwerden untersuchen. Bis dahin hatte man noch nicht einmal bemerkt, dass er hydrozephalisch war und so gut wie kein Großhirn besaß. Andere Fälle in Lorbers Sammlung sind kaum weniger beeindruckend.[142] Erst kürzlich wurde ein weiterer bemerkenswerter Fall beschrieben. In diesem Beispiel handelt es sich um einen fast gehirnlosen Verwaltungsangestellten und Familienvater, der zwar „nur" einen verbalen IQ von 85 besitzt, was jedoch angesichts der in seinem Gehirn gefundenen bzw. nicht gefundenen Gehirnmasse immer noch sehr erstaunlich ist.[143]

Bei den Menschen mit Hydrocephalus ist übrigens nicht nur die Gehirn-

141 Lorber in Lewin (1980), S. 1232f.
142 Lorber (1983).
143 Feuillet, Dufour und Pelletier (2007), Anonymus (2008).

masse deutlich reduziert, sondern auch der anatomische Aufbau des Gehirns weicht drastisch von normal entwickelten Gehirnen ab. Die typischen Schichtungen der unterschiedlichen Zellentypen, denen im Standardmodell der Erklärung von Gehirnfunktionen ganz spezielle Tätigkeiten und Signalverarbeitungsaufgaben zugeschrieben werden, sind vollständig abwesend, desgleichen die charakteristischen Gehirnwindungen des Großhirns. Dabei gilt doch gerade die Großhirnrinde mit ihrem spezifischen Aufbau als alleiniger Entstehungsort von bewussten Erlebniszuständen![144] Aber auch weitere wichtige funktionelle Einheiten, wie die Bereiche des Sehzentrums, können komplett fehlen, wie im Fall des Mathematikstudenten, der aber dennoch exzellent sehen konnte. Oder sind solche Einheiten nur zu einem solchen Grad umorganisiert, dass sie sich nicht entdecken lassen? Für einzelne Neuronen und ihren Verschaltungen gilt es immerhin als erwiesen, dass sie bei extremem Wasserkopf normalerweise deutlich fehl- und unterentwickelt sind. Wie aber ist dies alles mit der normalen oder sogar übernormalen Intelligenz der genannten Personen in Deckung zu bringen? Außer knappen und allgemeinen Verweisen auf die Plastizität des Gehirns findet man erneut keinerlei Erklärungsansätze in der Literatur. Doch auch solche Befunde werden bis zum heutigen Tag von Medizinern nicht systematisch erforscht – ein Missstand, den bereits John Lorber beklagt hat. Und wer vermag schon zu sagen, ob es den *Menschen hinter der Kulisse* nicht auch in manchen hydrozephalischen Personen gibt, die sich ihrer Umwelt nur sehr schlecht mitteilen können und nur einen sehr niedrigen IQ zu haben scheinen?

Eine möglicherweise vielsagende Gemeinsamkeit zwischen Menschen mit Hirnverletzungen, Schlaganfällen, Hemisphärektomien, Autismus und auch dem Wasserkopf-Syndrom besteht jedenfalls darin, dass bei allen Arten von Gehirnschädigungen oder -anomalien die bewegungsbezogenen und wahrnehmungsbezogenen Fähigkeiten am ehesten betroffen werden. Die höheren geistigen Fähigkeiten des Menschen, wie das bewusste Ich-Erleben und in vielen Fällen auch das Gedächtnis, werden im Vergleich dazu viel weniger beeinträchtigt, obwohl auch diese Fähigkeiten genau wie die anderen ganz überwiegend als im Großhirn mit seinen beiden Hemisphären angelegt gelten. Der geistige Kern der Persönlichkeit scheint

---

144 Roth (2002).

gegenüber Hirnschädigungen erstaunlich resistent zu sein. Diese Befunde decken sich mit Vermutungen von frühen prominenten Vertretern der Filter-Theorie, dem Philosophen und Nobelpreisträger Henri Bergson sowie dem namhaften Sprachforscher Frederic Myers. Beide glaubten, das Gehirn sei hauptsächlich für die Koordination der Bewegungs- und Sinnesleistungen zuständig. Es sei ein durch die Evolution hervorgebrachtes Instrument, das in erster Linie dem erfolgreichen Wahrnehmen der materiellen Umwelt und dem angemessenen Reagieren auf die wahrgenommenen Inhalte diene.[145] Damit würde sich decken, dass im Falle von Gehirnschädigungen am ehesten diese Leistungen beeinträchtigt werden, während der geistige Kern der Person jedoch erhalten bleibt.

Abschließende Gedanken zum Thema rätselhafte Gehirnbefunde

Die in diesem Kapitel vorgestellten Phänomene machen deutlich, wie wenig bislang über die Zusammenhänge zwischen Gehirnstruktur und Geist bzw. dem Gedächtnis bekannt ist. Sie machen sogar wahrscheinlich, dass hier kein simples 1:1-Verhältnis besteht, wie es gemäß der gängigen Lehrmeinung bestehen muss. Sollte tatsächlich kein 1:1-Verhältnis bestehen, so wären das gewichtige Nachrichten auch für die Erklärungsmodelle von terminaler Geistesklarheit. Denn dann würde der verbleibende Rest des menschlichen Geistes, der sich nicht auf die Gehirnchemie zurückführen ließe, zwangsläufig unabhängig vom Gehirn existieren. Und wenn erst ein Teil des Geistes unabhängig vom Gehirn funktionieren könnte – warum sollte das unter gegebenen Umständen dann nicht auch der gesamte Geist können? Dieser zweite Erklärungsansatz für terminale Geistesklarheit erweist sich damit als keineswegs so weit hergeholt oder unvorstellbar, wie es vielleicht zunächst scheinen mag. Dies umso mehr, da selbst für die gegenwärtigen Neurowissenschaftler elementare Gehirnfunktionen, wie zum Beispiel das Abspeichern und Abrufen von Erinnerungen, noch immer ein Buch mit sieben Siegeln sind. In seinem detaillierten Überblick über den gegenwärtigen Wissensstand bezüglich der Erforschung des Gedächtnisses zeigt der Psychologe Alan Gauld deutlich auf, wie wenig gesichertes Wissen

145 E.F. Kelly (2007), S. 621.

und wie viele widersprüchliche Forschungsergebnisse hier existieren.[146] So heißt es in einer treffenden Buchbesprechung zu Gaulds Übersicht:

> „Es wird eine Fülle paradoxer und inkonsistenter Befunde aus der neurowissenschaftlichen Literatur angeführt, die demonstrieren, dass wir noch weit von einem Verständnis der genauen Rolle des Hippocampus, des medialen Temporallappens und anderer Gehirnareale für die Entstehung und Aktivierung des Gedächtnis entfernt sind, was besonders an den Fällen deutlich wird, wo Erinnerung trotz teilweise erheblicher Schädigung entsprechender Areale intakt bleibt."[147]

Doch nicht nur dies. Auch viele andere alltägliche Bewusstseins- und Gehirnprozesse entziehen sich derzeit noch vollständig der Kenntnis der Wissenschaft. Dies wird unter anderem in einem hochtrabend „Das Manifest" genannten Artikel aus dem Jahr 2004 deutlich, in dem elf führende Neurowissenschaftler Stellung zur Gegenwart und Zukunft der Hirnforschung bezogen haben.[148] Zwar strichen die Autoren die vielen Errungenschaften und Fortschritte der jüngeren Hirnforschung heraus, aber sie erkannten auch an, dass vielfach noch immense Verständnislücken klaffen. Man findet beispielsweise folgende Aussagen in dem „Manifest":

> „Nach welchen Regeln das Gehirn arbeitet; wie es die Welt so abbildet, dass unmittelbare Wahrnehmung und frühere Erfahrung miteinander verschmelzen; wie das innere Tun als ‘seine‘ Tätigkeit erlebt wird und wie es zukünftige Aktionen plant, all dies verstehen wir nach wie vor nicht einmal in Ansätzen. Mehr noch: Es ist überhaupt nicht klar, wie man dies mit den heutigen Mitteln erforschen könnte."
> „Wie entstehen Bewusstsein und Ich-Erleben, wie werden rationales und emotionales Handeln miteinander verknüpft, was hat es mit der Vorstellung des ‘freien Willens‘ auf sich? Die großen Fragen der Neurowissenschaften zu stellen, ist heute schon erlaubt – dass sie sich bereits in den nächsten zehn Jahren beantworten lassen, ist allerdings eher unrealistisch. Selbst ob wir sie bis dahin auch nur sinnvoll angehen können, bleibt fraglich."

146 Gauld (2007).
147 Sommer (2008), S. 198.
148 Autorenkollektiv (2004).

In ähnlicher Weise schrieb Wolfgang Prinz, der Direktor am Max-Planck-Institut für Kognitions- und Neurowissenschaften in München, in einem Kommentar zum „Manifest" zu der Frage, wie denn aus Gehirnmasse das menschliche Bewusstsein hervorgeht:

> „Noch hilfloser sind wir, wenn es um die Subjektivität geht – also um die Frage, wie Gehirnprozesse Bewusstsein hervorbringen ... Vielleicht kann man nach dem Sitz des Bewusstseins im Gehirn gar nicht so suchen wie nach dem Sitz der Sprache oder des Sehens. Was die Beziehung zwischen Gehirnprozessen und Bewusstsein betrifft, wissen wir de facto also nicht einmal, wie wir die Frage genau stellen sollen."[149]

Auch in den Jahren, die seit der Publikation des „Manifests" vergangen sind, ist bezüglich all dieser fundamentalen Fragen kein nennenswerter Fortschritt erzielt worden. In der Tat bleibt es fraglich, ob dies jemals der Fall sein wird. Dennoch drängt sich einem beim Lesen vieler neurowissenschaftlicher Publikationen der Eindruck auf, dass im Grunde alle großen Probleme schon gelöst seien. Die Annahmen, dass das Bewusstsein einzig und allein aus Hirnprozessen hervorgeht und Erinnerungen irgendwo als materielle „Spuren" im Gehirn abgespeichert sind, gilt trotz aller Unkenntnis und Unsicherheit auf diesem Themengebiet unter den Hirnforschern als ausgemachte Tatsache. Das ist bei genauerem Hinsehen sehr erstaunlich. Wenn schon die Grundfunktionen der Gehirne von gesunden Menschen nach wie vor von ungelösten Problemen strotzen, so bedeuten die in diesem Kapitel vorgestellten Anomalien zusätzliche und nicht zu unterschätzende Schwierigkeiten für die gängigen Erklärungsmodelle der Schulwissenschaftler.

Es muss an dieser Stelle auch erwähnt werden, dass es genauso unklar ist, wie das Gehirn seine Rolle als Filter genau ausüben könnte. Gerade die Fälle von hoher Intelligenz bei extremem Wasserkopf machen es schwer, sich überhaupt eine geeignete organische Schnittstelle vorzustellen, die mit der Filterfunktion assoziiert sein könnte. Es scheint jedenfalls so zu sein, dass der genaue Zustand des Gehirns nicht immer absolut entscheidend für die geistigen Fähigkeiten ist. Das könnten auch die erwähnten Fälle unterstreichen, in denen die Gehirne von älteren Menschen deutliche

149 Prinz (2004).

Kennzeichen der Alzheimer'schen Erkrankung aufgewiesen haben, ohne dass diese Personen die zu erwartenden geistigen Defizite gezeigt haben. Mehr lässt sich zum gegenwärtigen Zeitpunkt kaum sagen. Aber egal, aus welcher Richtung man sich der Funktionsweise des Gehirns nähert, so scheint sich einem das folgende Fazit aufzudrängen: Je mehr wir über das Gehirn wissen, desto weniger verstehen wir es. Das sollte man zur Kenntnis nehmen. Alle nachfolgenden Spekulationen und Theoriebildungen bezüglich unserer Gehirnfunktionen sollten dementsprechend vorsichtig und undogmatisch geführt werden.

Mit diesem Gedanken im Hinterkopf möchte ich nun zum nächsten Thema fortschreiten. Haben auf den letzten Seiten aus dem Leben gegriffene Beobachtungen aus Medizin, Psychiatrie und Hirnforschung mögliche Indizien dafür geliefert, sich einem tieferen Verständnis der Hintergründe von terminaler Geistesklarheit anzunähern, so werden in den folgenden Kapiteln wieder Beobachtungen aus dem Umfeld des Sterbens im Mittelpunkt stehen. Auf den kommenden Seiten werden ungewöhnliche Heilungen und körperliche Veränderungen behandelt, die scheinbar öfters in Todesnähe auftreten. Wir werden aber ebenfalls sehen, dass diese nicht nur in Todesnähe auftreten, sondern auch in manchem anderen Kontext.

4.
Unerklärte körperliche Veränderungen

Dieses Kapitel ist ungewöhnlichen körperlichen Veränderungen gewidmet, wobei der Schwerpunkt des Interesses zunächst auf denjenigen Fällen liegt, die sich in Todesnähe ereignet haben. Als Erstes gebe ich Beispiele davon, wie sich kurz vor dem Tod der körperliche Zustand mancher Kranken oder Sterbenden plötzlich zum Guten hin gewendet hat, bis hin zum Verschwinden bestimmter Krankheitssymptome. Anklänge davon haben wir schon bei einigen Fällen von terminaler Geistesklarheit gesehen, wobei nicht nur der Geist kurz vor dem Tod eine Steigerung seiner Kräfte erfahren hat, sondern auch der Körper von einem unerwarteten Vitalitätsschub erfasst worden ist. Im darauf folgenden Abschnitt werde ich Heilungen und körperliche Veränderungen vorstellen, die sich offenbar ereignet haben, während die betreffende Person eine Nahtod-Erfahrung hatte – also während sie nach außen hin leblos und bewusstlos gewirkt hat. Danach werde ich kurz auf sogenannte „Wunderheilungen“, wie etwa diejenigen in Lourdes, eingehen, denn es mag hier von Bedeutung sein, dass viele der dort Geheilten während ihrer Heilung ohnmächtig wurden oder glaubten zu sterben, obwohl dies keineswegs der Fall war.

Damit wären wir auch schon bei rätselhaften körperlichen Veränderungen angelangt, die mit veränderten Bewusstseinszuständen einhergehen. Zu nennen wären hier die Hypnose und Menschen mit „Multiplen Persönlichkeiten“ (eine Persönlichkeitsstörung, die heute zumeist als „Dissoziative Identitätsstörung“ bezeichnet wird). Unerklärte körperliche Veränderungen treten aber auch in völlig normalen Geisteszuständen, wie bei den Auswirkungen von Placebo-Effekten, auf. Oft steckt auch in solchen Situationen eine starke Emotion hinter der jeweiligen körperlichen Veränderung. Mit am eklatantesten wird dies deutlich bei Fällen, in denen Menschen über Nacht schneeweiße Haare bekommen haben – und zwar ohne dass etwa die dunklen Haare ausgefallen und nur die hellen übrig geblieben wären. So unglaublich es auch klingen mag: Es gibt tatsächlich dokumentierte Fälle in der medizinischen Literatur, in denen dunkle Haare über Nacht oder zumindest binnen weniger Tage weiß geworden sind.

Der Grund, warum ich in diesem Kapitel solche Beispiele vorstelle, ist ein zweifacher. Erstens zeigen die Beispiele, dass sich in Todesnähe nicht nur auf geistiger Ebene bemerkenswerte und bislang unverstandene Ereignisse abspielen, sondern auch auf der körperlichen Ebene. Zweitens geben manche der im Folgenden genannten Beispiele weitere Hinweise darauf, dass der menschliche Geist ganz direkt seinen Körper auf die verschiedensten Weisen beeinflussen und verändern kann. Dies hat natürlich auch Auswirkungen auf die Erklärungsmodelle für die Funktionsweise des menschlichen Geistes, einschließlich der Erklärungsmodelle für die Plastizität des Gehirns, das sich ja gemäß der Lehrmeinung „von selbst" aufgrund von elektrochemischen Stimuli umorganisieren soll. Können sich etwa auch andere Körperorgane, unsere Haut oder sogar unsere Haare, „von selbst" umorganisieren, wenn ein entsprechender Stimulus sie erreicht? Wenn ja: Worin sollte dieser Stimulus bestehen, und vor allem: Wie genau wird er in eine körperliche Reaktion umgesetzt? Doch nun der Reihe nach.

Heilungen und Symptomverbesserungen kurz vor dem Tod

Ich beginne diese Beispielgruppe mit zwei Fällen, die einen sehr gut abgesicherten medizinischen Hintergrund aufweisen. Es handelt sich um zwei Patienten, die an dem gefürchteten „Veitstanz" erkrankt waren. Heute ist die Krankheit als „Huntington'sche Erkrankung" bekannt, benannt nach einem Arzt, der das Krankheitsbild von anderen ähnlichen

Krankheiten abgegrenzt hat. Bei dieser Krankheit werden im Laufe der Zeit Nerven im Gehirn zerstört, und zwar zunächst diejenigen, die für die Bewegungsabläufe zuständig sind. Daher leiden die Betroffenen unter unkontrollierbarem Grimassieren und ausladenden Bewegungen ihrer Gliedmaßen, was der Krankheit den alten Namen Veitstanz eingebracht hat. Die Erkrankten sind aufgrund der Bewegungsstörungen unfähig, für sich selbst zu sorgen. In späteren Stadien der Krankheit kommen Schluck- und Sprechbeschwerden dazu, oft auch Demenz. Zwei französische Ärzte beschrieben jedoch, dass die normalerweise irreversiblen Symptome, wie das Grimassieren und das unkontrollierte Schleudern der Gliedmaßen, bei zwei Patientinnen kurz vor ihrem Tod vollständig verschwunden sind.

Beide Frauen erkrankten an Infektionen und erlagen nach wenigen Tagen ihrem hohen Fieber. Die eine Patientin war vom fünften Tag vor ihrem Tod frei von den Symptomen des Veitstanzes, die zuvor lediglich im Schlaf geruht hatten oder zumindest gemildert aufgetreten waren. Doch nun, wenige Tage vor dem Tod, traten die Symptome selbst dann nicht auf, wenn die Pfleger versuchten, sie im Wachzustand durch künstliche Reize auszulösen. In ähnlicher Weise war die zweite Patientin drei Tage vor ihrem Tod von jeglichen Bewegungsstörungen befreit, obwohl sie zuvor lediglich im Schlaf manchmal gemindert waren. Selbst die ursprüngliche Physiognomie ihrer ansonsten verzerrten Gesichter erhielten beide Frauen zurück, und auch anhand der Körperhaltungen ließ sich nur mit Mühe eine krankheitsbedingte Störung erkennen. Beide befanden sich in einem „Zustand der Ruhe“, verfügten über eine „perfekte“ Kontrolle sämtlicher Bewegungen, und zwar sowohl der willentlichen Handlungen als auch der zuvor noch gestörten Reflexe. Die Ärzte nahmen an, dass dieser Wandel in der geistigen Haltung eng mit dem Verschwinden der körperlichen Symptome zusammenhing und möglicherweise auch eine Vorahnung ihres nahenden Todes eine Rolle spielte. Sie machten keinen Hehl aus ihrer Verwunderung angesichts der Tatsache, dass die massiven Krankheitssymptome, die nachweislich auf Gehirnschädigungen zurückgingen, plötzlich und unerwartet kurz vor dem Tod verschwunden waren. Sie vermuteten, dass es eine Art „Ersatzsteuerung“ geben könnte, die es in diesen Fällen erlaubt hatte, die Kontrolle über den Körper wiederzuerlangen. Sie gestanden jedoch ihre Ratlosigkeit gegenüber der Frage ein, wie diese vermutete Ersatzsteuerung funktionieren könnte.[150]

Beide Patientinnen hatten bereits unter erheblicher Geistesschwäche und starker Demenz gelitten; aber leider haben die Ärzte keine Auskunft darüber gegeben, wie sich ihr diesbezüglicher Geisteszustand kurz vor ihrem Ableben dargestellt hat. Immerhin ist mir ein Fallbericht bekannt, in dem eine weitere Patientin, die an der Huntington'schen Erkrankung litt, bis zum Ende in vollem Besitz ihrer geistigen Kräfte blieb und noch vier Wochen weiterlebte, nachdem man ihr den Beatmungsschlauch, der durch ihren Vorderhals in die Lunge gelegt worden war, entfernt hatte (die Ärzte hatten erwartet, dass sie maximal nur zwei Tage ohne künstliche Beatmung leben würde). Zum ersten Mal nach fast sechs Monaten sprach sie danach wieder, und zwar mit unerwartet kräftiger Stimme. Sie konnte bis zu ihrem Ende sprechen und berichtete, öfters eine religiöse Erscheinung in ihrem Zimmer zu sehen und mit ihr zu kommunizieren.[151]

Doch selbst ein Taubstummer soll kurz vor seinem Tod zum ersten Mal deutlich gesprochen haben. Gotthilf von Schubert berichtete von einem Herrn Krause in Jena, der in einem renommierten Taubstummeninstitut Unterricht genossen hatte. Dennoch hatte er aufgrund eines „fehlerhaften Organs" nie richtig sprechen gelernt. „Jetzt aber, in der Begeisterung der letzten Stunden, wurde die bis dahin gebundene Zunge gelöst."[152]

Bekannter dürfte zumindest unter Freunden der Barock-Musik die seltsame Beobachtung sein, dass der im Alter erblindete Johann Sebastian Bach (1658-1750) einige Tage vor seinem Tod sein verlorenes Augenlicht zurückerhalten hatte. Zwar wird sich nie mit Sicherheit sagen lassen, an welcher Augenkrankheit der berühmte Komponist litt, aber es gilt als sicher, dass er sich zwei erfolglosen Augenoperationen unterzogen hatte. In einem Nachruf auf Bach, verfasst von seinem Sohn Carl Phillip Emanuel Bach und einem Mitautor, findet sich die folgende Bemerkung:

---

150 Vaschide und Vurpas (1902).
151 Lerma (2007), S. 198ff.
152 von Schubert (1808/1967), S. 354.

„Zehn Tage vor seinem Tod schien es sich schlagartig mit seinen Augen zu bessern, so dass er eines Morgens wieder ganz gut sehen und auch das Licht wieder vertragen konnte. Aber wenige Stunden darauf erlitt er einen Schlaganfall, auf diesen folgte ein hitziges Fieber, an welchem er … am 28. Juli 1750 auf das Verdienst seines Erlösers sanft und selig verschied."[153]

Das nächste Beispiel stammt erneut aus Frankreich. Hier spielt die Erscheinung eines Verstorbenen eine wichtige Rolle.

Ein gewisser Jean Vitalis wurde von heftigem Gelenkrheumatismus befallen. Die meisten seiner Gelenke waren geschwollen und schmerzten sehr stark. Zudem hatte er hohes Fieber. Eines Morgens fand der ihn besuchende Arzt, Dr. de Sermyn, den Mann zu seiner großen Verblüffung geheilt und angezogen vor, er war voller Freude und Lebendigkeit. Der Patient erzählte dem erstaunten Arzt, sein verstorbener Vater sei ihm in der Nacht erschienen, habe ihn überall berührt, um seine Schmerzen und sein Fieber zu beseitigen. Dies sei auch geschehen. Der Vater habe ihn mit der Ankündigung verlassen, Jean werde ohne zu leiden am Abend des gleichen Tages um neun Uhr sterben. Der Arzt konstatierte, dass sowohl der Gelenkrheumatismus als auch das Fieber verschwunden waren. Vitalis ließ sich eine zünftige Mahlzeit bereiten, ordnete seine Angelegenheiten und verbrachte den Rest des Tages mit seiner Familie und Dr. de Sermyn. Er ließ sich durch nichts von seiner Überzeugung davon abbringen, dass er am Abend sterben würde. Kurz vor neun Uhr begab er sich zu Bett, und um Punkt neun Uhr verstarb er ohne einen Seufzer.[154]

Gesetzt den Fall, das hier berichtete Ereignis entspräche der Wahrheit: Könnte es nicht sein, dass Vitalis im Fieberdelirium seinen verstorbenen Vater halluzinierte und dann aufgrund seiner fixen Idee, am Abend sterben zu müssen, dies auch tat? Das mag wohl sein, aber das eigentliche Problem der plötzlichen Heilung wird dadurch kaum vermindert. Doch auch das Sterben aufgrund einer fixen Idee wäre an sich schon ein sehr

153 Das Zitat ist leicht umformuliert und in modernere Sprache gesetzt, das Original findet sich in Ludewig (2000), S. 11.
154 Geley (1926), S. 150f.

mysteriöses Ereignis. Tatsächlich sind in der medizinischen Literatur viele Fälle bekannt, wonach Menschen sich „zu Tode geglaubt haben" – sei es, dass sie dachten, von einem Voodoo-Priester unwiderruflich verflucht worden zu sein,[155] sei es, dass sie, ähnlich wie im obigen Fall, einfach fest davon überzeugt waren, sterben zu müssen.[156] Erst kürzlich wurde ein Bericht veröffentlicht, wonach ein Teilnehmer einer Medikamentenstudie sich mit einer Überdosis des zu testenden Medikaments das Leben nehmen wollte. Er schluckte neunundzwanzig Pillen davon. Doch dann bekam er Todesangst, und sein Blutdruck sackte in derartig kritische Bereiche ab, dass er über intravenöse Flüssigkeitsgaben stabilisiert werden musste. Das Erstaunliche: Der Mann hatte nur die völlig wirkungslosen Scheinmedikamente der Kontrollgruppe geschluckt! Nachdem er diesbezüglich informiert worden war, stabilisierte sich sein Zustand rasch.[157] Nachvollziehbare Erklärungen für derart drastische Beeinflussungen von Körperfunktionen existieren bislang nicht. Der gegenteilige Effekt, dass nämlich nach einer Gabe von wirkungslosen Scheinmedikamenten eine Besserung des Gesundheitszustandes auftreten kann, ist als der berüchtigte „Placebo-Effekt" mittlerweile gut bekannt und wurde zähneknirschend auch in schulmedizinischen Kreisen akzeptiert. Solche Effekte lassen natürlich so manche Ergebnisse von Medikamentenstudien in einem neuen und kritischen Licht erscheinen. Auch hier ist bislang vollständig unklar, wie sich der Körper gemäß den Erwartungshaltungen von Menschen in derartigem Ausmaß umorganisieren kann. Dies bleibt erst recht rätselhaft, wenn, wie in der Schulmedizin, eine solche Erwartungshaltung nur als nachgeordnetes Nebenprodukt von elektrochemischen Gehirnprozessen gilt – also als subjektive Illusion, die gerade eben *nicht* in der Lage sein sollte, die körperliche Prozesse von übergeordneter Warte aus zu steuern. Bei Jean Vitalis bliebe damit in jedem Falle unverstanden, wie er einerseits binnen kürzester Zeit von einem schweren Leiden vollständig befreit worden ist, und wie er andererseits kurz darauf plötzlich und scheinbar ohne medizinisch nachvollziehbaren Grund verstorben ist.

Zur Abrundung dieser Fallzusammenstellung möchte ich nun noch drei Beispiele aus jüngster Zeit vorstellen. Zwei von ihnen stammen aus der

155 Einige wichtige Literatur hierzu findet sich u.a. in E.W. Kelly (2007).
156 Ein Beispiel schildert Schleich (1916), S. 261f.
157 Reeves et al. (2007).

Feder des Teams um den renommierten Neuropsychiater Peter Fenwick, das in den letzten Jahren einige wertvolle Publikationen zu sogenannten „Lebensende-Erfahrungen" veröffentlicht hat. Hierbei handelt es sich um das ganze Spektrum von ungewöhnlichen Erfahrungen und Phänomenen, die kurz vor oder während des Ablebens von Menschen auftreten. Das Team führte Befragungen in verschiedenen Pflegeheimen und Hospizen zu diesen Themen durch. Hier das erste Beispiel:

> In einem Pflegeheim berichteten gleich mehrere der Befragten von der bemerkenswerten Wandlung, die kurz vor dem Tod eincr älteren Frau eingetreten war. Diese Frau hatte eine sehr ausgeprägte Wirbelsäulenverwachsung, so dass sie ihren Kopf nicht heben konnte. Sie konnte nur direkt vor sich auf den Boden schauen. Eines Tages stellte sie erstaunt fest, dass sie ihren Kopf heben konnte! Die erfreuten Pfleger begleiteten sie zum Fenster, damit sie zum ersten Mal seit Jahren die Aussicht aus ihrem Fenster genießen konnte. Sie starb kurz darauf.[158]
> Im zweiten Beispiel beschrieb die Tochter eines Mannes, der an Krebs gestorben war, dass er in der Nacht seines Todes einen Arm, den er seit über einem Jahr nicht mehr bewegen konnte, wieder zu bewegen vermochte – und zwar während er drei verstorbene Personen aus seinem näheren persönlichen Umfeld zu sehen glaubte und sich angeregt und in bester Laune mit ihnen unterhielt.[159]

Zuletzt sei noch ein besonders berührender Fall eines sterbenden zweijährigen Jungen erwähnt.

> Das Kind litt an einer furchtbaren Krankheit, die langsam alle Muskeln zerstörte. Jacob war praktisch gelähmt und konnte noch nicht einmal mehr schlucken, die Augen öffnen oder lächeln. Es war klar, dass er nicht mehr lange zu leben hatte. Er wurde daher aus dem Krankenhaus nach Hause verlegt, um hier seine letzten Tage verbringen zu können. Hier öffnete er nach einiger Zeit plötzlich seine Augen, lächelte breit und streckte seine Arme nach oben aus, als ob er nach jemandem über ihm reichen würde. Dies waren seine letzten Lebensmomente.[160]

---

158 Brayne, Lovelace und Fenwick (2008), S. 201.
159 Fenwick und Fenwick (2008), S. 225.
160 Lerma (2007), S.30ff.

Dieser Fall erinnert stark an die im ersten Buchkapitel beschriebenen Fälle der gelähmten Schlaganfallpatientinnen und der Frau mit gebrochenem Oberschenkelhals, und er unterstreicht einmal mehr die enge Verwandtschaft, die zwischen unerwarteten geistigen und körperlichen Phänomenen in Todesnähe besteht. Dies werden auch die folgenden Fälle unterstreichen, in denen körperliche Auswirkungen von Nahtod-Erfahrungen beschrieben werden. Letztlich schließt diese Fallgruppe ohne scharf definierbare Grenzen an die eben besprochenen Fälle an.

Körperliche Auswirkungen von Nahtod-Erfahrungen

Dass Nahtod-Erfahrungen oder auch Zustände von Scheintod manchmal erstaunliche körperliche Veränderungen mit sich bringen, ist seit langem bekannt und wurde insbesondere von den romantischen Ärzten und Naturphilosophen wieder aufgegriffen. Ein damals öfters zitierter Fall ist heute nahezu dreihundert Jahre alt und wurde von einem Pastor Kern im Jahr 1734 aufgezeichnet. Er ähnelt demjenigen des Jean Vitalis in mancher Hinsicht. Die Fallbeschreibung enthält einige Elemente von Nahtod-Erfahrungen, die im nächsten Kapitel noch ausführlicher zu besprechen sein werden. Pastor Kern hatte den damals schwerkranken Mann betreut und den Bericht im Auftrag der Königlich-Preußischen Regierung in Halberstadt niedergeschrieben. Ich fasse ihn hier zusammen.

> Johann Schwerdtfeger war nach einer langwierigen und schmerzhaften Krankheit dem Tode nahe und hatte bereits zwei Mal sein Bewusstsein für etwa eine Stunde verloren. Kaum hatte er die Augen nach der zweiten Ohnmacht wieder aufgeschlagen, begann er jedoch aufgeregt von den Ereignissen zu berichten, die er währenddessen erlebt hatte. Er war auf einem beschwerlichen Weg in die Nähe einer Region gelangt, die ihm wie der Himmel erschienen war. Hier allerdings wurde ihm mitgeteilt, dass er noch einmal zurückgehen müsse, um sein vergangenes Leben zu prüfen. Zwei Tage später fiel Schwerdtfeger in eine dritte Ohnmacht, die vier Stunden andauerte. Seine Frau und seine Kinder hielten ihn bereits für tot und bekleideten ihn mit dem Totenhemd. Während sie damit beschäftigt waren, schlug er plötzlich erneut die

Augen auf und bat sofort inständig darum, den Pastor Kern zu sehen, da er ihm viel zu berichten habe. Dieser schrieb: „Sobald ich in die Stube trat, richtete er sich von selbst auf, als ob ihm nie etwas gefehlt hätte, und er umarmte mich so fest und fing mit so starker Stimme an zu reden, als wäre er ein gesunder Mensch." Schwerdtfeger erzählte dem Pastor sodann ausführlich von seinen Erlebnissen. Hauptsächlich fand eine Art Gericht statt, in dem ihm alle seine Sünden vorgelesen wurden, jedoch erlebte er sie auf eine schwer zu beschreibende Art und Weise wieder, so als ob sie in der Gegenwart stattfinden würden. Er litt furchtbare Angst, glaubte sich schon dem Satan ausgeliefert – und erhielt schließlich doch noch Einlass in himmlische Gefilde. Sein Bericht schließt damit, dass er dort unvergleichlich harmonische und nie gehörte Musik vernahm, und dass er auch einen blendenden Glanz und eine Herrlichkeit und Schönheit schaute, die er unmöglich mit Worten beschreiben konnte. Seine Rückkehr in das irdische „Jammertal", worin ihn alles anekelte, empfand er als äußerste Belastung. Er kündigte an, dass er noch zwei weitere Tage leben würde, und tatsächlich trat alles so ein, wie er es angekündigt hatte. Kern bemerkte noch: „Merkwürdig war es, dass ihn die Krankheit verlassen hatte. Denn er war nach der letzten Ohnmacht stark, frisch und gesund und von allen Schmerzen befreit, da er doch vorher kein Glied rühren konnte. Die Augen, welche zuvor trieften und trübe und tief in seinem Kopf lagen, waren so hell und klar, als ob sie mit frischem Wasser ausgewaschen wurden." Auch fiel Kern auf, „dass sein Verstand nach der letzten Ohnmacht ungemein zugenommen hatte. Denn er sprach nicht mehr wie ein gemeiner Mann und wie zuvor, sondern es war alles kräftig, nachdrucksvoll und durchdringend formuliert, als ob er die Redekunst in der kurzen Zeit seiner Ohnmacht erlernt hätte. Obwohl ich anfangs sein Lehrer und Tröster war, so wendete sich nun das Blatt, und ich war ihm gegenüber wie ein Kind, und hörte seine Reden mit Verwunderung an." Als Schwerdtfeger seine Zeit gekommen sah, legte er sich nieder und verschied nach einiger Zeit in der Nacht.[161]

Auch von Schubert war bekannt, dass der Zustand des Scheintodes manchmal heilende Kräfte zu besitzen scheint. Es führt nebst anderen

161 Kern (1734).

Beispielen den Fall eines an bösartigen Blattern erblindeten Mannes an, dessen Augenentzündung verschwunden war, nachdem er wieder zu sich gekommen war. Er konnte auf einem zuvor blinden Auge wieder sehen. In einem anderen Beispiel erwachte eine scheinbar an der Pest gestorbene Frau aus Köln an dem Ort ihrer geplanten Beerdigung. Sie war nach ihrer „Neubelebung“ so kräftig, dass sie den Weg von der Beerdigungsstätte zu ihrer Wohnung im Dorf beschwerdelos zu Fuß gelaufen ist.[162] In einem anderen Fall aus späterer Zeit soll sogar ein Mann, der an Kupfersäure erblindet war, aus dem Zustand des Scheintodes mit gesunden Augen erwacht sein.[163] Doch auch in der neueren Literatur über Nahtod-Erfahrungen findet sich ein Beispiel, wonach eine blinde Frau ihr Augenlicht nach einer Nahtod-Erfahrung zurückerhalten hatte. In diesem Fall hatte Diabetes ihre Netzhaut zerstört und damit das Augenlicht geraubt.[164] In anderen neueren Beispielen wurden die Betroffenen während oder kurz nach einer Nahtod-Erfahrung von fortgeschrittenen Stadien von Hautkrebs, Leukämie, der Hodgkin-Krankheit, Lungenentzündung, Gehirnhautentzündung und anderen lebenskritischen Erkrankungen geheilt.[165] Mir selbst hat eine ältere Frau von einer unerklärlichen Herstellung ihrer Gesundheit berichtet. Sie litt als junge Frau an einer sehr ernsten Niereninfektion. Diese zog auch anderweitiges Organversagen nach sich und führte zu einer inneren Blutvergiftung. Nachdem sie „gestorben“ war, lag ihr Körper noch zwei Tage bei Raumtemperatur in einem Zimmer des Krankenhauses. Erst dann wurde sie in ein Kühlhaus transportiert. Hier kam sie wieder zu sich, gerade bevor ihr Körper in ein freies Fach des Kühlhauses geschoben werden sollte. Alle Anzeichen ihrer vorangegangenen Krankheit waren verschwunden. Sie konnte sich sofort aufsetzen und hatte sogar die Kraft aufzustehen. Ich habe keinen Grund, an der Aufrichtigkeit dieser Person zu zweifeln.

Dennoch ist es ein offenkundiger Mangel der bislang in diesem Kapitel vorgestellten Fallbeispiele, dass sie letztlich nur anekdotischen Charakter

162 von Schubert (1850), Band 1, S. 437 und 461ff.

163 Martensen-Larsen (ca. 1930a), S. 87.

164 Ring und Valarino (2006), S. 225f.

165 Beispiele oder Hinweise finden sich u.a. in Fenwick und Fenwick (1996), Grey (1985), Long und Perry (2010), Morse und Perry (1992b), Pasricha (2008), oder Ring und Valarino (2006).

besitzen und nicht professionell medizinisch dokumentiert worden sind. Doch erneut sollte man nicht die betroffenen Menschen oder die Berichterstatter dafür kritisieren. Vielmehr steht wieder die etablierte medizinische Zunft in der Verantwortung, auf das Auftreten solcher Fälle vorbereitet zu sein und sie genau zu untersuchen. Mit einer einzigen Ausnahme ist dies bislang jedoch nicht geschehen. Ich schildere nun eine Zusammenfassung dieser Ausnahme, da sie vorbildlich dokumentiert worden ist und durch ihre hiermit gewährleistete Glaubhaftigkeit auch für die Glaubhaftigkeit von anderen Berichten einstehen mag. Der Fall ist außerdem noch in einer zweiten Hinsicht interessant. Nebst der merkwürdigen Heilung beinhaltet er ein sehr gut bezeugtes Beispiel der vielfach berichteten Erfahrung, dass Menschen in Todesnähe manchmal aus ihrem Körper herauszutreten scheinen und dann die Dinge, die um ihren physischen Körper herum stattfinden, wie von einer erhöhten Warte aus beobachten können. Der Fall wurde im Rahmen einer Studie beobachtet, in der verschiedene Aspekte von Nahtod-Erfahrungen sorgfältig untersucht worden sind. Unter anderem wurden Blutproben von den Patienten genommen, um diese auf ihren Gehalt an Kohlendioxid, Sauerstoff und halluzinationsfördernden Medikamenten zu untersuchen. Der jetzt folgende Bericht handelt von einem 60-jährigen Mann. Nach einer Notoperation aufgrund von Darmkrebs trat bei ihm eine Blutvergiftung ein, und lebenswichtige Organe versagten. Nach fünf Tagen hatte der Mann allerdings das Schlimmste überstanden, und seine Nieren arbeiteten wieder. Allerdings war er immer noch hochgradig geschwächt, und seine Atmung musste mittels einer Sauerstoffmaske unterstützt werden. Nachdem seine Physiotherapeutin und zwei Pflegerinnen dem Patienten in einen Stuhl geholfen hatten, um durch das Sitzen seinen Muskeltonus zu fördern, kollabierte er. Als er wieder ins Bett getragen wurde, war er ohnmächtig und reagierte weder auf Anreden noch auf schmerzhafte Stimuli. Er befand sich in einem äußerst kritischen Zustand und kam erst nach vier Stunden wieder voll zu sich. Sofort versuchte er aufgeregt, den Ärzten etwas mitzuteilen. Allerdings konnte er nicht sprechen, da er noch über den Mund beatmet wurde. Seine Physiotherapeutin reichte ihm eine Buchstabentafel, und er deutete bzw. buchstabierte mit seinen Fingern die folgende Nachricht: „Ich war tot und habe alles von oben beobachtet.“ Alle anwesenden Ärzte und Pfleger waren Zeugen dieser Momente. Daraufhin stellte Penny Sartori, die Leiterin der beschriebenen Studie, die Inhalte ihres Forschungsvorhabens vor. Der

Patient willigte ein, mitzuwirken und seine Erfahrung zu Protokoll zu geben. Später, als er wieder sprechen konnte, berichtete er:

> „Ich fühlte mich auf dem Stuhl außerordentlich schwach, und dann schien ich einfach nach oben zu schweben. Jeglicher Schmerz hatte aufgehört. Zuerst konnte ich kaum etwas erkennen, aber dann erkannte ich plötzlich meinen verstorbenen Vater, meine verstorbene Schwiegermutter sowie einen mir gänzlich unbekannten Mann mit langen dunklen und ungepflegten Haaren, die es nötig hatten, gekämmt zu werden. Ich redete mit meinem Vater, aber nicht durch meinen Mund, sondern durch meinen Geist. Ich war so glücklich! Als ich zurückschaute, konnte ich mich und die Ärzte sehen. Es war fantastisch. Ein Arzt hielt etwas vor meine Augen und sagte: ‚Da ist Leben in seinem Auge', oder so etwas Ähnliches. Ich konnte sehen, wie alle um mich herum in Panik waren, besonders die Physiotherapeutin, die ja darauf bestanden hatte, dass ich in dem Stuhl sitzen sollte. Sie versteckte sich hinter den Vorhängen, die um mein Bett hingen, und steckte immer wieder den Kopf hindurch, um zu sehen, wie es mir ging. Ich sah auch Penny, die einen langen rosafarbenen Gegenstand aus meinem Mund zog. Ich hatte keine Ahnung, was das war. Irgendwann sagte der Mann mit den schmuddeligen Haaren zu meinem Vater, dass ich wieder zurückgehen müsse, da ich noch nicht fertig sei. Ich fühlte, wie ich mich langsam wieder senkte. Ich schlüpfte wieder in meinen Körper und empfand fürchterliche Schmerzen – mehr Schmerzen, als ich jemals zuvor empfunden hatte."[166]

Dieses Erlebnis enthält einige bemerkenswerte Aspekte. Erstens entsprachen die Beobachtungen, die der Patient gemacht hatte, dem realen Geschehen. Es waren verschiedene Ärzte und Pfleger um ihn herum, und einer von ihnen leuchtete mit einer Lampe in seine Augen, um ihre Reaktionsfähigkeit zu testen. Der Arzt stellte eine leichte Reaktion der Pupillen fest und äußerte sich dahingehend zu den Anwesenden. Die ebenfalls anwesende Physiotherapeutin war tatsächlich in großer Sorge um den Patienten

166 Stark gekürzt und umformuliert nach Sartori (2008), S. 388-425 und Sartori, Badham und Fenwick (2006). In dieser Zusammenfassung habe ich die ursprüngliche Ichform beibehalten, obwohl ihr Wortlaut von demjenigen der ausführlichen Langfassung abweicht.

und schaute immer wieder zwischen Sichtschutz-Vorhängen hindurch, um nach dem Zustand des Mannes zu sehen. Der rosafarbene Gegenstand, den Penny Sartori ihm aus dem Mund zog, war ein medizinischer Schwamm. Während all dieser Geschehnisse wirkte der Patient nach außen hin tief bewusstlos und hatte die Augen geschlossen. Er wunderte sich weiterhin darüber, dass er nebst seinem Vater seine Schwiegermutter gesehen hatte und nicht seine verstorbene leibliche Mutter. Seine Schwiegermutter war bereits gestorben, bevor er seine Frau geheiratet hatte, und er konnte diese ihm zunächst unbekannte Frau erst *nachträglich* anhand von Fotografien identifizieren. Während der Nahtod-Erfahrung wusste er nicht, wer diese Frau war! Der Mann mit den ungepflegten Haaren war ihm ebenfalls nicht bekannt, aber er konnte ihn auch später nicht identifizieren. Der Patient bestand weiterhin nachdrücklich darauf, dass sich die Qualität dieser Erfahrung sehr deutlich von den Halluzinationen unterschieden habe, die er nach der Gabe von Morphium in den Tagen zuvor bereits erfahren hatte. In der aktuellen Blutprobe fanden sich auch keine Spuren von Medikamenten mehr, die Halluzinationen gefördert haben könnten.

Im nächsten Kapitel über Nahtod-Erfahrungen werde ich noch ausführlich auf manche der eben genannten Themen zurückkommen. Jetzt aber kommen wir zu dem im hiesigen Kontext wichtigsten Element dieser Nahtod-Erfahrung: Den bemerkenswerten körperlichen Veränderungen, die mit dem Patienten vorgegangen sind.

> Der Mann war mit einer frühkindlichen Gehirnschädigung mit dem Fachterminus „Infantile Zerebralparese“ geboren worden, so dass er zeitlebens rechtsseitig hinkte und seine rechte Hand dauerhaft spastisch gelähmt war. Sie war zu einer Faust gekrümmt und nach unten eingebogen. Er konnte diese Hand niemals öffnen. Aber als er nach der Nahtod-Erfahrung wieder zu sich gekommen war, konnte er es – zum ersten Mal seit sechzig Jahren! Der Patient kann diese Hand seit seiner Nahtod-Erfahrung ganz normal gebrauchen. Dass diese zuvor tatsächlich dauerhaft zusammengekrümmt war, bestätigten die Schwester des Patienten und ein Physiotherapeut, in dessen Behandlung der Mann über längere Zeit gewesen war. Dessen Aufzeichnungen aus dem Behandlungszeitraum wurden überprüft. Der Physiotherapeut war der Auffassung, dass sich die Hand ohne Operation an den Sehnen nor-

malerweise nicht hätte derart öffnen lassen können. Doch nicht nur dies: Auch der Gang des Mannes normalisierte sich, seine Fußgelenke schwollen nicht mehr wie zuvor an, und selbst seine Nieren, die vorher nicht richtig gearbeitet hatten, funktionierten jetzt perfekt.

Das heißt, dass im Gehirn des Mannes, aber auch in anderen Organen, wie den Sehnen des rechten Armes und den Nieren, offensichtlich eine rapide Umorganisation der vorhandenen Funktionsstrukturen stattgefunden haben muss – *und zwar während der scheinbaren Bewusstlosigkeit.* Dies ist nun wahrhaft erstaunlich, wenn man bedenkt, dass die „Plastizität" des Gehirns eben dann am besten zum Tragen kommen soll, wenn man beharrlich und mit konkreter Absicht an bestimmten zielgerichteten Aufgaben arbeitet, und dass bei diesem Mann selbst spezielle Physiotherapie zu keiner Besserung des nunmehr sechzig Jahre andauernden Zustandes seiner Hand geführt hatte. Wie aber kommt es, dass ein nach äußeren Maßstäben bewusstloser und fast toter Mensch außergewöhnlich intensive innere Erfahrungen durchlebt und dann auch noch mit einem umorganisierten Gehirn und mit dazu passenden gebrauchsfertigen Sehnen aufwacht? Der Mann muss nach schulmedizinischer Auffassung an Halluzinationen gelitten haben, aber er selbst bestritt nachdrücklich jegliche Ähnlichkeit seiner Erfahrung mit den ihm ebenfalls bekannten normalen Halluzinationen. Und wie sollten „Halluzinationen", erfahren in äußerster Todesnähe, zu einer spontanen Heilung von zeitlebens Bestand habenden Defekten seines Organismus geführt haben – obwohl das Thema der Heilung noch nicht einmal zu den Inhalten seiner Nahtod-Erfahrung gehört hatte?

In ihrer Studie berichtet Penny Sartori übrigens noch von einem zweiten erstaunlichen Fall, in dem ein Knochenbruch eines sehr schwer verletzten Mannes bereits verheilt war, als man sich anschickte, ihn diesbezüglich zu operieren. Diese beiden Fälle wurden im Rahmen einer einzigen Studie in einem einzigen Krankenhaus dokumentiert. Somit erscheint eines sehr wahrscheinlich: Schon wieder stehen wir vor einem faszinierenden Forschungsfeld, in dem hochinteressante Entdeckungen gemacht werden könnten.

Dies gilt auch für solche Nahtod-Erfahrungen, die in anderen Kulturkreisen als dem westlichen erlebt werden; denn obwohl sich die grundlegenden Muster dieser Erfahrungen sehr ähneln, gibt es offenbar auch Unterschiede im Detail. Nach allem, was wir bislang wissen, ist es zum Beispiel in Nahtod-Erfahrungen von Asiaten aus ländlichen Gegenden üblich, kulturspezifische Wesenheiten wie die „Todesbotschafter" zu sehen, die den vermeintlich Gestorbenen zum Todesgott Yama in die Unterwelt führen. Dieser soll dann über das Leben der frisch im Jenseits angekommenen Menschen richten. Von dort werden sie jedoch ähnlich, wie westliche Nahtod-Erfahrende, wieder ins Leben zurückgeschickt. Oftmals sind asiatische Nahtod-Erfahrungen, die von der ländlichen Bevölkerung erlebt worden sind, weder beglückend noch schön. Sie sind überwiegend mit Schrecken, Kämpfen und Ängsten verbunden. Es ist nun erstaunlich, dass diese Kämpfe offensichtlich Spuren an den Körpern der wiederbelebten Menschen zurücklassen. In vier Untersuchungen, die in Indien durchgeführt worden sind, berichteten sage und schreibe zwischen 25% und 47% der Menschen mit Nahtod-Erfahrungen, dass sie körperliche Male, Rötungen und Ähnliches von ihrem Erlebnis zurückbehalten haben.[167] Üblicherweise wird die Verursachung dieser Male den verschiedenen Wesenheiten der dort angenommenen Nachwelt zugeschrieben, wie dem Todesgott Yama und seinen Gehilfen, die den scheinbar Gestorbenen im Jenseits berührt oder auch verletzt haben sollen. Zwei Beispiele aus Indien sollen dieses kuriose und im Westen wenig bekannte Element von asiatischen Nahtod-Erfahrungen verdeutlichen.

> Mangal Singh, ein Mann im Alter von neunundsiebzig Jahren, fand sich etwa fünf Jahre vor seiner Befragung unvermittelt in einer Art jenseitigen Welt wieder, von wo er jedoch zurückgeschickt wurde. Ein Mann schob ihn mit einer Hand, die sich sehr heiß anfühlte, regelrecht vorwärts. Er berührte ihn dabei am linken Arm. Als Singh wieder in seinem physischen Körper zu sich kam, empfand er einen stark brennenden Schmerz an dieser Stelle. Es bildete sich sogar eine Brandwunde dort aus. Ein Arzt pflegte die Wunde mit einer Salbe, und nach drei Tagen war sie verheilt. Doch blieb eine sichtbare Narbe zurück.[168]

> Durga Jatav war fünfzig Jahre alt, als er von seiner Nahtod-Erfahrung berichtete, die er dreißig Jahre zuvor erlebt hatte. Nach einer langen

167 Pasricha (1993, 1995, 2008); Pasricha & Stevenson (1986).
168 Pasricha und Stevenson (1986).

Krankheit verlor er das Bewusstsein, und sein Körper erkaltete. Seine Familie hielt ihn für tot. Nach drei Tagen kam er jedoch wieder zu sich. Er berichtete, dass er nach seinem Tod von einigen Personen an einen Platz geführt worden war, von wo er zu flüchten versuchte. Daraufhin schnitten diese Personen kurzerhand seine Beine in Höhe der Knie ab, um ihn an der Flucht zu hindern. Plötzlich stellten sie fest, dass er nicht an diesen Ort gehörte und schickten ihn wieder zurück. Dazu befestigten sie seine Unterschenkel wiederum an den Knien. Wenige Tage, nachdem Durga Jatav wieder bei Bewusstsein war, stellten seine Schwester und ein Nachbar fest, dass sich an seinen Knien tiefe Hautfalten und Zerklüftungen gebildet hatten. Jatav empfand allerdings keine Schmerzen in den Knien. Die merkwürdigen Falten an den Knien waren nach dreißig Jahren immer noch sehr gut sichtbar. Röntgenaufnahmen zeigten jedoch keine Anomalien der tieferen Gewebeschichten und Knochen.[169]

Möglicherweise sind die oben berichteten ungewöhnlichen körperlichen Veränderungsprozesse in Todesnähe auch mit solchen Fällen verwandt, worin die Gehirne von scheintoten Menschen für derart lange Zeit von jeglicher Sauerstoffversorgung abgeschnitten waren, dass man für den Fall des Wiederauflebens mit massiven Gehirnschädigungen und entsprechenden geistigen Beeinträchtigungen gerechnet hatte – wobei aber der wiedergenesene Patient zur allgemeinen Überraschung geistig vollkommen normal geblieben war.[170]

Verschiedene andere ungewöhnliche körperliche Veränderungen

Die in den letzten beiden Abschnitten angeführten Beispiele für ungewöhnliche körperliche Veränderungen waren stets mit außergewöhnlich intensiven Bewusstseinszuständen assoziiert, wie sie Erfahrungen in To-

169 Pasricha und Stevenson (1986). Eine Fotografie der Beine von Durga Jatav ist in Stevenson (1997, S. 78) abgebildet. Die ungewöhnlichen und tiefen Hautfalten sind sehr gut erkennbar.

170 In der Literatur über Nahtod-Erfahrungen finden sich einige solche Beispiele (z.B. Roud, 1990).

desnähe mit sich bringen. Allerdings treten veränderte Bewusstseinszustände nicht nur in Todesnähe auf. Tatsächlich erstreckt sich von hier eine ununterbrochene Kette von Bewusstseinszuständen, die ebenfalls von rätselhaften körperlichen Veränderungen begleitet sind, bis in die „Normalzustände“ hinein, wo offenbar nur noch der Glaube, dass eine bestimmte körperlich Reaktion eintreten muss, der entscheidende Auslöser dafür ist, dass sie tatsächlich auch eintritt. Die bereits erwähnten Placebo-Effekte und die Fälle von scheinbar durch Voodoo verursachten Tod haben dies bereits verdeutlicht.

In diesem Abschnitt möchte ich einige weitere Beispiele von ungewöhnlichen körperlichen Veränderungen beleuchten, beginnend mit sogenannten Wunderheilungen, wie denjenigen in Lourdes, die möglicherweise einen gewissen Bezug zu denjenigen Phänomenen haben, die in Todesnähe auftreten. Wie alle ungewöhnlichen Phänomene, werden diese Heilungen natürlich kritisch diskutiert. Aber wer sich einen umfassenden Überblick über die Literatur verschafft hat, wird kaum daran zweifeln können, dass in etlichen wohldokumentierten Fällen eine spontane und sehr bemerkenswerte Umorganisation in menschlichen Organismen stattgefunden hat. Ob es sich hierbei nun um „Wunder“ im religiösen Sinn handelt, steht auf einem gänzlich anderen Blatt. Es ist jedenfalls interessant zu erfahren, dass viele der solcherart Geheilten im Moment ihrer Heilung einen plötzlichen sehr schmerzhaften Schock erlitten haben, der oftmals mit dem Gefühl, sterben zu müssen, verbunden war. Manchmal trat sogar eine längere Ohnmacht auf.[171] Manche schienen dabei geradezu entrückt gewesen zu sein und besaßen kein Bewusstsein davon, was in ihrer Umgebung vor sich gegangen war. Sie fühlten sich wie von fremden Kräften fortbewegt, manchmal wie schwebend.[172] Solche dramatischen Heilungen mögen wiederum mit den auch in der Schulmedizin bekannten Spontanheilungen oder „spontanen Remissionen“ verwandt sein, wobei große und weit fortgeschrittene Krebsgeschwüre sich auf bislang unbekannte Weise von selbst verflüchtigen, manchmal binnen kürzester Zeit.[173]

Die körperlichen Veränderungen, die von Nahtod-Erfahrungen ausge-

171 Gerloff (1959).
172 Cranston (1988).
173 Eine gute Einführung in die Thematik bieten Hirshberg und Barasch (1995).

hen, scheinen weiterhin Verwandtschaft zu solchen Veränderungen zu besitzen, die auf ungewöhnlich intensive Träume zurückgehen und die den dort erlebten Trauminhalten entsprechen. Die Literatur über „Wunderheilungen" enthält einige derartige Fälle. So kann beispielsweise ein Heiliger im Traum erscheinen, die Heilung veranlassen – und sie tritt tatsächlich ein.[174] Entgegengesetzt dazu kann der Heilige auch das Verhalten des Träumers rügen und ihn berühren, und ähnlich wie bei den asiatischen Nahtod-Erfahrungen zeigt sich sodann ein mit der Berührung korrespondierendes Mal auf dem Körper.[175] Doch auch ganz triviale Sachverhalte, wie z.B. eine in einem „luziden" Traum auf dem Arm ausgedrückte Zigarette, können an der entsprechenden Körperstelle offenbar ein Brandmal erzeugen.[176] Unter luziden Träumen versteht man solche Träume, in denen der Träumende sich im Klaren darüber ist, dass er gerade träumt. Er weiß im Idealfall, dass sein eigentlicher Körper im Bett liegt und schläft, während er das gerade ablaufende Traumgeschehen als nicht real erkennt. Oft kann er dieses gezielt beeinflussen, besonders natürlich das eigene Verhalten. Während es sicher die Regel ist, dass Heilungsversuche, die in luziden Träumen angestrebt werden, nicht zum Erfolg führen, so scheint es dennoch hin und wieder vorzukommen, dass die Krankheitssymptome tatsächlich reduziert werden oder manchmal auch ganz verschwinden. Beispielsweise berichtete eine Frau, die seit Monaten mit Visualisierungsübungen erfolglos versucht hatte, etliche schmerzhafte Warzen an ihren Fußsohlen zum Verschwinden zu bringen, dass sie nach einem luziden Traum schließlich Erfolg hatte:

> Die Träumerin befand sich in einem Museum, als sie bemerkte, dass sie dies nur träumte. Sie setzte sich nieder und stellte sich vor, dass ihre Hände von Licht umhüllt würden. Dies geschah. Mit diesen lichtumfluteten Händen erfasste sie dann ihre Füße, um sie zu heilen. Das Licht wanderte in die Füße hinein, bis diese von innen golden erglühten. Am Morgen war sie erstaunt, dass das Laufen sie nicht schmerzte. Als sie nach den Warzen schaute, stellte sie verblüfft fest, dass alle schwarz geworden waren. Binnen zehn Tagen waren alle abgefallen.[177]

174 Duffin (2009).
175 Stevenson (1997), S. 77f.
176 Waggoner (2009), S. 155.
177 Waggoner (2009), S. 160.

Robert Waggoner, selbst ein erfahrener luzider Träumer, führt in diesem Zusammenhang an, dass unter (tibetischen?) Buddhisten diejenigen Suggestionen, die in luziden Träumen gemacht werden, als neun Mal effektiver gelten als solche, die im normalen Wachzustand gemacht werden.[178] Doch obwohl es mittlerweile schon einige Untersuchungen zu luziden Träumen gibt, ist mir nicht bekannt, dass diese Facette von ihnen bislang untersucht worden wäre – genauso wenig wie die fast noch unglaublichere Behauptung von einzelnen luziden Träumern, sich in Träumen zu treffen und gemeinsam zu träumen![179]

Mit der Erwähnung von Suggestionen haben wir bereits den Boden eines äußerst faszinierenden Phänomens betreten: Der Hypnose und ihren Auswirkungen auf Geist und Körper. Hier wird sofort klar, dass solche Suggestionen, die nicht über das Wachbewusstsein ausgeübt werden, sondern über den Hypnose-Zustand, um ein Vielfaches effektiver wirken. Als generelle Regel scheint hierbei zu gelten: Je tiefer der Hypnose-Zustand ist, umso effektiver ist die Umsetzung der Suggestion. Die Literatur zu ungewöhnlichen Phänomenen unter Hypnose ist so umfangreich, auch hinsichtlich körperlicher Auswirkungen, dass ich hier kaum mehr als Schlagworte geben kann.[180] Auch wenn es nur wenig bekannt sein dürfte, sind zahlreiche sehr beachtliche suggestiv-hypnotische Auswirkungen auf Wundheilungen, Warzen und viele andere körperliche Phänomene in der medizinischen Literatur beschrieben worden. Es sind sogar mindestens fünf Publikationen in der medizinischen Fachliteratur erschienen, wonach mittels hypnotischer Suggestion Brustvergrößerungen bewirkt worden sind. In einem weiteren Beispiel hat ein langjähriger Hypnose-Therapeut sogar von einem erfolgreichen Experiment gegenüber skeptischen Ärzten berichtet, wobei (mit Einwilligung der Probandin) zunächst nur die Vergrößerung von einer Brust bewirkt worden ist, um die andere erst später auf das gleiche Niveau anwachsen zu lassen.[181]

178 Waggoner (2009), S. 61.

179 Magallón (1997), Wagoner (2009). Dass gemeinsames Träumen möglich ist, wird übrigens auch in vielen mystischen Traditionen behauptet, und zwar besonders in der Beziehung zwischen dem Lehrer und seinen Schülern.

180 Für eine wichtige Zusammenstellung von Studien und deren Quellenangaben siehe u.a. E.W. Kelly (2007).

181 Tepperwein (2000), S. 246. Literaturangaben für die anderen Studien finden sich u.a. in Murphy (1992, S. 654).

Zu den eher trivialen und bekannteren körperlichen Phänomenen, die unter Hypnose erzielt werden können, zählen suggestiv ausgelöste Brandblasen und ähnliche Wunden auf der Haut. Man schätzt, dass insgesamt mehrere Hundert solcher Beobachtungen beschrieben worden sind.[182] Die Erzeugung von diesen Phänomenen funktioniert im Wesentlichen so: Man suggeriert einer geeigneten hypnotisierten Person, es werde ein sehr heißer Gegenstand auf die Haut gelegt. Dann wird sie entweder sofort oder erst nach einer Weile für Brandwunden typische Hautrötungen oder sogar Brandblasen entwickeln. Und zwar in der Regel dort, wo der eigentlich zimmertemperierte Gegenstand aufgelegt worden ist. In manchen ähnlichen Experimenten braucht die Haut noch nicht einmal berührt zu werden, trotzdem bilden sich entsprechende Male aus. Auch sogenannte Stigmata, die Wundmale Christi, die manchmal von besonders religiös veranlagten Menschen auf ihren Körpern ausgebildet werden, sind experimentell unter Hypnose erzeugt worden. Dies ist dem Internisten und Nervenarzt Alfred Lecher gelungen. Seinerzeit war er der leitende Arzt an einem Sanatorium im Harz; von 1933 bis zum Jahr 1956 bekleidete er das Amt des Chefarztes der heutigen Klinik für Psychiatrie, Psychotherapie und Psychosomatik „Hohe Mark" in Oberursel bei Frankfurt. Lechler beschreibt in einem kurzen, aber sehr bemerkenswerten Buch den Hergang der hypnotisch-suggestiven Experimente, die bei einer offenbar außergewöhnlich suggestiblen Frau zur Bildung der Stigmata geführt haben. Die Person stand bei den späteren Versuchen unter ununterbrochener Beobachtung, sie konnte sich also die Wunden nicht heimlich selbst zugefügt haben. Nachdem die Suggestionen erteilt worden waren, konnte die kontinuierlich erfolgende Ausbildung der Wundmale von ersten Hautrötungen und Anschwellungen bis hin zum Aufreißen der Haut und dem Austreten von Blut innerhalb von wenigen Stunden direkt beobachtet werden. Lechler vermutete im Anschluss an diese Experimente, dass Stigmata keineswegs als religiöse „Wunder" angesehen werden sollten, sondern dass sie, genau wie die Brandblasen, schlichtweg auf (unbewusste) Suggestionen zurückzuführen seien.[183] Dieser Sachverhalt ist äußert erstaunlich, denn normalerweise

182 Wichtige Literaturangaben finden sich u.a. in Murphy (1992) und E.W. Kelly (2007).

183 Lechler (1933). Lechler hat auch Fotografien der verschiedenen Wundmale in seinem Buch abgebildet. Für weitere Literatur über Stigmata aus medizinischen Kreisen siehe besonders E.W. Kelly (2007). Generelle Einführungen in die Thematik der Stigmatisation geben z.B. Biot (1957) und Hesemann (2006).

werden Blasen und andere Wunden ausschließlich durch Verletzungen von Zellen und Zellgeweben ausgelöst. Dies ist hier jedoch nicht der Fall. Man hat bis heute nicht die geringste Erklärung dafür, wie eine lediglich über das Gehör wahrgenommene Suggestion im Gehirn dahingehend verarbeitet wird, dass an einer exakt umrissenen Hautstelle tatsächlich die suggerierte Gewebeveränderung entsteht, und dass allem Anschein nach der betroffene Zellverband dabei auch noch wie bei echten (Brand-) Wunden geschädigt wird.

Dazu kommt, dass der menschliche Geist nicht nur gesundes Gewebe vermittels Suggestionen in Brandverletzungen und Ähnliches überführen kann, sondern auch umgekehrt missgebildetes Gewebe zum Positiven beeinflussen kann. Klassische Beispiele hierfür liefert die erfolgreiche suggestive Behandlung von Warzen.[184] Unter Hypnose ist dies mit am eindrücklichsten dort gezeigt worden, wo Krankheiten, die als unheilbar und therapieresistent gegolten haben, umfassend und dauerhaft gelindert worden sind. Dies ist in Einzelfällen sogar dort gelungen, wo die Krankheit aufgrund genetischer Defekte von Geburt an bestanden hat.

> Ein spektakuläres Beispiel, dass seinerzeit sehr viel Aufsehen erregt hat, betrifft einen Teenager, der mittels Hypnose zu großen Teilen von den Auswirkungen der sogenannten „Fischschuppen-Krankheit" befreit worden ist. Dabei handelt es sich um eine unheilbare Erbkrankheit, die zu flächendeckenden Verhärtungen der Haut führt. Diese hornartige Hautverhärtung kann Ausmaße annehmen, die jede noch so geringe Bewegung zur Qual werden lassen. Ein normales Leben ist unter diesen Umständen unmöglich. Dies war bei dem Teenager vor den Hypnose-Sitzungen der Fall.[185]

Auch hier stellen sich die Fragen: Wie ist eine solche Einwirkung auf den Körper überhaupt möglich? Wo genau setzt die Suggestion an? Welche Stoffwechselwege modifiziert sie auf welche Weise? Ähnlich rätselhaft verhält es sich mit allergischen Hautreaktionen, die unter Hypnose gezielt an- und abgeschaltet werden können. Man kann sogar die Reaktion auf

184 E.W. Kelly (2007).
185 Mason (1952). Beispiele für weitere ähnliche Fälle sind wieder in E.W. Kelly (2007) angegeben.

eine allergieauslösende Substanz auf einem Arm auftreten lassen, auf dem anderen aber unterbinden.[186] Doch wie kann das möglich sein? Auf dem einen Arm dringen Moleküle der Substanz *X* in die Haut ein und treffen dabei auf bestimmte Moleküle *Y* des menschlichen Körpers, die *X* als einen problematischen Eindringling erkennen. Über eine nachgeschaltete Kette von biochemischen Reaktionen wird sodann die allergische Überreaktion des Körpers ausgelöst. Auf dem anderen Arm dringt *X* ebenfalls in die Haut ein, trifft dort auf exakt die gleichen Moleküle *Y* des gleichen Körpers – doch nichts geschieht! Man kann Menschen auch suggerieren, dass eine an sich harmlose Substanz allergisch wirkt. Hier dringt die harmlose Substanz *Z* in die Haut ein und wird plötzlich von denjenigen Molekülen, die sie zeitlebens als harmlos erkannt haben, plötzlich als gefährlicher Eindringling eingestuft! Aber wie ist dies wiederum möglich? Auf welcher Ebene der biochemischen Reaktionsprozesse wird die geistige Suggestion umgesetzt, und wie wird das Verhalten der einzelnen Biomoleküle untereinander beeinflusst? Ernst zu nehmende Erklärungsversuche sind in der medizinischen Literatur – man ahnt es schon – eine komplette Fehlanzeige. Dabei wären, außer aus therapeutischen Gründen, vertiefte Untersuchungen zur Hypnose alleine schon von einem rein theoretischen Gesichtspunkt aus interessant, um das Zusammenspiel zwischen Geist und Körper zu erhellen. Doch leider liegt die Hypnose-Forschung, wie so viele andere interessante Forschungsbereiche, derzeit so gut wie brach.

In ganz ähnlicher Form wie bei der Hypnose bestehen die eben erwähnten Fragen auch im Bereich der Psychiatrie, und zwar besonders bei Menschen mit einer „multiplen Persönlichkeitsstörung“, die heutzutage „dissoziative Identitätsstörung“ (DIS) genannt wird. Die Persönlichkeit der betroffenen Menschen ist hier in verschiedene Teilpersönlichkeiten aufgespalten, die abwechselnd die Kontrolle über das Verhalten des Menschen übernehmen und sehr unterschiedliche Charaktere besitzen. An die Äußerungen und Handlungen der verschiedenen Teilpersönlichkeiten können sich die jeweils anderen Teilpersönlichkeiten meistens nicht erinnern, der Zugang zu diesen Teilen des Gedächtnisses ist blockiert. Doch nicht nur die Charaktere und Erinnerungen der verschiedenen Teilpersönlichkeiten unterscheiden sich stark voneinander, sondern manchmal auch deren

186 E.W. Kelly (2007).

körperliche Eigenschaften! Solche Unterschiede sind laut einem Kenner der Materie bereits an „praktisch jedem Körperorgan“ beobachtet worden.[187] Dazu zählen verschiedene Sehstärken von verschiedenen Teilpersönlichkeiten (die dann verschiedene Brillen benutzen müssten, um immer scharf zu sehen), und vor allem auch verschiedene Allergien gegenüber Kleidungsstoffen, Tierhaaren, Nahrungsmitteln und so fort. Bei etwa 26% aller DIS-Patienten zeigen gewisse Teilpersönlichkeiten allergische Reaktionen, die andere Teilpersönlichkeiten nicht zeigen. Wird zum Beispiel eine Zitrusfrucht von einer nicht-allergischen Teilpersönlichkeit gegessen, bilden sich natürlich auch keine allergischen Symptome aus. Wird diese Teilpersönlichkeit nun aber von einer anderen Teilpersönlichkeit abgelöst, die allergisch auf Zitrusfrüchte reagiert, so bilden sich jetzt im gleichen Körper die typischen Reaktionssymptome aus (natürlich nur, solange die Frucht noch nicht verdaut ist). Wechselt die Persönlichkeit wieder zurück, verschwinden alle Symptome wieder! Auch wie diese merkwürdigen Reaktionen zustande kommen, ist bislang ein Buch mit sieben Siegeln.

Dies gilt ebenso für gezielt herbeigeführte Körperveränderungen aus dem ganz normalen Wachbewusstsein heraus, die normalerweise nicht der bewussten Kontrolle unterworfen sind. So gibt es einige Fallberichte in der Literatur, wonach manche Menschen gezielt die Körpertemperatur ihrer Hand erhöhen oder verringern konnten, einfach in dem sie sich z.B. vorstellten, die Hand in einen Ofen oder in kaltes Wasser zu halten. Andere konnten willentlich den Schlag ihres Herzens beschleunigen und verlangsamen. Besonders frappierend sind Untersuchungen, wobei die wachbewusste Versuchsperson Olga Kahl geometrische Formen oder Buchstaben auf einer vorher definierten Hautstelle auf rein suggestivem Weg erzeugen konnte; oder wobei sich auf der Haut des wachbewussten Mädchens Eleonora Zugun binnen Sekunden spontane Schwielen und Striemen an von ihr bezeichneten Stellen ausgebildet haben – direkt unter den Augen von kritischen Beobachtern.[188]

---

187 Coons (1988), S. 47.

188 Die verschiedenen Untersuchungen, die mit Olga Kahl durchgeführt worden sind, beschreibt u.a. Stevenson (1997), S. 94-103; siehe auch E.W. Kelly (2007). Über Eleonora Zugun existiert eine reichhaltige Literatur. Die Ausbildung der Striemen wurde sogar in einem klassischen Filmdokument der Münchner EMELKA-Filmgesellschaft festgehalten. Man findet den Film im Internet bei entsprechender Eingabe von Suchwörtern.

All diese Leistungen erinnern an die Fähigkeiten der asiatischen Yogis, die es gerade hinsichtlich gezielter Änderungen der Körpertemperatur und der Herzschlagfrequenz zu erstaunlichen Leistungen gebracht haben.[189] Auch Carl Ludwig Schleich sah einen Zusammenhang zwischen den östlichen Lehren und den zahlreichen Beobachtungen von körperlichen Auswirkungen von fixen Ideen, die er als behandelnder Arzt im Kontext der früher so genannten „Hysterie" gemacht hat. Er unterschied dabei zwei Arten der Umgestaltung des eigenen Körpers. Zu der einen Art rechnet er Fälle, wo

> „durch Vorstellungseinwirkung etwas Positives, Gewebsveränderndes, Formumwandelndes oder Formabschaffendes vor sich geht. Wo also eine produktive … Gewebsumbildung statthat." Zu der anderen Art rechnet er Fälle, „wo krankhafte Zustände imitiert werden mit einem Symptomenkomplex, von welchem der Kranke keinerlei Kenntnis haben konnte, den er aber doch haarscharf, völlig identisch mit dem des realen Krankheitsbildes reproduziert."[190]

Schleich beschrieb sodann zahlreiche Beispiele aus seinem eigenen Erfahrungsschatz. Dazu zählten eine Frau, die aufgrund der Vorstellung, eine Biene würde sie ins Auge stechen, unter großem Jammern eine hühnereigroße rote und schmerzhafte Geschwulst am unteren Augenlid entwickelte; zwei Frauen, die auf Kommando ihre Brustwarzen bluten lassen konnten; eine Frau, die auf Verlangen und in wiederholten Experimenten innerhalb von zehn bis fünfzehn Minuten bis zu 42°C Körpertemperatur entwickeln konnte; eine Frau, bei der sich eine derart vollendete Scheinschwangerschaft ausgebildet hatte, dass sogar bis in den neunten Monat hinein vermeintliche Herztöne des Fötus gehört werden konnten; ein Mann, dessen Wundstarrkrämpfe sich als rein psychisch bedingt herausstellten; und sogar ein Mann, der aufgrund der Überzeugung, an einer eingebildeten Blutvergiftung sterben zu müssen, tatsächlich starb. Schleich kommentierte:

> „Hier greift eine Vorstellung, also etwas durchaus Geistiges, eine Idee mit einer unverkennbaren Gespensterhand durch die Gefüge der Hem-

---

189 Einige interessante Literatur wieder bei E.W. Kelly (2007). Siehe auch mein vorheriges Buch (Nahm, 2007).

190 Schleich (1916), S. 256.

mungen in die Gewebe ein und schafft etwas, modelt, lässt Materie werden. Der Gedanke bricht in die Gehege der Gewebe gewaltsam ein und schafft mit unmittelbarer Geisterhand ein Wirrwarr der Bildungen. Wir sehen hier beinahe in das Wunder der Welt, wir schauen dem Beweis ins Auge, dass tatsächlich die Idee plastisch sein kann, dass ein [formschaffender Impuls] am Spinnrad der Lebensteppiche wirkt, wir ahnen, dass Platons Glaube, im Anfang war die Idee, sie schuf den Stoff, ... nur Variationen derselben Gewissheit sind, dass [der] Gedanke Formen zum Leben wecken kann!“[191]

Er schrieb dazu nicht ohne Augenzwinkern:

„Und so ist mir dann diese Seite der Hysterie zu einem Erkenntnisblatte geworden, auf dem geschrieben steht: ‚Fast allmächtig ist die Idee!‘ und aus dem ich mit Genugtuung die Bestätigung der alten indischen und philosophischen Gedanken lese, dass nichts entstanden sein kann, was nicht zuvor gedacht war, dass nichts in der sinnlichen Welt ist, was nicht vorher in der schöpferischen Vernunft war. Wenn man einen blasphemischen Scherz machen wollte, könnte man sagen: Danach könnte die Welt ein hysterischer Anfall Gottes sein!“[192]

Das plötzliche Weißwerden der Haare

Zum Abschluss dieses Kapitels über ungewöhnliche körperliche Veränderungen möchte ich mich noch kurz einem besonders erstaunlichen und geradezu unglaublichen Phänomen widmen: Dem plötzlichen Weißwerden der Kopfbehaarung. In allgemeiner Form dürfte jeder bereits einmal die merkwürdige Anekdote gehört haben, dass einem Menschen, der sehr große Sorgen und Ängste auszustehen hatte, die Haare weiß oder zumindest grau geworden sein sollen. Derartige Berichte existieren zu Hauf. Man findet sie seit Jahrhunderten. Eines der prominentesten Beispiele dürfte die französische Königin Marie Antoinette (1755-1793) sein, die in der Nacht vor ihrer Hinrichtung weiße Haare bekommen haben soll.[193] Auch

191 Schleich (1916), S. 262f.
192 Schleich (1916), S. 268.
193 Zahlreiche anekdotische Beispiele finden sich in Anonymus (1911), Barlag und

in der Literatur wurde dieses Thema vielfach verarbeitet. Beispielsweise hat Edgar Allen Poe ein solches Ereignis auf die erste Seite seiner Erzählung über den „Maelström“ gesetzt. Auch Gotthilf von Schubert schrieb bereits, dass das „Grauwerden der Haare“ vielfach in „der Stunde des letzten Kampfes“ bemerkt worden ist.[194] Tatsächlich beziehen sich manche ältere Berichte auf die Zeit unmittelbar vor einer Hinrichtung. Ich bin auch bei einer Recherche im Internet auf Berichte gestoßen, wonach Familienmitglieder, die mit dem Tode gerungen haben oder denen schwierige Operationen bevorgestanden haben, zumindest teilweise weiße Haare bekommen haben sollen. Doch mir wurde auch aus nächstem persönlichen Umfeld ein Fall von plötzlichem Weißwerden der Haare zugetragen. Ein Bekannter hat mir Folgendes über seine Großmutter berichtet:

> „Meine Großmutter bekam über Nacht schlohweißes Haar, nachdem sie im Jahr 1943 die Nachricht erhalten hatte, dass ein Sohn von ihr an der Ostfront gefallen war. Es war bereits der dritte Sohn, den sie binnen kurzer Zeit im Krieg verloren hatte. Die neuerliche Nachricht, schon wieder ein Kind verloren zu haben, traf sie sehr schwer. Sie verbrachte eine schlimme schlaflose Nacht. Als sie am Morgen zum Frühstücken in die Stube trat, war ihr Haar schlohweiß. Mein Vater, der damals zehn Jahre alt war, erkannte seine Mutter zunächst nicht, so verändert sah sie aus. Meine Oma war zu der Zeit erst vierundvierzig oder fünfundvierzig Jahre alt und hatte zuvor volles braunes Haar gehabt. Es gibt noch Fotografien von ihr aus dieser Zeit, die sie mit braunen Haaren zeigen. Sie schloss sich Anfang 1945 dem Flüchtlingsstrom über das zugefrorene Kurische Haff an und wurde nie wieder gesehen. Vermutlich ist sie, wie so viele andere auch, auf dem Haff umgekommen. Der Vorfall mit ihrem Haar wurde in der Familie noch viel diskutiert, auch mein Vater hat mir öfters davon berichtet. Gerne tat er es allerdings nicht, denn diese Zeit war natürlich auch für ihn außerordentlich belastend. Für mich steht jedenfalls außer Zweifel, dass es das plötzliche Weißwerden der Haare gibt.“[195]

Ruzicka (1995) oder Jelinek (1972). Für Fallübersichten aus speziell dem medizinischen Kontext siehe Ephraim (1959), Menninger-Lerchenthal (1955) oder Stevenson (1997), S. 1725-1738.

194 von Schubert (1850), Band 1, S. 441 und 464.

195 Der Berichterstatter ist der Vater einer sehr guten Bekannten von mir.

Einige ähnliche Fälle sind sogar in der medizinischen Fachliteratur beschrieben. Ein sehr gut dokumentiertes Beispiel, einen der erstaunlichsten Fälle überhaupt, möchte ich hier zusammenfassen. Der Berichterstatter ist der damalige Direktor der Medizinischen Universitätsklinik in Frankfurt am Main, Prof. Dr. Ferdinand Hoff.

> Ein 40-jähriger Bergarbeiter mit vollem dunkelblonden Haar fühlte sich plötzlich schlecht und erkrankte an einer mysteriösen Krankheit, die vielleicht der Beginn einer Art Gehirnhautentzündung gewesen war. Noch am selben Tag ereignete sich ein Grubenunglück, und der Mann musste die Bergungsmaßnahmen eines Arbeiters aus der Mine leiten. Eine halbe Stunde nach der erfolgreichen Bergung des Kameraden nahmen seine Beschwerden stark zu, und er brach ohnmächtig zusammen. Nach einer weiteren halben Stunde kam er wieder zu sich, aber er fühlte sich weiterhin sehr schlecht und musste nach Hause gebracht werden. In der Nacht hatte er Fieber und war sehr durstig. Er bat seine Frau, ihm etwas zum Trinken zu bringen. Als sie wiederkehrte und das Licht anschaltete, ließ sie vor Schreck das Glas fallen und rief „Du bist ja ganz weiß!" Darauf fuhr ihr Mann sich mit der Hand durch die Haare, wobei büschelweise dunkle Haare zwischen den Fingern hängen blieben. Der verbliebene Teil der Haare war schneeweiß geworden. Doch dies war nicht alles. Denn auch die Haut des Mannes, ehemals bräunlich und dunkler als bei den meisten Menschen, war sehr hell geworden. Am nächsten Tag wurde er in das Knappschafts-Krankenhaus in Essen-Steele eingewiesen, wo er einige Tage in stationärer Behandlung verbrachte. Im Verlauf von drei Tagen wurden dort seine Augenbrauen und Wimpern ebenfalls weiß; alsbald folgte die gesamte Körperbehaarung nach. Selbst die Iriden seiner Augen färbten sich von ehemals braun zu einem hellen Blaugrau um. Das Kopfhaar wuchs zwar im Lauf der Wochen wieder nach und wurde wieder dichter, aber alle nachwachsenden Haare waren genau wie die noch verbliebenen Haare schneeweiß. Eine Untersuchung seiner Haare an der Frankfurter Universitäts-Hautklinik ergab einen völligen Pigmentmangel, während selbst bei den weißen Haaren älterer Menschen in der Regel noch Reste von Pigmenten zu finden sind. Hoff spricht daher von einem *akuten totalen Pigmentverlust der Haare und der Haut*. Es hatte also ein kompletter Abbau der Pigmentierung stattgefunden, sowohl in dem lebendigen Hautgewebe

> als auch in der Hornsubstanz der leblosen Haare. Ein Großteil dieser Veränderung hatte offenbar „über Nacht“ stattgefunden, und auch die drei Tage danach abgeschlossene Entfärbung der Augenbrauen und der Wimpern ist so verblüffend, dass Hoff bereitwillig einräumt, keine Erklärung dafür zu haben. Er fügte auch Vorher-Nachher-Bilder des Mannes in seine Publikation ein – ein sehr eindrücklicher Anblick.[196]

Obwohl also das Vorhandensein dieser Fälle auch von Medizinern bestätigt worden ist, fehlt bislang eine überzeugende Erklärung für die plötzliche Umfärbung der Haare. Die am häufigsten vorgebrachte Erklärungsvariante besagt, dass die weißen Haare schon vorher auf dem Kopf vorhanden waren. Der Schreck soll dann dazu geführt haben, dass die dunklen Haare ausgefallen sind und nur die weißen übrigblieben. Es hätte demnach keine Umfärbung stattgefunden, sondern bloß ein selektiver Haarausfall. Tatsächlich wäre es möglich, dass zumindest ein Teil der beschriebenen Fälle auf diese Weise zu erklären sein könne (obwohl damit natürlich noch lange nicht „erklärt“ wäre, gemäß welcher biochemischer Vorgänge sich die Haarwurzeln der dunklen Haare plötzlich verändern und diese Haare über Nacht ausfallen lassen). Auf viele Fälle kann diese Hypothese jedoch kaum angewendet werden. Mein Bekannter, der das Weißwerden der Haare seiner Großmutter geschildert hat, wies mich besonders darauf hin, dass in der Familie von einem Haarausfall nie die Rede gewesen ist. Ihre Haare sollen sich umgefärbt haben, ohne dass dunkle Haare ausgefallen sind. Bei dem Patienten von Hoff scheinen zwar viele Haare ausgefallen zu sein, aber die verbliebenen Haare inklusive der Augenbrauen und Wimpern sollen sich definitiv umgefärbt haben. Sollte der Mann zuvor schon etliche weiße Wimpern- und Augenbrauenhaare besessen haben und nur die dunklen verloren haben, wäre dies im Essener Krankenhaus sicher nicht verborgen geblieben. Es existierten sogar Fallberichte, wonach das Ergrauen der Haare von den Anwesenden direkt beobachtet worden sein soll:

> Ein Deserteur der indischen Armee wurde gefangengenommen und von indischen Behörden einem strengen Verhör unterzogen. Er stand nackt auf dem Fußboden und war von Soldaten umringt. Er zitterte heftig, sein Gesicht war von gewaltiger Furcht und von Verzweiflung

196 Hoff (1954).

gezeichnet; er schien nahezu betäubt vor Angst zu sein. Innerhalb einer halben Stunde wurde sein pechschwarzes Haar zunehmend heller, bis es schließlich gleichmäßig ergraut war. Der Umfärbungsprozess der Haare wurde von allen Anwesenden bemerkt.[197]

Auch Robert-Francois Damiens, ein Attentäter, der den französischen König Ludwig XV. attackiert hatte, soll während der Folter weiße Haare bekommen haben.[198] Doch nicht nur bei Menschen sollen sich Haare nach emotionalen Schocks umfärben können. Einem Bericht zufolge soll ein Pferd die schwarze Farbe seiner Mähne und des Schweifs verloren haben, nachdem ein Pilot versucht hatte, auf seiner Weide zu landen. Dabei wäre er fast auf dem Pferd gelandet, nachdem er es schon ein gutes Stück weit vor sich her über die Weide gejagt hatte.[199]

Zu guter Letzt sei noch ein experimenteller Selbstversuch erwähnt, wobei sich ein namhafter französischer Neurologe täglich die weißen Haare aus seinem Bart entfernt hat. Angeblich fanden sich bereits am nächsten Tag immer wieder neue weiße Haare, die definitiv vorher nicht dort gewesen waren.[200] Es wäre ein leichtes, diesen interessanten Versuch am eigenen Bart oder dem Haupthaar nachzuprüfen. Leider befindet sich mein Haar nicht im geeigneten Zustand der Ergrauung, und ich habe in meinem unmittelbaren Bekanntenkreis noch niemanden für die Überprüfung dieses sehr einfachen und lohnenswerten Versuchs begeistern können. Ich hoffe aber, es gelingt mir – oder Ihnen – noch.

Wie dem auch sei: So interessant das Thema des plötzlichen Weißwerdens der Haare auch ist, es wird heutzutage nur selten erwähnt und mit dem wünschenswerten Tiefgang diskutiert. Bezeichnend dafür sind zwei Aufsätze aus dem Jahr 1995, veröffentlicht in der renommierten *Deutschen Medizinischen Wochenschrift.* In dem ersten Aufsatz widmen sich die Autoren einer knappen Literatursichtung, die auch die Erwähnung mancher Fälle aus der medizinischen Fachliteratur beinhaltet. Sie konstatieren, derartigen Fälle seien gemäß der „heutzutage allgemein akzeptier-

197 Parry (1861).
198 Gomer (1953).
199 Anomymus (1932).
200 Brown-Sequard (1869).

ten Theorie“ durch das genannte selektive Ausfallen der dunklen Haare zu erklären.[201] Ein anderer Autor hat diesen Erklärungsversuch allerdings bestritten, und zwar mit Recht, wie mir scheint. Allerdings zieht dieser Autor dann den verblüffenden Schluss – offenbar in völliger Unkenntnis der verfügbaren Literatur, die zumindest teilweise auch von den erstgenannten Autoren zitiert worden ist – dass alle verfügbaren Berichte über das plötzliche Weißwerden der Haare in das Reich der Mythologie gehörten und es von vorneherein verfehlt sei, sich mit diesem Thema wissenschaftlich auseinandersetzen zu wollen, da die Naturwissenschaft für den Bereich des Symbols und des Mythos nicht zuständig sei.[202] Der Mangel an Tiefgang und Wissen, der sich hier in beiden Artikeln offenbart, wird noch dadurch verdeutlicht, dass ihre Autoren den oben dargestellten Fall des Bergarbeiters nicht zitiert haben und ihn nicht zu kennen scheinen, obwohl er in derselben Zeitschrift, der *Deutschen Medizinischen Wochenschrift,* publiziert worden ist! Ferdinand Hoff hat die Sachlage hingegen wohltuend vorsichtig und objektiv eingeschätzt, zumindest hinsichtlich des von ihm beschriebenen Falls. Er schrieb:

> „Es bleibt zunächst ganz unverständlich, wie das Verschwinden der dunkelblonden Haarfarbe und des Hautpigments vor sich gehen konnte. Eine einfache Unterbrechung des Stoffwechsels der Haare infolge nervöser oder hormonaler Störung kommt nicht in Betracht. Wenn man eine Haarlocke abscheidet, so behält sie bekanntlich viele Jahre ihre Farbe, obwohl die nervöse und hormonale Versorgung völlig ‘abgeschnitten‘ ist. Es muss also der akute Pigmentverlust auf einer plötzlichen ‘aktiven‘ Zerstörung des Pigments bzw. einer Umwandlung desselben in ein farbloses Produkt beruhen. Wie das geschehen könnte, ist unbekannt.
>
> Es ist nicht erstaunlich, dass unser Patient seit jener Nacht, in der er weißhaarig wurde, auch auf einige Ärzte gestoßen ist, welche erklärt haben, es sei unmöglich, dass er plötzlich weiß und die Haut hell geworden sei, dass seine Augen die Farbe geändert hätten. Nun, unmöglich sind niemals die vor Augen liegenden Tatsachen, sondern unmöglich sind unsere theoretischen Vorstellungen, wenn sie nicht

201 Barlag und Ruzicka (1995).
202 Seeliger (1995).

mit den Tatsachen in Einklang zu bringen sind. Es kann für uns nicht die Regel Palmström-Morgensterns gültig sein, dass ‚nicht sein kann, was nicht sein darf', sondern gültig ist immer noch die Mahnung des Paracelsus: ‚Die Natur macht den Textum, der Arzt die Glossen über dasselbige Buch. Nun siehe, wie reimt es sich zusammen, deine Glosse und der Elementen Text?' "[203]

Schlussfolgerungen

Ich habe das plötzliche Weißwerden der Haare an den Schluss dieses Kapitels gestellt, da es am besten das Ausmaß aufzeigt, inwieweit die geistige Verfassung des Menschen Einfluss auf seinen Körper nehmen kann. Angesichts all der geschilderten Beobachtungen drängt sich der Gedanke auf, dass es die geistige Tätigkeit ist, die letztlich für die Umbildungsprozesse von Gehirnstrukturen verantwortlich ist. Diese Umbildungen treten immer dann auf, wenn wir im Alltag beharrlich etwas Neues lernen. Oft werden sie als die beschriebene Plastizität des Gehirnes bezeichnet, besonders wenn die Gehirnstruktur nach Verletzungen und Operationen durch intensive geistige Übungen wieder neu organisiert wird. Da es diese direkten körperlichen Auswirkungen nun einmal gibt – warum sollten sie nicht auch in Bezug auf das Gehirn möglich sein? Man müsste doch geradezu postulieren, dass sie gerade hier, in der vermeintlichen Wohnstätte des menschlichen Geistes, sogar am einfachsten funktionieren und am häufigsten auftreten!

Obwohl also ein nachweislich enger Zusammenhang zwischen Geist und Gehirn besteht, so deuten doch auch die in diesem Kapitel vorgestellten Befunde einmal mehr darauf hin, dass der Geist zumindest in manchen Fällen eine Art Vormachtstellung gegenüber der Körpermaterie hat. Und das ist sehr bemerkenswert. Auch hier zeigt sich wieder, dass ganz offensichtlich kein exaktes 1:1 Verhältnis zwischen der Körpermaterie und dem Geist besteht. Das Verhältnis kann zumindest manchmal zu Gunsten des Geistes verschoben werden. Das wiederum reicht, um sagen zu können: Der Geist kann in Bereiche vordringen, in welche die

203 Hoff (1954), S. 287. (Wiedergabe des Zitats mit freundlicher Genehmigung des Georg Thieme Verlages.)

Materie nicht von sich aus folgen kann. Der Geist kann die Reaktionen und Bewegungen von Materie auf unbekannte Weise mitbestimmen und die jeweilige „Idee“, die dahinter steht, auf bislang unbekannte Weise realisieren. Die Details der dabei benutzten Stoffwechselwege sind dafür herzlich unwichtig, man braucht sie nicht zu kennen. Die emotionale Schockreaktion reicht aus, um beispielsweise die Pigmentierung von Haut und Haaren zu vernichten. Die emotional begleitete Vorstellung, an einer Körperstelle müsse eine Brandblase oder ein Wundmal entstehen, reicht aus, um ein solches Mal zu erzeugen. Der mit der Vorstellung verbundene Wille, die Körpertemperatur ansteigen zu lassen, kann ausreichen, um sie tatsächlich ansteigen zu lassen. Der Wille, nach Gehirnverletzungen oder Hemisphärektomien die Sprachfähigkeit wieder zu erlernen, muss demnach auch entscheidenden Einfluss auf die strukturelle Neuorganisation des Gehirns haben. Wir haben es allem Anschein nach mit einer kontinuierlichen Kette von Phänomenen und Einflussnahmen zu tun. Das heißt: Genauso wenig wie Haare „von selbst“ weiß werden, Allergien „von selbst“ unter Hypnose entstehen oder verschwinden oder Blasen und Stigmata sich „von selbst“ auf der Haut bilden, so wenig organisiert sich das Gehirn „von selbst“ neu. Vielmehr setzt etwas Geistig-Psychisches in all diesen Fällen die notwendigen Akzente.

Es muss also eine Art Einfluss auf Materie geben, der sich von den normalerweise üblichen Wegen der Verursachung von materiellen und biochemischen Ereignisketten unterscheidet. Etwas Geistig-Psychisches ragt über die rein physikalisch-chemischen und materiellen Prozesse hinaus; etwas Geistig-Psychisches besitzt eigenständige Möglichkeiten, auf körperliche Prozesse einzuwirken. Für die romantischen Denker und Autoren war dieses Element die menschliche Seele. Ihnen zufolge besitzt sie eine zweifache Funktion: Mit ihren unterbewussten und unbewussten Aspekten bewirkt sie einerseits die Umsetzung der hinter jedem Menschen stehenden „Idee“ in eine konkrete körperliche Form. Dabei greift sie regulierend in die Stoffwechselprozesse ein und vermag auch bemerkenswerte körperliche Veränderungen zu bewirken, wie sie den Romantikern vor allem aus dem Kontext des Somnambulismus wohl vertraut waren. Andererseits strebt diese Idee auch nach Bewusstheit, die sich in ihrer höchsten Verwirklichung als ichbewusster menschlicher Geist ausprägt. Die Seele bewirkt demnach sowohl die körperliche Umsetzung der Idee als auch die Anbindung des Geistes an den Leib. Der Mensch galt somit als aus einer Dreiheit von Leib, Seele und Geist bestehend, wobei das verbindende Element der Seele als eine Art Lebenskraft oder „Nervengeist" gedacht worden ist. Dabei wurde in der romantischen Naturphilosophie angenommen, dass die gesamte Natur letztlich die materielle Realisierung von dahinter verborgenen Ideen ist. Im Bereich des Lebendigen sollen bei der Verstofflichung dieser Ideen die Seele und der Geist die Herrschaft über die Materie ausüben. Für den Mikrokosmos des Menschen nahmen viele Autoren an, dass ein bewusst oder unbewusst angewendeter *Wille* und tiefe Emotionen die entscheidenden Faktoren für eine erfolgreiche Beeinflussung der Körpermaterie sind.

Aufgrund dieser vermuteten Vormachtstellung des Geistig-Psychischen gingen viele Romantiker davon aus, dass der Tod des Leibes nicht zugleich den Tod der Seele bedeutet, sondern diese befreie sich lediglich aus ihrer Bindung an die Materie. Obwohl man sich über die Art ihres Fortbestehens nicht immer einig war, so ist es doch charakteristisch für das romantische Denken, dass diese nun befreite Seele nicht als statisch gedacht worden ist. Wie alles in der Natur, sollte sie einem Entwicklungsprozess unterliegen. Man stellte sich den Tod als ein Eingehen in die geistigen Grundlagen der Natur vor, so dass deren wahres Wesen tiefer durchdrungen und erlebt werden könne. Was den Tod überlebte, stellte nach dem Naturphilosophen Friedrich Schelling (1775-1854) eine vergeistigte Essenz der Persönlichkeit dar, die nach dem Tod eine bedeutende Bewusstseinssteigerung erführe.[204] Besonders von Schubert bemühte sich, den Sterbeprozess zu verstehen und zu beschreiben, wobei er sich auch an den Schilderungen der Erlebnisse von wiedererwachten „Scheintoten" orientierte, also an Nahtod-Erfahrungen. Es zeigte sich ihm, dass hier Erstaunliches berichtet wurde. Er schrieb beispielsweise:

> „Es sahen Sterbende Dinge, wie von einer anderen Welt, für welche das gewöhnliche Auge nicht gemacht ist; das Ohr vernahm Unaussprechliches, und der singenden Stimme, der sprechenden Zunge wurden Töne und Worte gegeben, deren der noch gesunde Leib vorher niemals mächtig gewesen. Dieses Aufblitzen eines neubeginnenden

204 Für eine kurze Zusammenfassung der in der Romantik vertretenen Konzepte über den nachtodlichen Zustand des Menschen siehe Huch (1951), S. 408-412.

jenseitigen Lebens war indessen an keine Grenzen jener sogenannten ‚Systeme' gebunden, von denen unsere Bücher wissen, sondern ein Leben, das nicht dem Staube gehörte, durchdrang und ergriff den sterbenden Leib, wo und in welcher Richtung es wollte."[205]

Man könnte sich nun durchaus vorstellen, dass dieses „Leben, das nicht dem Staube gehörte" und das „den sterbenden Leib durchdrang und ergriff", auch in der Lage sein könnte, die besprochenen körperlichen Veränderungen in Nahtod-Zuständen zu bewirken. Auf das äußerst faszinierende Thema der nun bereits mehrfach erwähnten Nahtod-Erfahrungen komme ich im jetzt folgenden Kapitel zu sprechen.

205 von Schubert (1850), S. 437f und 444.

5. Nahtod-Erfahrungen

Beschreibungen von Nahtod-Erfahrungen sind uns in diesem Buch bereits öfters begegnet, nämlich in den Berichten des Johann Schwerdtfeger und des Mannes, dessen Gehirn und verkrampfte Hand während seiner Krisenerfahrung geheilt worden sind; aber auch in den Berichten der beiden indischen Männer. Die Literatur zu Nahtod-Erfahrungen ist immens, und es wurden mittlerweile Tausende von Berichten gesammelt. Zu den als typisch erachteten Elementen von Nahtod-Erfahrungen zählen die folgenden:[206]

- Austritt des Bewusstseins aus dem Körper (außerkörperliche Erfahrung)
- Sofortige Schmerzfreiheit
- Gefühl von äußerstem Wohlbefinden und nie gekannter geistiger Klarheit
- Beobachten der Szenerie von erhobener Warte aus
- (Tunnel und) Lichterfahrung

---

206 Es gibt gewisse immer wiederkehrende Kernelemente von Nahtoderfahrungen, aber die Inhalte dieser Kernelemente können sich in verschiedenen Kulturen unterscheiden (Kellehear, 2009). Selbst in unserem eigenen Kulturkreis scheinen gewisse Inhalte von Nahtod-Erfahrungen vor einigen hundert Jahren noch anders ausgefallen zu sein als heute (Zaleski, 1987, Nahm, 2009b). Doch auch in der heutigen Zeit treten deutliche Abweichungen von den als typisch erachteten Nahtod-Erfahrungen auf, manche davon werden sogar als ausgesprochen negativ erlebt (Bush, 2009). Dies sei nur erwähnt, um auf die Komplexität dieses Themas hinzuweisen. Diese wird besonders von Vertretern biochemischer Erklärungsmodelle oftmals unterschätzt.

- Veränderung des Zeitempfindens
- Begegnung mit Verstorbenen und mystischen Figuren
- „Betrachten“ von bestimmten Szenen aus dem Leben bis hin zu einer vollständigen und detaillierten Lebensrückschau
- Annäherung an eine Grenze, deren Übertretung die Rückkehr in den Körper unmöglich machen soll und damit den physischen Tod bedeuten würde
- Rückkehr in den Körper, oft verbunden mit der sofortigen Rückkehr der körperlichen Schmerzen
- Tiefgreifende Nachwirkung der Erfahrung, der oft das gesamte Leben der Betroffenen durchrüttelt und eine völlige Neuorientierung der vormaligen Werte und Prioritäten erfordert

Obwohl diese aufgezählten Elemente als typisch gelten, gleichen sich keine zwei Nahtod-Erfahrungen. Kaum eine enthält all die aufgezählten Elemente, erst recht nicht in dieser sauber geordneten Reihenfolge. Manchmal enthalten Nahtod-Erfahrungen auch halluzinatorische Elemente und falsche Prophezeiungen. Es darf daher nicht verwundern, dass über die Erklärungsmodelle für Nahtod-Erfahrungen derzeit noch viel spekuliert wird. Besonders kontrovers werden die Berichte über außerkörperliche Erfahrungen diskutiert. Sie bergen natürlich den größten Zündstoff. Denn wenn es wahr wäre, dass Menschen in Todesnähe, teilweise mit nachweislich sehr stark funktionsbeeinträchtigten Gehirnen, komplexe Wahrnehmungs- und Denkvorgänge haben können, so müssten die gegenwärtig in der Schulwissenschaft vertretenen Funktionsmodelle von Gehirn und Geist um entscheidende Faktoren ergänzt werden. Es müsste dann nämlich als erwiesen gelten, dass geistige Prozesse unter gewissen Umständen auch unabhängig von den jeweils herrschenden Gehirnzuständen möglich sind.

Ich möchte mich in diesem Kapitel über Nahtod-Erfahrungen hauptsächlich auf den Aspekt dieser außerkörperlichen Erfahrungen konzentrieren, denn er steht womöglich in dem engsten Zusammenhang mit terminaler Geistesklarheit und den anderen bereits dargestellten Rätseln der Gehirnfunktionen. Was die anderen genannten Elemente von Nahtod-Erfahrungen bzw. den Gesamtkomplex der Erfahrungen angeht, so bleibt immerhin festzuhalten, dass sich sämtliche anerkannten Experten auf diesem Gebiet darüber einig sind, dass derzeit kein Modell existiert, das Nahtod-Erfahrungen auf rein biochemisch-psychologischer Ebene erklären könnte. Das gestehen selbst führende Autoren ein, die einen „naturalistischen“ Ansatz bevorzugen – also einen solchen Ansatz, der sich rein auf Gehirnchemie und Psychologie beruft und worin eine unabhängig vom Gehirn operierende Geistesfunktion abgelehnt wird.[207] Dies sollte zu denken geben. Denn es zeigt, dass die Sachlage erheblich komplizierter ist, als es manche andere kritische Autoren gerne darstellen, die zumeist allerdings auch nur unzureichend über die Komplexität des Geschehens und die relevante Literatur informiert sind und für die Konstruktion ihrer teilweise ziemlich naiv wirkenden Hypothesen die problematischen Befunde schlichtweg ignorieren.[208]

Außerkörperliche Erfahrungen

Die Literatur über Nahtod-Erfahrungen strotzt von Berichten über außerkörperliche Erfahrungen, denn häufig beginnen diese Erlebnisse ja mit dem Austritt des Bewusstseins aus einem leblos wirkenden Körper. Typischerweise schildern die aus dem Körper ausgetretenen Personen dann, wie sie ihren Körper und alles, was um ihn herum geschehen ist, von einer erhöhten Warte aus beobachten konnten. Daher können sie beispielsweise die Szenen im Krankenhaus von einer Position „unter der Zimmerdecke“ korrekt beschreiben. Auch ihr Gehörsinn scheint in diesem Zustand zu funktionieren, denn sie können auch Gespräche verstehen und Geräusche wahrnehmen. So auch bei dem Mann aus Penny Sartoris Studie, der nach seiner Nahtod-Erfahrung von seiner Behinderung an der Hand geheilt

---

207 Für ausführliche Diskussionen möglicher Erklärungsmodelle für Nahtod-Erfahrungen siehe in der deutschsprachigen Literatur z.B. van Lommel (2011), Kuhn (2009) oder Högl (2006); in der englischsprachigen z.B. Carter (2010), Greyson, Kelly und Kelly (2009), Kelly, Greyson und Kelly (2007) oder Sartori (2008). Zu den namhaften Kritikern, die eingestehen, dass derzeit keine befriedigenden biochemischen und/oder psychologischen Erklärungsmodelle für Nahtod-Erfahrungen existieren, zählen Susan Blackmore (1999, S. 63) sowie Keith Augustine (2007a, S. 89).

208 Als lehrreiche Beispiele hierfür können z.B. Woerlee (2004) oder Mobbs und Watt (2011) dienen. Auch die von Mobbs und Watt (2011) vorgebrachten Argumente sind seit langen bekannt und sind bereits vielfach mit guten Gründen kritisiert worden (siehe unter anderem die Literaturangaben in Fußnote 206). Hiervon erfährt der Leser nicht das Geringste.

war: Er machte zutreffende Aussagen über das, was ein Arzt über seine Augen gesagt hatte, beschrieb den rosafarbenen Schwamm, mit dem Sartori seinen Mund gereinigt hatte, und er schilderte korrekt, dass die Physiotherapeutin immer wieder durch die Sichtschutzvorhänge geschaut hatte, um nach seinem Gesundheitszustand zu sehen. Dabei war der Patient allen äußeren Anzeichen nach tief bewusstlos, als sich diese Dinge ereignet hatten. Aufgrund der Situationsumstände und auch der spontanen Heilung seiner Hand ist Sartori der Meinung, dass herkömmliche psychologische und biochemische Modelle zur Erklärung seiner Erfahrung nicht ausreichen.

Ich werde nun ein Beispiel ausführlicher darstellen, worin ein Patient beschreibt, wie er seine eigene Operation von oben beobachtet hat. Es wurde von dem amerikanischen Kardiologen Michael Sabom aufgezeichnet, der laut eigenen Angaben auszog, um diese vermeintlichen Berichte von außerkörperlichen Erfahrungen als unhaltbar oder erfunden zu entlarven. Doch er wurde eines besseren belehrt. Der Patient war ein Nachtwächter, mit dem Sabom sowohl vor als auch nach der Operation in Verbindung stand. Er teilte Sabom sein Erlebnis bald nach der Operation mit, wenn auch nur sehr zögerlich und auf Nachfragen. Ich gebe hier eine gekürzte Fassung des Originalberichts wieder, der auf Tonbandaufzeichnungen beruht. Der Fall illustriert sehr gut, wie detailreich die Erinnerungen an die außerkörperlich erlebten Episoden sein können. Der Mann berichtete:

> „Als ich meinen Raum in Richtung Operationssaal verließ, war ich vollständig bewusstlos und habe keinerlei Erinnerung daran, wie ich in den Operationssaal transportiert worden bin. Dann wurde es plötzlich hell, aber nicht so hell, wie ich es in einem OP erwartet hatte. Ich war wieder bei Bewusstsein und bemerkte, dass sie mich bereits zugedeckt hatten. Es war so, als ob ich einige Fuß hoch über meinem Kopf schwebte, so als ob ich eine andere Person im Raum war. Ich glaube, es war Dr. C., der mir zweimal etwas ins Herz spritzte, einmal auf der einen Seite und einmal auf der anderen Seite des Herzens. Ich sah das Gerät, mit dem sie meine Rippen auseinanderhielten, um die Öffnung zu machen, und noch andere Geräte und Instrumente, die etwas aufzeichneten. Ich bin mir dessen ganz sicher. Ich sah auch, dass mein Kopf und der Rest meines Körpers mit mehreren Laken bedeckt

war, in verschiedenen Schichten, die übereinander lagen. Ich wusste, dass es mein Körper war. Ich verstand auch Teile der Unterhaltungen, die stattfanden, und das überraschte mich. In der Öffnung steckten jede Menge Klammern. Ich war auch erstaunt, weil ich gedacht hatte, es würde überall Blut sein, aber in Wirklichkeit war gar nicht so viel Blut zu sehen. Es war nicht so, wie ich es erwartet hatte. Irgendwie konnte ich sehen, was vor sich ging, gerade so, als wenn ich von einem Ort über meinem Kopf aussähe. Es ist irgendwie beunruhigend, weil ich nicht weiß, warum ich dazu in der Lage gewesen sein sollte. Aber ich weiß, was ich sah. Es ist authentisch, oder eher, ich glaube, dass es authentisch ist.

Ich befand mich außerhalb meines Körpers. Als sie mich zunähten, begannen sie innen und machten dann außen weiter. Der kleinere Arzt startete von hier unten aus in diese Richtung, ein anderer von woanders. Und das Herz sieht gar nicht so aus, wie ich gedacht hatte. Es ist groß, und das war es auch noch, nachdem der Arzt kleine Stücke weggeschnitten hatte. Es ist nicht so geformt, wie ich gedacht hatte. Mein Herz sah in etwa so aus wie der afrikanische Kontinent, hier oben war es breiter und unten wurde es schmaler. Vielleicht ist seine Form untypisch. Seine Oberfläche war rötlich und gelb. Ich hielt den gelben Teil für Fettgewebe oder so etwas. Irgendwie eklig. Ein Bereich auf der rechten oder linken Seite war dunkler als der Rest, es hatte nicht alles die gleiche Farbe. Ich könnte Ihnen die Säge, die sie benutzten, und das Ding, mit dem sie mir die Rippen auseinanderhielten, aufzeichnen. Es war die ganze Zeit da, und ich kann die Details davon wahrscheinlich besser erinnern als die der anderen Dinge. Es war größtenteils mit Stoff behangen, aber man konnte die Teile aus Metall sehen. Es hingen viele medizinische Instrumente um es herum, die es teilweise verdeckten. Manchmal nahmen sie die Klammern heraus und steckten Schwämme hinein, und auch die Hände verdeckten mir oft die Sicht auf das Gerät. Die Metallteile waren aus richtig gutem Stahl, sie hatten keinerlei Verfärbungen. Richtig gutes, hartes, glänzendes Metall.

Dr. C. machte das meiste von meiner linken Seite aus. Er schnitt Stücke von meinem Herzen ab. Er nahm es hoch, drehte es hierhin und dahin und nahm sich viel Zeit, es zu untersuchen. Die Ärzte sahen sich auch einige Arterien und Venen an, und dann gab es eine große Diskussion darüber, ob dort ein Bypass gelegt werden sollte. Sie entschieden sich, das nicht zu tun. Es scheint, dass ich eine übergroße Ader hatte, die sich geweitet hatte und viel Blut führte, und ich konnte hören, dass sie darüber diskutierten. Es klingt seltsam, aber ich machte mir keinc Sorgen. Ich hatte überhaupt nicht das Gefühl zu sterben. Ich hatte viel Vertrauen in Dr. C.. Sie spritzen mir irgendetwas ins Herz. Das ist furchterregend, wenn man sieht, wie einem das Ding mitten ins Herz dringt. Alle Ärzte, bis auf einen, hatten Überzüge über ihren Schuhen, nur der eine hatte weiße Schuhe an, die ganz voller Blut waren. Ich wunderte mich sehr darüber, weil die Schwestern und alle anderen grüne Überzüge über den Schuhen hatten. Das schien so unhygienisch. Dann war da auch noch ein Arzt, der hatte etwas am kleinen Finger, und es sah so aus, als ob er seinen Fingernagel verlieren würde. Da war ein Bluterguss unter dem Nagel seiner rechten Hand. Ich konnte das durch seinen Handschuh sehen, der mehr oder weniger durchsichtig war. Es sah ziemlich dunkel aus, und ich konnte erkennen, was es war. Es war der Arzt, der mich zugenäht hat. Er stand Dr. C. gegenüber auf der anderen Seite des Operationstisches."[209]

Sabom stellt sodann Auszüge aus dem ärztlichen Operationsprotokoll vor, das dem Patienten nie gezeigt worden war. Die Aussagen des Patienten stimmten mit denen des Operationsprotokolls überein, und auch viele weitere Einzelheiten seines Berichts, die als medizinische Selbstverständlichkeiten üblicherweise nicht in die Protokolle aufgenommen werden, stimmten exakt mit den üblichen Praktiken bei solchen Operationen überein. Die Aussagen des Mannes enthielten keinen einzigen Fehler. Sabom hat noch fünf ähnliche Fälle von Operationsschilderungen ausführlich dargestellt, die allesamt spezifische Details ihres Operationsverlaufs enthielten. Der Vergleich mit den ärztlichen Protokollen ergab, dass sowohl die fallspezifischen Inhalte als auch deren zeitlicher Ablauf von den Patienten sehr genau und zutreffend beschrieben worden sind.

Um zu prüfen, ob solche zutreffenden Beschreibungen nicht einfach dem bereits vorhandenen Wissen der Patienten über die Operationsverfahren

209 Sabom (1982), S. 64-67.

entsprungen sein konnten, befragte Sabom fünfundzwanzig andere Patienten. Diese hatten bereits seit durchschnittlich fünf Jahren unter ernsthaften Herzkrankheiten gelitten und verfügten daher bereits über einige Krankenhaus- und Operationserfahrungen. Sie hatten allerdings in ihren Krisensituationen keine außerkörperlichen Erfahrungen gemacht und das Geschehen somit nicht bewusst miterlebt. Sabom bat sie, sich vorzustellen, von einer Ecke eines Krankenhauszimmers aus eine Wiederbelebungsmaßnahme bei einem Patienten mit Herzstillstand zu beobachten und diese zu beschreiben. Von den fünfundzwanzig Patienten sahen sich dreiundzwanzig in der Lage, wenigstens einige wenige diesbezügliche Angaben zu machen. Von diesen machten zwanzig mindestens einen groben Fehler: Sie beschrieben Sachverhalte, die bei Wiederbelebungsmaßnahmen so nicht vorkommen. Nur drei der fünfundzwanzig befragten Personen gaben sehr knappe Beschreibungen des Prozesses, die keine Fehler enthielten. Zwei von diesen drei hatten bereits bei einer solchen Wiederbelebungsmaßnahme zugesehen, aber alle drei konnten keine Details schildern oder die Funktionsweise der typischerweise eingesetzten Geräte beschreiben. Im Gegensatz hierzu enthielten die Schilderungen von sechsundzwanzig Personen, die in dieser Situation eine außerkörperliche Erfahrung durchlebt hatten, keinerlei Irrtümer; die oben erwähnten sechs Personen gingen dabei sogar sehr detailliert auf jeweilige fallspezifische Einzelheiten ein. Es scheint demnach so zu sein, dass das bereits vorhandene Wissen bezüglich der operationsrelevanten Prozeduren zumeist sehr dürftig ist und die Schilderungen, die von Menschen im außerkörperlichen Zustand gegeben werden, auf einem gänzlich anderen Niveau stehen. Sie werden daher wohl kaum aus diesem dürftigen und oft fehlerhaften Wissen aus der Zeit von vor den Operationen gespeist.

Penny Sartori hat in ihrer Untersuchung eine vergleichbare Umfrage durchgeführt. Ähnlich wie Sabom, befragte sie solche Patienten, die schon mindestens einmal selbst wiederbelebt worden waren, aber ohne dass sie dabei eine Nahtod-Erfahrung gehabt hätten; und auch solche Patienten, die zwar Nahtod-Erfahrungen gehabt hatten, in denen aber das Element der außerkörperlichen Erfahrung nicht enthalten war. Insgesamt dreiunddreißig dieser Patienten wurden angehalten, ihren eigenen Wiederbelebungsprozess zu beschreiben. Allerdings konnten achtundzwanzig nicht einmal ansatzweise etwas dazu sagen. Die fünf verbliebenen Berichte enthielten zahlreiche Fehler hinsichtlich der eingesetzten Geräte und der angewendeten Verfahren. Dies stand auch hier im krassen Gegensatz zu den sehr genau zutreffenden Schilderungen von acht Patienten, die während ihrer Wiederbelebung eine außerkörperliche Erfahrung erlebt hatten.[210]

Nach allem, was wir bislang dazu wissen, scheint es sich bei derartigen korrekt geschilderten Erlebnissen also um echte Wahrnehmungen zu handeln. Das geben auch „naturalistisch" denkende Autoren zu. Sie führen ins Feld, dass diese Wahrnehmungen dadurch zustande kommen, dass die leblosen oder auch vollnarkotisierten Menschen entgegen allem Anschein bewusst waren, und wenn sie auch nicht gut sehen konnten, so konnten sie doch gut hören. Und weil sie sich nicht bewegen konnten, halluzinierten sie eine scheinbare Hinausverlegung des Bewusstseins aus dem Körper. Die Höreindrücke würden dann in eine imaginäre visuelle Rekonstruktion der Räumlichkeiten und Geschehnisse übersetzt. Sie würden also die zutreffenden Wahrnehmungen mit den Halluzinationen vermengen und ihr Erlebnis fälschlich als Beobachtungen schildern, die sie vom außerkörperlichen Zustand aus gemacht hätten. Ein bekanntes Beispiel, für dessen Erklärung eine solche Argumentation ins Feld geführt worden ist, werde ich gleich vorstellen.

Die Betroffenen selbst verneinen normalerweise jedoch vehement, dass sie einer Halluzination erlegen waren. Viele haben echte Halluzinationen selbst schon erlebt und behaupten, sehr gut zwischen diesen und den außerkörperlichen Erfahrungen unterscheiden zu können. Der geheilte Patient aus Sartoris Studie ist ein Beispiel hierfür. Andererseits kommt es in seltenen Fällen tatsächlich vor, dass Patienten während einer Operation ungewollt zu Bewusstsein kommen. Dies wird dann gerne als Beleg dafür angeführt, dass auch die außerkörperlichen Erfahrungen nichts anderes als mit Halluzinationen angereicherte bewusste Wahrnehmungen sind. Doch so wie die verfügbare Literatur das Phänomen der „intraoperativen Wachheit" beschreibt, unterscheidet es sich grundlegend von den Berichten über außerkörperliche Nahtod-Erfahrungen. Während letztere typischerweise mit völliger Schmerzfreiheit, ja sogar tiefem Wohlbefinden einhergehen und sich überwiegend aus visuellen Eindrücken zusammensetzen, die von

210 Sartori (2008), S. 212-215.

einer erhabenen Position im Raum gewonnen werden, werden die ersteren zumeist als hochgradig beängstigende und traumatisierende Erfahrungen erlebt. Man wacht typischerweise in einem vollständig bewegungsunfähigen Körper auf und kann diesen auch nicht verlassen. Man kann weder seine Augen öffnen noch sprechen, hört hingegen aber das OP-Personal die Sachlage besprechen, und fühlt oft auch, wie im Körper operiert wird. Häufig ist dies mit fürchterlichen Schmerzen verbunden. Von vielen wird eine solche Erfahrung zu den schlimmsten Erfahrungen ihres Lebens gerechnet, und sie leiden noch lange darunter. Kurzum: Die Unterschiede zu typischen Nahtod-Erfahrungen könnten kaum größer sein.

Vor allem bleibt auch unklar, warum bei den außerkörperlichen Erfahrungen die (korrekten) visuellen Eindrücke so deutlich überwiegen, wenn in beiden Fällen letztlich nur das Gehör zur Verfügung stehen soll. Die Übersetzung der Höreindrücke in ein imaginäres, aber dennoch korrektes Abbild der Räumlichkeiten wäre doch gar nicht nötig; denn wie die Berichte über außerkörperliche Erfahrungen zeigen, kann man sich durchaus auch außerhalb seines Körpers empfinden, ohne dabei gut sehen zu können. Von einer „Dunkelheit" oder einem „Nebel" umgeben zu sein, ist ein häufiges Motiv, das immer wieder beschrieben wird – wenn auch zumeist nur als Durchgangsstadium, dem später die klare Sicht folgt. Doch wie gesagt, diese klare Sicht wäre unter dem Gesichtspunkt der Halluzinations-Hypothese gar nicht notwendig, denn warum sollte man die Halluzination komplexer (und damit fehleranfälliger!) ausgestalten, als es nötig ist? Und wie wir noch sehen werden, beschreiben selbst blinde Menschen ihre Eindrücke während außerkörperlicher Erfahrungen vornehmlich in visuellen Kategorien – selbst wenn sie niemals visuell träumen. Wer den oben geschilderten Bericht des von Sabom befragten Mannes sorgfältig liest, wird ohnehin zu dem Eindruck gelangen, dass dieser tatsächlich gesehen und nicht nur gehört oder vielleicht auch gefühlt hat. Man denke nur an die lebhaften Beschreibungen der Form und Farbe seines Herzens, der blutverschmierten Schuhe oder des dunkel verfärbten Fingernagels. Es existieren etliche Berichte, wonach Details korrekt beschrieben worden sind, die gar nicht über das Gehör hätten ermittelt werden können. Sie scheinen auch zu unwahrscheinlich, um einfach erraten worden zu sein. Hierzu zählen Beschreibungen von bestimmten Kleidungsstücken des Krankenhauspersonals, von einem ungewöhnlichen Bewegungsmuster eines Arztes oder von ungewöhnlichem Operationsbesteck, das erst während der Operation ausgepackt worden ist und demnach vorher nicht gesehen werden konnte.

Außerdem muss berücksichtigt werden, dass in vielen Fällen das Gehirn der Betroffenen nicht mit Sauerstoff versorgt worden war und somit keinerlei wie auch immer geartete sinnliche Wahrnehmung möglich gewesen sein sollte. Dies trifft insbesondere auf Patienten mit infarktbedingtem Herzstillstand zu. Hier folgt ein Beispiel eines solchen Falles, der unter den Nahtod-Forschern viel diskutiert worden ist.

> Ein Mann wurde in einer kalten Nacht in ein Krankenhaus eingeliefert. Spaziergänger hatten ihn auf einer Wiese liegend gefunden und die Ambulanz verständigt. Bis diese bei ihm eingetroffen war und ihn ins Krankenhaus eingeliefert hatte, müssen mindestens siebzehn Minuten vergangen sein. Doch der Mann muss zuvor schon einige Zeit auf der Wiese gelegen haben, denn er war bereits „kalt wie Eis", und sein Körper wies die charakteristische Blauverfärbung der Haut auf, die Kennzeichen für eine massive Unterversorgung mit Sauerstoff ist. Im Krankenhaus vergingen nochmals etwa sechs Minuten, bevor in der Notaufnahmestation mit den Wiederbelebungsmaßnahmen begonnen werden konnte. Dazu nahm ihm ein Pflegebediensteter noch vor Beginn der Behandlung sein Gebiss aus dem Mund. Nach weiteren fünfzehn Minuten zeigte sich noch keinerlei Änderung seines Zustandes. Das Pflegepersonal war überzeugt, einen toten Mann vor sich zu haben. Seine Augenlider waren die ganze Zeit über geschlossen, die Pupillen seiner Augen zeigten keine Reaktion auf Lichtreize und waren erweitert – ein weiteres Indiz dafür, dass keine Sauerstoffversorgung im Gehirn vorhanden war. Doch nach etwa einer Stunde zeigte sich zur großen Überraschung des Ärzteteams wieder eine leichte rhythmische Herzaktivität und ein erstes Anzeichen von Blutdruck. Der Zustand des Patienten stabilisierte sich langsam immer weiter, und später wurde der noch immer tief bewusstlose Mann in die Intensivstation verlagert. Später wurde ein massiver Herzinfarkt diagnostiziert.
>
> Das Erstaunliche: Nach über einer Woche traf derjenige Pfleger, der ihm das Gebiss aus dem Mund genommen hatte, im Krankenhaus

zufällig auf den Patienten. Sofort rief dieser: „Hey, du warst das doch, der mein Gebiss aus dem Mund genommen hat und es auf diesen Ablagewagen gelegt hat!“ Offenbar hatte er es nicht wiedererhalten. Der Pfleger war erschüttert. Wie konnte es sein, dass dieser eiskalte und schon bläulich verfärbte Mensch, der praktisch tot zu sein schien und dessen Augen keinerlei Lichtreaktion gezeigt hatten, ihn bei der Einlieferung gesehen und jetzt wiedererkannt hatte? Der Mann erklärte, er habe seine Wiederbelebung während der ganzen Zeit von oben aus betrachtet. Tatsächlich konnte er auch die Einrichtung des Behandlungszimmers detailreich und korrekt beschreiben.[211]

Doch auch solche Berichte lassen sich mit der Biochemie des Gehirns „erklären“, wenn man es nur will. Beispielsweise hält der Arzt Gerald Woerlee es für „einfach unmöglich“, dass man losgelöst von Gehirnfunktionen Sachverhalte korrekt wahrnehmen kann.[212] Deshalb geht Woerlee davon aus, dass der Mann in Wirklichkeit bei Bewusstsein gewesen sei. Er habe das Geschehen und die Zimmereinrichtung richtig rekonstruieren können, da er hören und sehen konnte – letzteres allerdings nur, als der Arzt mit der Lampe in seine Augen geleuchtet hatte. Da er jedoch aufgrund des Sauerstoffmangels im Gehirn gelähmt war, habe er außerdem eine außerkörperliche Erfahrung halluziniert und all dies zu einer zusammenhängenden Erfahrung verwoben.[213]

Doch ist dies plausibel? Man weiß mittlerweile ziemlich genau, was im Gehirn vor sich geht, wenn dessen Blutzufuhr, wie bei massiven Herzinfarkten, plötzlich und vollständig zusammenbricht. Für ein funktionierendes selbstbewusstes Wahrnehmen ist das harmonische Zusammenspiel von vielen verschiedenen Teilbereichen des Gehirns eine unabdingbare Voraussetzung. Dies gilt, wie in Kapitel 3 erwähnt, besonders für Bereiche des Großhirns.[214] Sobald hier eine Störung vorliegt, ist die Beeinträchtigung des klaren Bewusstseins, der Wahrnehmungsfähigkeit und

211 Siehe van Lommel, van Wees, Meyers und Elfferich (2001), Smit (2008), Smit und Rivas (2010), oder van Lommel (2011).
212 Persönliche Mitteilung von Woerlee an Gerda Lier (2010), S. 895.
213 Woerlee (2004, 2010).
214 Für eine genauere Darstellung der einzelnen Gehirnteile, deren Zusammenspiel für einen normalen Wahrnehmungsvorgang von Nöten ist, siehe van Lommel (2011).

der Erinnerungsfähigkeit bis hin zur vollständigen Bewusstlosigkeit die unausweichliche Folge. Vom Gesichtspunkt der Filter-Theorie würde man annehmen, der Filter wäre nicht mehr funktionstüchtig.

Eine gute Illustration der Effekte von plötzlicher Sauerstoffarmut im Gehirn liefert eine sehr drastische Studie älteren Datums: Unterbricht man bei Versuchspersonen mittels eines aufblasbaren Ringes um den Hals plötzlich die Blutzufuhr ins Gehirn und simuliert damit einen plötzlichen Herzstillstand, so tritt innerhalb von wenigen Sekunden eine charakteristische Störung der normalen Gehirnaktivität auf und die Person verliert das Bewusstsein. Dies erfolgt bei dieser Methode durchschnittlich nach etwas mehr als sechs Sekunden.[215] Neuere Forschungen haben gezeigt, dass sich etwa fünfzehn Sekunden nach einem Herzstillstand keinerlei Gehirnströme mehr in der Großhirnrinde messen lassen. Jeder Mensch ist in diesem Zustand tief bewusstlos. Wie ist es dann überhaupt möglich, dass viele Menschen, die Nahtod-Erfahrungen im Zusammenhang mit Herzstillständen erlebt haben, über eine Wahrnehmungsfähigkeit verfügen, die der normalen Wahrnehmungsfähigkeit entspricht oder sie nach der Aussage von vielen Erfahrenden sogar noch deutlich übersteigt? Auch wird vielfach von einer außerordentlich gesteigerten geistigen Klarheit während der Nahtod-Erfahrungen berichtet, was in deutlichem Gegensatz zu den bekannten Forschungsergebnissen der Gehirnwissenschaften steht, wonach schon relativ geringe Beeinträchtigungen der Funktionskreise im Gehirn zu deutlichen Verschlechterungen der geistigen Fähigkeiten führen. Auch in der Literatur zur „intraoperativen Wachheit“ findet sich nichts über gesteigerte geistige Fähigkeiten, im Gegenteil. Der Operierte empfindet sich oft nur relativ dumpf als wach, und sein Bewusstsein versinkt alsbald wieder in der Narkose. Manchmal erlebt er auch kurze traumartige Bewusstseinszustände. Zwar sind auch wenige Fälle bekannt, in denen Patienten mit Herzstillstand während der Wiederbelebungsmaßnahmen offenbar über Bewusstsein verfügt haben. Allerdings scheint es in diesen Fällen aufgrund der Wiederbelebungsmaßnahmen zu einer Blutzirkulation im Gehirn gekommen zu sein, die ausgereicht hat, um trotz des nicht schlagenden Herzens Bewusstsein zu ermöglichen.[216] Als der kalte und leblose Mensch in die Notaufnahme-

215 Rossen, Kabat und Anderson (1943).
216 z.B. Lewinter et al. (1989).

Station eingeliefert und ihm das Gebiss entfernt worden war, traf dies jedoch nicht zu.

Es ist zudem äußerst erstaunlich, dass Nahtod-Erfahrungen, die während eines Herzstillstands erlebt werden, sich praktisch nicht von solchen Nahtod-Erfahrungen unterscheiden, die sich in Zuständen von optimaler Sauerstoffversorgung des Gehirns ereignen. Beispiele hierfür liefern Berichte von abgestürzten Bergsteigern oder auch von Personen, die nur geglaubt haben, dass sie sich in Todesgefahr befanden, aber letztlich weitestgehend unversehrt aus der Situation hervorgegangen sind. Der emotionale Schock, auf ein fatales Ereignis zuzusteuern, beispielsweise in den Sekunden vor einem Verkehrsunfall, reicht manchmal offenbar aus, um die typischen anfänglichen Stadien der Nahtod-Erfahrungen zu durchleben. Dazu gehören die außerkörperlichen Erfahrungen, das kaum beschreibbare Wohlbefinden, die ungewöhnliche geistige Klarheit und die Lebensrückschau. Aber wie ist es möglich, dass unter so verschiedenen Gehirnzuständen wie akutem Sauerstoffmangel durch Herzstillstand, schweren Kopfverletzungen nach Unfällen, während Vollnarkosen, aber auch unter ganz normalen Gehirnbedingungen praktisch identische Erfahrungen erlebt werden können? Für rein biochemisch-psychologische Erklärungsmodelle ist dies durchaus ein Problem. Daher zählen diese Befunde zu den schwerwiegendsten Argumenten dafür, warum es nach Expertenmeinungen derzeit keine befriedigende rein biochemische und psychologische Erklärung für Nahtod-Erfahrungen gibt. Für die Annahme, dass diese Erfahrungen weitgehend unabhängig von der gerade aktuellen Gehirnchemie erlebt werden, stellen diese Befunde jedoch kein Problem dar, sondern im Gegenteil eine Bestätigung. Der folgende merkwürdige Bericht ist in diesem Zusammenhang interessant. Er wurde mir wieder von Guy Lyon Playfair zugetragen.

> J. H. hat ihm von ihrer Großmutter berichtet, die stark unter Demenz gelitten hatte und für einige Jahre nur noch sinnlose Unterhaltungen führen konnte. Sie schien niemanden mehr zu erkennen. Als J. sie eines Tages wieder in ihrem Heim besuchte, war die Großmutter wieder vollständig präsent und teilte ihr mit, dass sie „zurückgekommen" sei. Sie habe sich in der Zeit, in der sie in nicht ansprechbarem Zustand auf dem Bett gelegen hatte, außerhalb und oberhalb ihres Körpers befunden. Sie habe von dort alles mitbekommen, was um sie herum

geschehen sei, konnte aber keine richtige Verbindung zu ihrem Körper herstellen und sich verständigen. Es handelt sich hier jedoch nicht um einen Fall von terminaler Geistesklarheit, da die Frau noch einige Monate weiterlebte, ohne ihre geistige Klarheit wieder zu verlieren.

Wahrnehmungen von entfernten Gegebenheiten

Es gibt sogar noch weitere Argumente, die Zweifel an den biochemisch-psychologischen Erklärungsmodellen für Nahtod-Erfahrungen aufkommen lassen; denn im Zustand der Außerkörperlichkeit werden oftmals auch Beobachtungen von Sachverhalten geschildert, die sich in einiger Entfernung vom leiblichen Körper und der Szenerie des Krankenlagers abgespielt haben. Diese Beobachtungen können schwerlich mit einem Restbewusstsein des Körpers oder mit nur zufällig übereinstimmenden Halluzinationen erklärt werden. Beispiele von solchen Wahrnehmungen auf Distanz existieren wiederum viele. Dazu zählen korrekte Beschreibungen der unerwarteten Ankunft von Verwandten im Krankenhaus, Beobachtungen des Verhaltens von Verwandten im Krankenhaus außerhalb des Krankenzimmers, anderweitige Beschreibungen von Personen und Patienten, die sich außerhalb des Krankenzimmers befunden haben, oder von ungewöhnlichen Gegenständen und Einzelheiten der Gebäudearchitektur, die von dem jeweiligen Aufenthaltsort des Patienten nicht einsehbar waren.

Zutreffende Wahrnehmungen vom außerkörperlichen Zustand aus können sich aber noch auf viel größere Distanzen erstrecken. Unter anderem haben auf einer Seite eines Berges verunglückte Menschen die Geschehnisse auf der anderen Bergseite korrekt beschrieben und Gebäude in fremden Städten als Orte wiedererkannt, die sie im außerkörperlichen Zustand besucht hatten. Manche haben berichtet, dass sie sogar Angehörigen einen Besuch abgestattet haben, wie im folgenden Fall:

> C. Martin, ein junger Mann im Alter von sechzehn Jahren, wohnte etwa neunzehn Kilometer von seinem Elternhaus entfernt und wurde auf der Straße von einem großen Stein am Kopf getroffen, der sich von einer Mauer gelöst hatte. Passanten kümmerten sich um seinen schein-

> bar leblosen Körper und riefen einen Arzt. Martin erlebte all dies mit, da er nach eigenem Bekunden während dieser Zeit über der Szenerie in der Mitte der Personengruppe schwebte, die sich um ihn kümmerte. Als einer von ihnen sagte, dass dieser Unfall einen Schock für seine Angehörigen bedeuten würde, wurde er sich sofort des Wunsches bewusst, jetzt bei seiner Mutter zu sein. Innerhalb eines Augenblickes war er dort. Seine Eltern aßen gerade zu Mittag. Bei seiner Ankunft setzte sich seine Mutter kerzengrade in ihrem Stuhl auf und sagte zu ihrem Mann: ‚Bert, unserem Sohn ist etwas zugestoßen.' Ihr Mann hielt das für Unsinn, und sie stritten sich darüber. Aber Martins Mutter ließ sich nicht überzeugen und schickte sich an, den nächsten Zug zu ihm zu nehmen. Kurz darauf traf bereits ein Kurier ein, der die Nachricht von seinem Unfall überbrachte. Martin „begleitete" seine Eltern sogar noch im Zug und bis an sein eigenes Krankenlager. Als seine Mutter sich neben seinen bewusstlosen Körper gesetzt hatte, versuchte er, in ihn einzudringen. Dies gelang ihm schließlich, und er kam darin sofort zu Bewusstsein. Seine Eltern staunten sehr, als er ihnen berichtete, dass er während der letzten Zeit bei ihnen geweilt und ihre Unterhaltungen zu Hause und auch im Zug mitverfolgt hatte.[217]

Dieser Fall ist insofern interessant, als er eine typische Erfahrung enthält, die immer wieder von Angehörigen eines verunglückten oder sterbenden Menschen berichtet wird: Sie empfinden plötzlich ein untrügliches Gefühl davon, dass der betreffenden Person gerade etwas Schlimmes zugestoßen ist.[218] Noch deutlicher wird die Beziehung zwischen demjenigen, der gerade eine Krise durchläuft, und seinen Angehörigen, wenn er dort sogar als körperliche Erscheinung wahrgenommen wird. Auch hiervon existieren einige Berichte. Hier stelle ich den wahrscheinlich bekanntesten von ihnen vor, obwohl er sich bereits vor langer Zeit ereignet hat. Er stammt aus dem Jahr 1691 und wurde danach vielfach aufgegriffen und diskutiert, auch in der Romantik.

---

217 Cook, Greyson und Stevenson (1998), S. 387f.

218 Noch immer ist das akribisch dokumentierte Monumentalwerk zu diesem Thema von Gurney, Myers und Podmore (1886) unübertroffen. Auch mittels statistischer Berechnungen belegen die Autoren, dass solche Erlebnisse auffällig mit Unglücksfällen und Krisensituationen korrelieren.

Mary Goffe lag nach einer langen Krankheit im Sterben. Sie war zu dieser Zeit im Haus ihres Vaters untergebracht. Dieses lag etwa vierzehn Kilometer von ihrem eigentlichen Zuhause entfernt, wo auch ihre Kinder lebten. Am Abend ihres letzten Tages wurde sie untröstlich, nicht bei ihren Kindern sein zu können, und verlangte mit aller Macht, zu ihnen gebracht zu werden. Doch ihr bedenklicher Gesundheitszustand ließ dies nicht zu. Zwischen ein und zwei Uhr nachts fiel sie in eine Art Trance. Die Frau, die an ihrem Bett über sie wachte, konnte keinen Atem mehr wahrnehmen und war sich nicht sicher, ob die Kranke noch am Leben war oder nicht. Ihre Augen waren starr und der Mund geöffnet. Doch Mary Goffe kam wieder zu sich und berichtete ihrer Mutter am nächsten Tag, sie habe in der Nacht ihre Kinder zu Hause besucht. Ihre Mutter wies sie jedoch darauf hin, dass dies unmöglich sei, da sie doch die ganze Nacht bei ihr im Haus gelegen habe. Ja, antwortete ihre kranke Tochter, sie sei aber dennoch, während sie geschlafen habe, bei ihnen gewesen.

Dort hatte sich laut der Kinderpflegerin etwa um viertel vor zwei Uhr nachts das Folgende ereignet: Mary Goffe trat aus dem Zimmer, in dem ihr älteres Kind schlief, in das Zimmer des jüngeren Kindes ein, wo sich auch die Pflegerin aufhielt. Sie stand etwa eine Viertelstunde an dem Bett des Kindes, bewegte ihre Augen und auch ihre Lippen, sprach aber nichts. Nachdem die Kirchturmuhr zwei Uhr geschlagen hatte, sprach die Pflegerin sie an. Aber Goffe verschwand einfach. Erst jetzt erschrak die Pflegerin bis in die Knochen. Sie verließ voller Angst das Haus und lief draußen umher, bis sie um fünf Uhr morgens bei Nachbarn namens Sweet um Einlass begehrte. Diese reagierten jedoch nicht. Um sechs Uhr versuchte sie es erneut, jetzt wurde sie eingelassen. Sie erzählte voller Aufregung ihr Erlebnis, wurde jedoch von den Nachbarn beruhigt: Es müsse sich um einen Irrtum oder einen Traum gehandelt haben. Die Pflegerin bestand jedoch darauf, dass es kein Traum oder etwas Ähnliches gewesen sei.

Vormittags traf ein Kurier bei den Sweets ein. Er teilte ihnen mit, dass Mary Goffe im Sterben lag und sie noch zu sehen wünsche. Frau Sweet reiste noch am selben Tag zu ihr, aber Mary war bei ihrer Ankunft schon nicht mehr ansprechbar. Ihre Mutter erwähnte im Gespräch mit Frau Sweet unter anderem, wie gerne Mary ihre Kinder noch zu sehen gewünscht habe, und dass sie diese angeblich sogar in der Nacht gesehen hätte. Dies erinnerte Frau Sweet sofort an die Erzählung der Kinderpflegerin. Der Kreis schloss sich.

Der Berichterstatter dieses Falls, ein britischer Geistlicher, befragte sowohl die Pflegerin und das Ehepaar Sweet in dem einen Dorf, als auch die Mutter und die anderen beteiligten Personen im Elternhaus zu dem Vorfall. Er befand, dass alle Befragten einen intelligenten und ehrlichen Eindruck machten und sich ihre jeweiligen Berichte deckten. Er hielt es für unwahrscheinlich, dass sie alle ein gemeinsames Lügengebäude konstruiert haben sollten und sah auch nicht, welche Motivation dem zugrunde gelegen haben könnte.[219]

Ein Fall aus jüngerer Zeit wurde von Melvin Morse und Paul Perry wiedergegeben. Hier traten bei einer Frau während einer Herztransplantation Komplikationen auf, und ihr Leben stand für vier Stunden auf der Kippe. Das neue Herz versagte schlichtweg den Dienst. Schließlich wendete sich das Blatt zum Guten. Gegen sechs Uhr morgens war die Operation überstanden. Die Tochter der Frau rief ihren Mann an, um ihm mitzuteilen, dass die Operation gut überstanden sei. Dieser zeigte sich davon nicht überrascht; denn kurz nach zwei Uhr nachts war er von seiner Schwiegermutter geweckt worden. Sie stand am Fuß seines Bettes. Er wunderte sich sehr darüber und dachte, sie sei gar nicht ins Krankenhaus gefahren. Er setzte sich auf und fragte sie, ob alles in Ordnung sei. Sie antwortete, dass es ihr gut ginge, dass alles in Ordnung sei, und es nichts zu befürchten gäbe. Dann verschwand sie. Der Schwiegersohn fürchtete sich nicht, stand jedoch auf und schrieb sowohl den Wortlaut der Unterhaltung als auch die Zeit der Erscheinung auf.

Im Krankenhaus erzählte die Patientin nach ihrer Operation ihrer Familie von einem „seltsamen Traum“, in dem sie aus ihrem Körper

219 Baxter (1691), S. 147-151. Für eine ausführliche Darstellung des Falls und seiner Nachgeschichte siehe Alvarado (2010). Die Originalpublikation kann auch im Internet nachgelesen werden, z.B. unter http://www.scribd.com/doc/56174813/Baxter-Certainty-of-the-World-of-Spirits-1691-Complete

ausgetreten sei und die Operation von oben sehen konnte. Dann habe sie versucht, im Wartezimmer mit ihren Familienmitgliedern zu sprechen, was ihr aber nicht gelungen sei. Frustriert habe sie beschlossen, ihren fünfzig Kilometer entfernt wohnenden Schwiegersohn zu besuchen. Hier habe sie am Fußende seines Bettes gestanden und ihm gesagt, dass alles gut gehen würde. Morse und Perry haben verschiedene Familienmitglieder zu dem Fall befragt. Auch sie entdeckten weder Unstimmigkeiten in den einzelnen Berichten noch eine Motivation, eine solche Geschichte zu erfinden.[220]

Sollten derartige Fälle der Wahrheit entsprechen, so würden sie ein gewichtiges Indiz dazu beisteuern, dass der Mensch in Todesnähe tatsächlich in Echtzeit Wahrnehmungen vollziehen kann, die weitgehend unabhängig von der Gehirnfunktion sind.

Doch mit solchen Fällen sind die Besonderheiten von Nahtod-Erfahrungen noch lange nicht abgedeckt. So existieren mindestens sieben Fallberichte, wonach die Nahtod-Erfahrenden in ihren Visionen unbekannte Personen gesehen haben, die erst nachträglich als bestimmte Verstorbene identifiziert worden sind, z.B. anhand von Fotografien. Einer davon betrifft, wie beschrieben, den geheilten Mann in Sartoris Studie.[221] Noch erstaunlicher ist, dass auch blinde Menschen während Nahtod-Erfahrungen offenbar über eine Art Sicht verfügen können. Dazu mehr im folgenden Abschnitt.

Nahtod-Erfahrungen von blinden Menschen

Blinde Menschen, die behaupten, während Nahtod-Erfahrungen visuelle Eindrücke empfangen zu haben, findet man sowohl unter denjenigen, die erst im Laufe ihres Lebens erblindet sind, also auch unter denjenigen, die von Geburt an blind sind. Dies deckt sich mit den Berichten von Personen, die Sehschwächen haben und auf Brillen angewiesen sind – auch diese berichten übereinstimmend, dass ihre Sicht während außerkörperlicher Erfahrungen perfekt gewesen sei. Nebst verschiedenen Anekdoten exis-

220 Morse und Perry (1995), S. 22-24. Weitere Fallreferenzen habe ich in Nahm (2011) angeführt, auch Sartori (2008, S. 299) beschreibt ein solches Beispiel.

221 Für weitere Literaturangaben siehe Nahm (2011).

tiert allerdings nur eine echte Untersuchung, die speziell zu diesem Thema durchgeführt worden ist.

Kenneth Ring und Sharon Cooper konnten insgesamt einunddreißig blinde Menschen ausfindig machen, die entweder Nahtod-Erfahrungen oder anderweitige außerkörperliche Erfahrungen erlebt hatten. Von diesen waren vierzehn von Geburt an blind, elf hatten ihr Augenlicht nach dem Alter von fünf Jahren verloren, und die restlichen sechs galten trotz gewisser Sehfähigkeiten als derart sehbehindert, dass sie vor dem Gesetz als blind geführt wurden. Von diesen einunddreißig Personen hatten einundzwanzig eine Nahtod-Erfahrung erlebt, die übrigen zehn befanden sich nicht in Todesnähe und hatten lediglich „normale" außerkörperliche Erfahrungen. Insgesamt haben fünfundzwanzig der einunddreißig Personen berichtet, während dieser Erfahrungen über eine Art Sicht verfügt zu haben. Unter den vierzehn blind geborenen Personen haben neun visuelle Eindrücke beschrieben. Als ein Beispiel fasse ich den Bericht von Vicki Umipeg zusammen, doch einige andere Blinde haben sehr ähnliche Erfahrungen geschildert. Vicky zählt zu der Personengruppe der von Geburt an blinden Menschen. Als sie im Jahr 1973 bei einem Autounfall schwer verletzt worden war, durchlebte sie eine Nahtod-Erfahrung.

> Obwohl Vicky sich noch schwach daran erinnert, schon direkt nach dem Unfall aus ihrem Körper ausgetreten zu sein und das verbeulte Auto von oben gesehen zu haben, kam sie erst im Krankenhaus richtig zu Bewusstsein. Sie schwebte dabei unter der Decke der Notaufnahme-Station. Unter sich sah sie einen Körper liegen, um den sich zwei Ärzte bemühten. Nach kurzer Zeit erkannte sie, dass dies ihr eigener Körper sein musste. Sie fragte sich, ob sie tot sei. Vicky konnte auch hören, wie die beiden sich besorgt darüber unterhielten, dass sie nun vielleicht auch noch ihr Hörvermögen verloren hatte. Sie versuchte daraufhin, ihnen mitzuteilen, dass alles in Ordnung sei, aber sie konnte sich nicht bemerkbar machen.
>
> Danach begann sie, durch die Decke des Zimmers hindurch nach oben zu steigen – immer höher, bis über das Dach des Krankenhauses hinaus ins Freie. Dort eröffnete sich ihr ein Blick über die gesamte Umgebung des Krankenhauses. Sie fühlte sich großartig und genoss die neu gewonnene Bewegungsfreiheit in vollen Zügen. Sie hörte nun

auch außerordentlich schöne und harmonische Musik, die sie an den Klang von Windspielen erinnerte. Ohne nennenswerten Übergang wurde sie dann in eine dunkle Röhre gezogen und bewegte sich auf ein Licht zu. Gegen Ende der Röhre hatte sich die zarte Musik zu Chorälen gesteigert, und schließlich „rollte" sie auf eine mit Gras bestandene Wiese hinaus. Hier fand Vicky sich umgeben von Blumen, Bäumen und vielen Menschen. Alles erstrahlte in einem unbeschreiblichen Licht. Dieses war nicht nur zu sehen, sondern irgendwie auch zu fühlen – und es war erfüllt von Liebe.

Vicki wurde sich dann der Gegenwart von fünf Personen bewusst, die sie begrüßten. Sie erkannte zunächst zwei Mädchen, die sie aus der Blindenschule gekannt hatte. Sie waren im Alter von elf und sechs Jahren gestorben. Zu Lebzeiten waren sie nicht nur blind, sondern auch geistig zurückgeblieben gewesen. Nun erschienen sie strahlend, schön, gesund und wie in der Blüte ihres Lebens stehend. Weiterhin waren zwei verstorbene Erzieher sowie ihre Großmutter anwesend.

Dann wurde sie spontan von dem Gefühl ergriffen, alles zu wissen – das gesamte Wissen des Universums schien für sie einsichtig und verständlich zu sein. Da war „nichts, das sie nicht wusste". Inmitten dieses Gebadetseins in Wissen manifestierte sich eine überwältigende Lichtgestalt, in der Vicky Jesus zu erkennen glaubte. Zu ihrer äußersten Enttäuschung teilte ihr dieses Wesen jedoch mit, dass sie nicht bleiben könne. Sie müsse wieder zurückkehren, um mehr über das Lieben und über Vergeben zu lernen, und um Kinder zu bekommen. Doch bevor sie zurückgeschickt wurde, erfuhr sie eine detaillierte Lebensrückschau, die sich bis zu ihrer Geburt erstreckte. Ihre Handlungen sowie deren Auswirkungen auf ihre Mitmenschen wurden von dem Wesen verständnisvoll kommentiert. Sie sah diese Szenen dabei wie von außen in einem Film, erlebte sie aber auch zugleich noch einmal selbst mit. Nach dieser Lebensrückschau wurde ihr endgültig mitgeteilt, sie müsse wieder zurückkehren. Sie fand sich sofort mit einem dumpfen Aufschlag in ihrem schmerzenden physischen Körper wieder.[222]

222 Ring und Cooper (2007). Die Nahtod-Erfahrung von Vicky Umipeg wird an verschiedenen Stellen des Buches behandelt, und zwar auf den Seiten 14-17, 26-38, 84 und 101.

Vicky wurde gezielt darüber befragt, wie sie das Sehen erlebt hatte. Sie gab darüber ausführlich Auskunft. Es schien zunächst verwirrend und nicht einfach gewesen zu sein, die gesehenen Dinge richtig einzuordnen. Es war erschreckend, kaum fassbar und großartig zugleich. Sie fand es auch schwer, ihre visuellen Erfahrungen in Worte zu kleiden – es muss wie sehen und wissen zugleich gewesen sein. Sie war sich nicht sicher, ob sie Farben gesehen hatte, aber sie beschrieb verschiedene „Schattierungen von Helligkeit", was man durchaus als verschiedene Farben interpretieren konnte.

Vicky Umipeg und einige andere Blinde schildern ihre Nahtod-Erfahrung demnach genauso, wie Sehende ihre Nahtod-Erfahrungen schildern. Viele berichten sogar davon, dass das „Sehen" trotz der verwirrenden Fremdartigkeit dennoch zugleich eine ausgesprochen vertraute und natürliche Qualität hatte. Das alles erstaunt. Wie kommen denn diese visuellen Wahrnehmungs-Elemente bei Blinden zustande? Vicky und die anderen Personen, die schon seit ihrer Geburt blind sind, haben normalerweise kein Konzept von visuellen Eindrücken. Sie sehen einfach nichts, noch nicht einmal „Dunkelheit" oder „Schwarz". Sie kennen dies nur aus Erzählungen. Auch ihre nächtlichen Träume beinhalten keinerlei visuelle Komponenten. Leider konnte ich keine Literatur zu dem Thema finden, wie von Geburt an blinde Menschen halluzinieren – aber ich vermute, dass sie dann keine detaillierten Trugbilder von Blumen, Bäumen, unbeschreiblichen Lichtern, menschlichen Gestalten und Gesichtern, mystischen Lichtwesen oder, wie in einem Fall, eine gigantische Bibliothek mit unzähligen Büchern sehen.

Warum sie also ausgerechnet in Todesnähe oder während außerkörperlicher Erfahrungen zum ersten Mal in ihrem Leben detailreiche visuelle Eindrücke halluzinieren sollten, muss von einem rein biochemisch-psychologischen Standpunkt aus verwundern. Dies gilt für die Selbstschau des Körpers und seines Umfeldes von einer erhöhten Warte aus, aber es gilt genauso für die Lebensrückschau, in der die Blinden sich selbst und ihre Interaktionen mit anderen Menschen zum ersten Mal in ihrem Leben *von außen* betrachten können. Es gilt auch für die vielseitigen Beschreibungen der jenseitigen Landschaften. Einen erkennbaren Grund, all diese Elemente plötzlich visuell zu halluzinieren, gibt es nicht. Vom Gesichtspunkt einer rein biochemisch-psychologischen Erklärung für Nahtod-Erfahrungen von Blinden sollte man vielmehr erwarten, dass diese sich genau wie ihre Träume im Rahmen ihrer bekannten Bewusstseinszustände bewegen, und dass nicht eine gänzlich neue Wahrnehmungsfähigkeit eingeführt wird, die alles Bekannte übertrifft. Auch unter den von Ring und Cooper befragten Blinden traten diese Erfahrungen unter sehr unterschiedlichen Gehirnzuständen auf: Nach schweren Verkehrsunfällen, Herzinfarkten, lebenskritischen Operationen, während einer schweren Asthma-Attacke, während einer Vergewaltigung oder auch während ganz normaler Müdigkeitszustände. Vom Gesichtspunkt der Filter-Theorie machen diese Beobachtungen durchaus Sinn, denn das von der behindernden Körpermaterie befreite Ich-Bewusstsein könnte in all diesen Fällen sein angestammtes Potenzial entfalten und wahrnehmen, was ihm sonst verborgen bliebe.

Manche Kritiker der Untersuchungen von Ring und Cooper haben angedeutet, dass die Erfahrungsberichte der Blinden schlichtweg erfunden oder fälschlich als visuelle Eindrücke rekonstruiert worden sind. Das könnte möglich sein. Diese Kritiker haben allerdings nicht persönlich mit den Betroffenen gesprochen (was sich immer empfiehlt, bevor man jemanden der Lüge bezichtigt), selbst keinerlei eigene Forschungsarbeit geleistet und auch ansonsten nichts vorgebracht, was die Berichte der fünfundzwanzig Blinden ernsthaft in Misskredit gebracht hätte.[223]

Ring und Cooper haben auch wenige Beispiele beschrieben, in denen Blinde Zutreffendes über Gegebenheiten ihrer Umgebung ausgesagt haben, die sie eigentlich nicht hätten wissen bzw. sehen dürfen. Diese Beispiele sind jedoch nur vergleichsweise schwach abgesichert und können daher nicht als Beweise für wahrheitsgemäße visuelle Beobachtungen angesehen werden. Dies wird auch von Ring und Cooper bereitwillig eingestanden. Dennoch sind diese Berichte interessant und decken sich exakt mit dem Muster der Berichte von sehenden Nahtod-Erfahrenen. Ring und Cooper betonen deshalb die Wichtigkeit weiterer Forschungstätigkeit auf diesem Gebiet. Doch bis heute hat sich hier nichts getan. Dabei wäre es von herausragender Bedeutung, wenn es sich bestätigen würde, dass blinde Menschen, die niemals visuelle Eindrücke empfangen haben, dies im

---

223 Zu diesen Kritikern zählen Fox (2003) und Augustine (2007b). Kenneth Ring hat diese Kritiker seinerseits mit einer Kritik versehen (Ring, 2007).

außerkörperlichen Zustand tun könnten. Das Gleiche träfe auf Fälle zu, worin taube Menschen behaupten, im außerkörperlichen Zustand hören zu können. Es gibt auch hierzu Beispiele. Doch diese sind sehr selten und nur sehr dürftig gesichert. Die enorme Bedeutung von derartigen Fällen für die Theorien der menschlichen Wahrnehmung ist dennoch offensichtlich. Positive Befunde wären eine wertvolle Bestätigung der Filter-Theorie, die auch für Erklärungsmodelle für terminale Geistesklarheit von Bedeutung wäre. Denn wenn körperliche Mängel von Sinnesorganen wie Augen und Ohren in Todesnähe aufgehoben oder überschrieben werden könnten: Warum sollte dies nicht auch bei körperlichen Mängeln im Gehirn möglich sein, die eine geistige Beeinträchtigung nach sich ziehen?[224]

Untersuchungen zu außerkörperlichen Erfahrungen

Ich bin bei den hier vorgestellten Beispielen von außerkörperlichen Erfahrungen weiter der Maxime des Buches gefolgt, die Berichte der Menschen ernst zu nehmen und sie so darzustellen, wie sie erzählt worden sind. Sie kommen mir auch deshalb grundsätzlich glaubhaft vor, da ich einmal selbst eine mehrminütige außerkörperliche Erfahrung erlebt habe, die zutreffende Wahrnehmungen von unbedeutenden Einzelheiten meiner Umgebung enthalten hat. Dies konnte ich nach der Erfahrung feststellen. Letztlich hätte ich diese Einzelheiten allerdings vorher schon unbewusst registrieren können, so dass ich sie möglicherweise aus dem Unterbewusstsein stimmig rekonstruiert haben könnte. Dennoch war dieses Erlebnis für mich derart realistisch, dass ich bis zum Schluss gedacht habe, ich würde aus einem unerklärlichen Grund mit meinem physischen Körper fliegen können. Diese Erfahrung unterschied sich auch deutlich von verschiedenen ähnlichen Erlebnissen, die ich später noch erlebt habe. Letztere enthielten stets halluzinationsartige Aspekte, waren weniger klar und wesentlich kürzer. Diese Erfahrung unterschied sich erst recht von allen

---

224 Interessant sind in diesem Zusammenhang auch die beiden gut dokumentierten Fälle aus Lourdes, wobei blinde Personen plötzlich ihr Augenlicht wieder erhalten haben (die Fälle von Gerard Baillie und Marie Biré). Ganz besonders erstaunlich ist dabei: In beiden Fällen waren entscheidende Augenpartien, wie die Sehnerven, praktisch nicht vorhanden und jedenfalls nicht funktionsfähig, was ärztliche Untersuchungen bestätigt haben (Cranston, 1988, S. 42-46 und 227-233).

Träumen, die ich jemals hatte, inklusive rund hundert luzider Träume (das heißt Träume, in denen mir bewusst war, dass ich träumte).

Ich kann daher aus eigener Erfahrung die Menschen sehr gut verstehen, die von der Echtheit ihrer außerkörperlichen Erfahrung überzeugt sind. Vielleicht mögen manche davon nur mit Zufallstreffern und echten Wahrnehmungen gespickte Halluzinationen gewesen sein, doch nur ein einziger „echter“ und gut abgesicherter Fall würde bereits genügen, die grundsätzliche Trennbarkeit des Geistes vom Gehirn zu demonstrieren. Die Zahl der über die gesamte Literatur verstreuten Berichte über außerkörperliche Erfahrungen mit zutreffenden Wahrnehmungen der Umwelt geht weltweit in die Hunderte, und diejenige der Fälle, die nirgendwo aufgezeichnet und publiziert worden sind, geht sicher in die Tausende.[225] Janice Holden, die derzeitige Herausgeberin der wichtigsten Fachzeitschrift für Phänomene in Todesnähe, das *Journal of Near-Death Studies*, hat alleine aus der qualitativ überdurchschnittlichen Literatur der Nahtod-Forschung hundertundsieben Fälle zusammengestellt, in denen die Erfahrenden zutreffend Sachverhalte beschrieben haben, die ihren normalen Sinnesorganen nicht zugänglich gewesen sein sollen.[226] In diesem Zusammenhang ist auch eine Studie des Soziologie-Professors Hornell Hart wichtig. Er hat insgesamt zweihundertachtundachtzig publizierte Berichte von außerkörperlichen Erfahrungen untersucht. Es waren immerhin neunundneunzig Berichte darunter, in denen die Erlebenden ihre im außerkörperlichen Zustand gemachten Beobachtungen anderen Personen schon zu einem Zeitpunkt mitgeteilt hatten, zu dem sie noch keine bestätigende Kenntnis über diese

225 Hier sollte vor allem Emil Mattiesens Studie zu außerkörperlichen Erfahrungen erwähnt werden. Mattiesen zählt zu den ersten Autoren, welche die große theoretische Bedeutung der Nahtod-Erfahrungen inklusive außerkörperlicher Erfahrungen herausgestrichen haben und sie systematisch und ausführlich analysiert haben. Er hat zu diesem Zweck mit nur „geringer Quellenkenntnis“ und nach „flüchtigem Suchen und Fragen“ sechzig Fallbeispiele von außerkörperlichen Erfahrungen zusammengestellt, von denen ein Großteil solche Wissenselemente enthält, die den Erfahrenden zuvor unbekannt waren (Mattiesen, 1936-1939, Band 2, S. 296-348). Er hat seine Analyse in sein detailliertes und feinsinniges Monumentalwerk über das „Persönliche Überleben des Todes“ eingeflochten, wodurch sie besondere Aussagekraft erhält. Er schätzt, dass schon zu seiner Zeit die Zahl der Berichte sich „in die Hunderte“ hätte steigern lassen (S. 334).

226 Holden (2009). Dort beschreibt sie auch, welche Art von Publikationen sie für diese Sammlung berücksichtigt hat und welche nicht. Nicht eingeschlossen hat sie u.a. solche außerkörperliche Erfahrungen, die nicht in Todesnähe stattfanden.

fernen Gegebenheiten hatten. Diese Erlebenden können also ihre teilweise sehr spezifischen Beschreibungen nicht erst im Nachhinein mit den zutreffenden Gegebenheiten abgeglichen haben.[227]

Doch es ist offensichtlich, dass solche Erfahrungsberichte nur verhältnismäßig wenige Menschen von der Realität außerkörperlicher Erfahrungen überzeugen werden, selbst wenn sie noch so beeindruckende zutreffende Details entfernter Gegebenheiten enthalten. Am ehesten werden sich skeptische Personen mittels erfolgreicher und wiederholbarer experimenteller Untersuchungen überzeugen lassen. Leider werden dergleiche Untersuchungen von Wissenschaftlern an Universitäten und anderen offiziellen Forschungseinrichtungen nicht durchgeführt, obwohl, wie manche von ihnen durchaus zugeben, dies im Erfolgsfall gewichtige Konsequenzen für unser Menschenbild haben würde.[228] Bislang waren es

227 Hart (1954).

228 Es werden jedoch etliche sehr kostspielige Studien mit moderner Medizintechnologie durchgeführt, die darauf abzielen, die biochemischen Prozesse aufzudecken, die zu den Empfindungen von außerkörperlichen Erfahrungen führen. Diese hält man dabei durchweg für Halluzinationen der Erlebenden. Dementsprechend wird in diesen Modellen nur die unmittelbare Selbstschau des eigenen Körpers von einer erhobenen Warte aus diskutiert, die „Autoskopie". Beispiele für zutreffende Wahrnehmungen auf Entfernung werden regelmäßig und vollständig ignoriert – wahrscheinlich in dem Glauben, diese Berichte seien ohnehin nicht glaubhaft und verdienten keine Berücksichtigung. Namhafte naturalistische Autoren, wie Olaf Blanke, definieren außerkörperliche Erfahrungen sogar dadurch, dass man seinen eigenen Körper unter sich liegen sieht (Blanke und Arzy, 2005). Die Tatsache, dass dies sehr häufig nur das Anfangsstadium von viel komplexeren außerkörperlichen Erfahrungen ist, wird dabei völlig übergangen, genau wie die Tatsache, dass die Autoskopie gar nicht immer Bestandteil von außerkörperlichen Erfahrungen ist. Bei meiner eigenen Erfahrung habe ich mich beispielsweise einfach aus dem Bett erhoben und bin aus dem Fenster geflogen, ohne jemals zurückzuschauen. Doch auch abgesehen von der offensichtlichen Ignoranz sämtlicher Fälle von „Wahrnehmung auf Entfernung" gibt es weitere feinsinnige und fundierte Kritikpunkte an den naturalistischen Erklärungsmodellen (z.B. Holden, Long und McLurg (2006), Giesler-Petersen (2008), Kelly, Greyson und Kelly (2007) oder Greyson, Kelly und Kelly (2009). Eine auffällige grundsätzliche Schwäche der naturalistischen Erklärungsansätze besteht darin, dass versucht wird, außerkörperliche Erfahrungen mit bestimmten Gehirnaktivitäten in Verbindung zu bringen und diese Gehirnaktivitäten dann als Ursache der Halluzinationen anzusehen (typisch hierfür ist wieder Blanke und Arzy, 2005). Doch man könnte diese Gehirnaktivitäten von einem logisch gleichwertigen Gesichtspunkt aus auch als Auslöser von (teilweise) echten außerkörperlichen Erfahrungen ansehen oder, wie im dritten Kapitel dargestellt, als bloße Korrelationen zwischen zwei Ereignissen, die zwar gemeinsam auftreten und sich wechselseitig spiegeln, aber letztlich keinen ursächlichen Zusammenhang

ausschließlich einige wenige Nahtod-Forscher und Parapsychologen, die sich experimentell der Frage genähert haben, ob im außerkörperlichen Zustand zutreffende Wahrnehmungen von entfernten Gegebenheiten erfahren werden können. Dabei ist dies im Prinzip nicht allzu schwer. Man käme sogar ohne hochkomplexe und sehr kostspielige Medizintechnologie aus. Alles, was man braucht, ist eine Person, die laut eigenen Angaben diese Zustände sehr zuverlässig herbeiführen kann. Sodann versteckt man ein dieser Person nicht bekanntes Bild- oder Zahlenmotiv in einem dafür vorgesehenen Zimmer und lässt sie das Motiv vom außerkörperlichen Zustand aus beschreiben. In der heutigen Zeit könnte man dafür auch Computer einsetzen, die per Zufallsgenerator Bilder oder Motive für bestimmte Zeiten auf einem Monitor anzeigen. Geeignete Versuchspersonen mögen zwar selten sein, aber sie ließen sich sicher finden. Immerhin ist tatsächlich wenigstens ein erfolgreiches Experiment durchgeführt worden – auch wenn dieses nur tastenden Charakter hatte. Hier sollte eine Frau, angeschlossen an ein EEG-Gerät, in einem Schlaflabor vom außerkörperlichen Zustand aus eine fünfstellige Zahl erkennen, die auf ein Stück Papier geschrieben und hoch oben auf ein Regal gelegt worden war. Sie erkannte die Zahl 25 132 richtig – dies entspricht einer Wahrscheinlichkeit von 1 zu 100 000. Die EEG-Aufzeichnungen während dieser außerkörperlichen Erfahrung zeigten eine ungewöhnliche Gehirnaktivität, die Ähnlichkeiten mit den ersten Stadien des Einschlafens hatte. Die Herzfrequenz und der Blutdruck wiesen keine besonderen Auffälligkeiten auf, und es war offensichtlich, dass die Versuchsperson sich zu keiner Zeit in Todesnähe befunden hatte.[229]

Auch im Zusammenhang mit Nahtod-Erfahrungen sind bereits ähnli-

---

im Sinne der „Produktionshypothese“ haben. Letztlich würde die Reizung von bestimmten Gehirnpartien aber ohnehin nur unter gewissen Bedingungen Bedeutung haben, nicht aber unter gänzlich anderen Bedingungen, wie z.B. nach Herzinfarkten, wenn gänzlich andere Gehirnzustände herrschen. Dieser entscheidende Aspekt wird von naturalistischen Autoren viel zu wenig beachtet.

229 Tart (1968). Es ist ihm jedoch aus verschiedenen Gründen nicht mehr geglückt, weitere erfolgreiche Ergebnisse zu erzielen. Tart hat die vielen Probleme, die bei diesen scheinbar einfachen Studien auftreten können, in einer lesenswerten Publikation zusammengefasst (Tart, 1998). Für einen anderen interessanten Versuch, der die Hypothese der „außerkörperlichen Wahrnehmung“ zu stützen scheint, siehe Osis und McCormick (1980), auch Roll (1974) ist in diesem Zusammenhang interessant.

che Studien in Krankenhäusern durchgeführt worden. Ein Beispiel hierfür ist wiederum Sartoris Untersuchung. Im Allgemeinen wurden bei diesen Studien Bilder auf von unten nicht einsehbare Orte gelegt, beispielsweise auf Regale oder die Oberflächen von Lampen, Monitoren und anderen medizinischen Geräten. Allerdings hat bislang in keiner dieser Studien ein Patient von einem solchen Bild berichtet. Doch dies ist angesichts der kleinen Dimension der Studien und aufgrund verschiedener Probleme in ihrer praktischen Durchführung nicht allzu verwunderlich. Schließlich sind außerkörperliche Erfahrungen auch in Krankenhäusern nicht gerade alltäglich – und selbst wenn sie auftreten, wendet sich der Patient selten ausgerechnet derjenigen Zimmerecke zu, wo das zu entziffernde Zielobjekt abgelegt worden ist, oder er „steigt nicht hoch genug auf" und so fort.[230] Doch vor allem mangelte es bei diesen Studien an Finanzmitteln und an Personal, das sinnvoll in die Studien eingebunden werden könnte. Eine neue, groß angelegte Untersuchung soll hier nun andere Maßstäbe setzten. An der sogenannten AWARE-Studie sollen sich fünfundzwanzig Krankenhäuser in verschiedenen Ländern beteiligen. Auch sie wurde einzig aus privater Initiative und persönlichem Engagement heraus ins Leben gerufen. Ziel ist es, etwa eintausendfünfhundert wiederbelebte Herzinfarkt-Patienten zur etwaigen Wahrnehmung der nur von oben einsehbaren Bilddarstellungen zu befragen. Derzeit läuft die Studie noch, aber man darf auf die Ergebnisse der Studie gespannt sein.

Weitere Rätsel und Bedenkenswertes

Nebst den außerkörperlichen Erfahrungen gibt es jedoch noch weitere Elemente von Nahtod-Erfahrungen, deren Zustandekommen derzeit ungeklärt ist. Dazu zählt alleine schon die plötzliche Rückkehr des Schmerzes beim Wiedereintritt in den Körper nach außerkörperlichen Erfahrungen, wie es auch der beschriebene Patient von Sartoris Studie und Vicky Umipeg erlebt haben. Welche biochemische Erklärung man dem Phänomen auch zugrunde legt, so ist derzeit keine Substanz bekannt, die derart schnelle Veränderungen des Schmerzempfindens bewirken könnte. Auch die vielzitierten körpereigenen Endorphine können dies nicht leisten, was eigentlich

230 Für eine gute Übersicht über die bislang durchgeführten Studien und die damit verbundenen Probleme siehe Holden (2009).

seit langem bekannt ist. So bleibt es unter biochemischen Gesichtspunkten rätselhaft, wie manche Nahtod-Erfahrende, nachdem sie die am Körper vorgenommenen Prozeduren vom schmerzfreien und „nur scheinbar" außerkörperlichen Zustand zutreffend wahrgenommen haben, zugleich mit dem Eintauchen in diesen Körper innerhalb von Sekundenbruchteilen auch in extreme Schmerzen eintauchen.

Weiter ist die überaus mysteriöse Lebensrückschau als ungeklärtes Problem zu nennen. Sie erstreckt sich nicht selten bis ins früheste Kindesalter oder sogar bis zur Geburt, was äußerst bemerkenswert ist (so auch bei der von Geburt an blinden Vicky). Hier scheint sich zu bewahrheiten, was auch aus der Hypnose-Forschung seit langem bekannt ist: Praktisch nichts von dem, was wir jemals erlebt haben, geht unserem Gedächtnis endgültig verloren. Lediglich der Zugang zu gewissen Inhalten wird versperrt. Trotz dieser Erkenntnis sind wir von Erklärungen für diese Erinnerungen, beispielsweise an Geburtsereignisse, allerdings noch weit entfernt. Nach gegenwärtigem Wissensstand sind in neugeborenen Kindern die Gehirnstrukturen, die für das Funktionieren unseres Langzeitgedächtnisses von Nöten sind, noch gar nicht ausgebildet. Sie können zudem ihre Augen nicht fokussieren und scharf sehen. Umso erstaunlicher ist in diesem Zusammenhang, dass selbst Kleinkinder über typische Nahtod-Erfahrungen berichten, die sie während oder kurz nach der Geburt erlebt haben.[231]

Aber auch das auf unbeschreibliche Weise veränderte Wahrnehmungsvermögen und Zeitempfinden während der Lebensrückschau gibt zu denken. Wie ist es möglich, dass innerhalb kürzester „Zeit" die wichtigsten Stationen eines ganzen Menschenlebens nacherlebt werden können? Manche Menschen mit Nahtod-Erfahrungen sprechen sogar von jedem Detail des Lebens. Der Kardiologe Pim van Lommel schreibt, dass diese Menschen Stunden, ja sogar Tage über diese Lebensrückschau sprechen können, obwohl der eigentliche Herzstillstand nur ein paar Minuten ge-

---

231 Für Literaturangaben siehe Sutherland (2009) oder Nahm (2011). Es finden sich sogar verifizierte Einzelheiten in manchen Berichten (z.B. in Mattiesen, 1936-1939, Band 2, S. 314f; oder in Ring und Valarino, 2006, S. 112). Ganz unabhängig von der Nahtod-Forschung hat David Chamberlain (1988) Fälle zusammengetragen, die ebenfalls darauf hindeuten, dass manche Menschen ihre Geburt erinnern können, und – man ahnt es schon – diese wurden teilweise vom Stadium einer außerkörperlichen Erfahrung aus beschrieben.

dauert hat. Vor etlichen Jahren hatte Gotthilf von Schubert die folgende Erklärung dafür parat, und viele Nahtod-Erfahrene würden ihm hier wahrscheinlich beipflichten:

> „Die Seele, sobald sie, mehr oder minder vom Leibe frei geworden, ihrer eigentümlichen Weise folgt, hat einen anderen Weg des Wahrnehmens und Erkennens als durch die Sinnesorgane, einen anderen des Wirkens als durch die Nerven und Muskeln ... Die betrachtende Seele überblickt, gleich dem schwebenden Vogel, zugleich und mit einem Male die ganze Aufeinanderfolge der Empfindungen und Handlungen, welche sie im gewöhnlichen, wachen Zustande langsam und allmählich erfährt. Daher wurde in einem von Moritz erzählten Fall, in einem Hellgesicht, welches kurze Zeit vor dem Tode eingetreten, das ganze vergangene Leben, mit allen seinen reichen Erfahrungen und Führungen, mit seinen tausendfältigen Handlungen, in geisterhafter Nebeneinanderstellung und Blitzesschnelle überblickt ... Wenn dann die Seele im Hellsehen diesen eigentümlichen Flug genommen, so vermag seinen Spuren der gewöhnliche Gang der Erinnerung so wenig zu folgen, als ein vierfüßiges Tier dem Fluge des Vogels.“[232]

Allerdings besteht die Lebensrückschau häufig noch nicht einmal aus einfachen Erinnerungen. Manche Elemente unterscheiden sich sogar grundlegend davon; denn viele Nahtod-Erfahrene haben sich gleichzeitig sowohl als Akteur erlebt, der die Szenen erneut durchlebt, als auch als Zuschauer, der von außen dabei zusieht. Zusätzlich haben sie dazu aber auch noch die Gefühle der anderen Menschen in den jeweiligen Szenen miterlebt. Das alles ist bei gewöhnlichen Erinnerungen nicht der Fall. Die Lebensrückschau hinterlässt daher bei Vielen einen tiefen und unauslöschlichen Eindruck. Doch diejenigen Erlebnissen, die viele Nahtod-Erfahrene bis ins Mark berühren, die oftmals ihr gesamtes Leben und ihre Werte durcheinander wirbeln und das wiedergewonnene körperliche Leben oft als unerträgliche Einschränkung und einen fortgesetzten Leidensweg erscheinen lassen, gehören meist zu den noch weiter jenseitigen Aspekten von Nahtod-Erfahrungen. Dazu zählen die unbeschreibliche geistige Klarheit, die manchmal geradezu als „Allwissen“ empfunden wird, vor allem aber

232 von Schubert (1850), Band 2, S. 46f.

auch das nicht minder unbeschreibliche Wohlbefinden, ein nie gekannter Friede, das Umfangensein von einer unvorstellbaren Liebe und Akzeptanz, ein unaussprechliches Gefühl des Heimgekommenseins sowie die Begegnungen mit verstorbenen Angehörigen und mit machtvollen, lichtdurchtränkten und zugleich liebevollen Wesen. Die Nachwirkungen von Nahtod-Erfahrungen können jahrelang andauern, oft ein ganzes Leben. Von Schubert hat auch dies treffend charakterisiert:

> „In mehreren Fällen aber fand sich die Seele während der Dauer des Scheintodes in einem Zustand der Entzückung und Versetzung in eine heimatliche Region, für welchen das Maß der Zeit und die Scheidewand des trennenden Raumes unserer diesseitigen Welt nicht mehr vorhanden ist, denn es hatte der heimwärts gewendete Geist die Seligkeit, so wie die Furcht und Zittern erweckenden Kräfte einer ganzen Ewigkeit gekostet. Viele behielten nach dieser oberen Stätte eines kurzen Verweilens ein Heimweh, welches durch keine Lust des späteren leiblichen Lebens gestillt, durch keinen Schmerz der Erde verlöscht werden konnte.“[233]

Sollten Nahtod-Erfahrungen tatsächlich nur Halluzinationen sein, so muss zumindest verwundern, dass diese einen derart nachhaltigen Effekt auf die Menschen ausüben können. Ein Beispiel, das fast schon wieder den Bogen zur terminalen Geistesklarheit schlägt, mag dies illustrieren: Eine stark demente Alzheimer-Patientin, die im Endstadium der Krankheit auch ihre Familienangehörigen nicht mehr erkannt hatte, hat sich zuletzt nur noch an ihre Nahtod-Erfahrung erinnert.[234] Sollten Nahtod-Erfahrungen nur lose oder vielleicht auch gar nicht an die jeweils vorhandene Gehirnchemie gebunden sein, so könnte man vermuten, dass auch die Erinnerung an sie weniger an die vorhandenen Gehirnstrukturen gekoppelt wäre als „normale“ Erinnerungen, die schließlich in intakten Gehirnen verarbeitet worden sind. Carl du Prel hat im Jahr 1888 darauf verwiesen, dass Nahtod-Erfahrungen und verwandte Erlebnisse nicht aus dem Körper heraus zu erklären seien. Sie würden vielmehr „trotz desselben“ eintreten.[235] Sollte er damit Recht behalten?

---

233 von Schubert (1850), Band 1, S. 438.
234 Ring (2007), S. 73.
235 du Prel (1888/1971), S. 201.

Mit diesen Überlegungen möchte ich das spannende und vielseitige Thema der Nahtod-Erfahrungen zunächst verlassen, aber es wird uns in diesem Buch immer wieder in anderen Zusammenhängen begegnen. Zusammenfassend möchte ich nochmals betonen, dass zahlreiche Aspekte von Nahtod-Erfahrungen noch immer voller ungeklärter Fragen stecken und es zu ihrer Lösung sicher keine einfache Antwort geben wird. Dabei gelten laut den führenden Autoren auf dem Gebiet die folgenden Fragen als die schwierigsten und wichtigsten:

Wie können intensive und komplexe Bewusstseinsprozesse, inklusive Denken, Wahrnehmen und Erinnern, unter Bedingungen stattfinden, unter denen sie nach gegenwärtigem Forschungsstand nicht möglich sein sollten (z.B. während der Minuten nach einem Herzstillstand)? Wie können ähnliche und manchmal identische Erfahrungen unter so unterschiedlichen Bedingungen wie Herzstillstand, Vollnarkose, schweren Kopfverletzungen nach Unfällen oder normaler Gehirnfunktion erlebt werden? Die gegenwärtig verfügbaren Modelle von Gehirnfunktionen, Wahrnehmungsfähigkeit und Gedächtnis reichen bei genauerem Hinsehen als Erklärungen nicht aus. Das kann kaum verwundern; denn wie in Kapitel 3 und 4 bereits gezeigt wurde, reichen sie ja nicht einmal aus, um das menschliche Wachbewusstsein und seine Kapazitäten zu erklären! Vor diesem Hintergrund stellen die in diesem Kapitel vorgestellten Aspekte von Nahtod-Erfahrungen ein gewichtiges neuerliches Indiz dafür dar, dass der menschliche Geist nicht in einem 1:1-Verhältnis mit der Biochemie des Gehirns steht.

Im folgenden Kapitel werden Todesnähe-Visionen behandelt. Es handelt sich dabei um eine weitere Gruppe von Erfahrungen, die gemeinhin als Halluzination gewertet wird. Sehen wir nun, was genau diese Visionen beinhalten und inwiefern die bislang verfügbaren Berichte und Untersuchungen das Halluzinationsmodell bestätigen.

6.
Todesnähe-Visionen

Dieses Kapitel handelt von Visionen, die in Todesnähe erlebt werden. Obwohl sie den Nahtod-Erfahrungen in mancher Hinsicht ähneln, regelmäßig auftreten und ebenfalls seit Hunderten von Jahren überliefert werden, sind sie im Vergleich zu Nahtod-Erfahrungen in der Bevölkerung bis heute relativ unbekannt. Auch die Literatur über sie ist besonders im deutschen Sprachraum vergleichsweise spärlich. Zentrale Elemente dieser Visionen sind Begegnungen mit Verstorbenen und mit religiösen Figuren, ferner Ausblicke in bezaubernd schöne und schwer zu beschreibende Jenseitswelten. Die Fallsammlung von Berichten zur terminalen Geistesklarheit enthielt bereits Fälle mit solchen Elementen. Zumeist werden diese Visionen im Wachzustand erfahren. Sie erfolgen meistens kurz vor dem Tod, manchmal auch einige Tage oder Wochen davor. Diejenigen Visionen, die längere Zeit vor dem Tod erlebt werden, beinhalten zumeist Begegnungen mit verstorbenen Angehörigen, welche die Kranken auf den bevorstehenden Tod vorbereiten, sie trösten und Mut zusprechen. Besonders diejenigen Visionen, die sich unmittelbar vor dem Tod ereignen, oft nur Minuten oder Sekunden davor, beinhalten außerdem noch die Ausblicke in eine zumeist wundervolle und lichthafte Welt, auch wird häufig eine unbeschreiblich schöne und mit nichts Irdischem vergleichbare Musik vernommen. Das nun folgende Beispiel kann als typisch für die erste Variante gelten, worin dem Kranken eine verstorbene Person erscheint. Es ist rund zweihundert Jahre alt und demonstriert damit, dass schon zu dieser Zeit Todesnähe-Visionen in identischer Form wie heute erlebt worden sind. Es betrifft außerdem eine bedeutende Persönlichkeit: Den berühmt-berüchtigten französischen Kaiser Napoleon (1769-1821).

Ende April des Jahres 1821 lag Napoleon in seinem Exil auf der Insel St. Helena im Sterben. Eine innere Krankheit, wahrscheinlich Magenkrebs, schritt unaufhaltsam fort und fesselte den ehemaligen Herrscher über Europa an sein Bett. Von hier aus regelte er seine letzten Angelegenheiten – stets darauf bedacht, ein idealisiertes Bild von sich zu erschaffen, damit er der Nachwelt gut in Erinnerung bleiben würde. Zwei getreue Gefolgsleute, die Generäle Bertrand und Montholon, dokumentierten in umfangreichen Tagebüchern praktisch jedes Wort und jede Geste des leidenden Kaisers. Zehn Tage vor seinem Tod wachte Montholon in der Nacht am Bett seines Idols. Er schrieb: „Der Kaiser war während der Nacht bis vier Uhr morgens relativ ruhig. Dann sagte er mit außergewöhnlicher Emotionalität zu mir: ‚Ich habe gerade meine gute Josephine gesehen [Napoleons erste Frau, die bereits sieben Jahre zuvor gestorben war]. Sie hat mich aber nicht umarmt. Gerade, als ich sie in meine Arme nehmen wollte, ist sie verschwunden. Sie saß hier, und ich glaube, ich habe sie gestern Abend auch schon gesehen. Sie hat sich nicht verändert, ist immer noch die alte – voller Verehrung für mich. Sie sagte, wir würden uns bald wiedersehen, um uns nie mehr zu verlieren. Sie versicherte mir das. Hast du sie auch gesehen?'" Napoleon schien sich sicher zu sein, nicht einfach geträumt zu haben, obwohl er durchaus an den Offenbarungsgehalt mancher Träume glaubte. Der weltliche Montholon tat diese Vision jedoch als fiebrige Halluzination ab, allerdings ohne dies dem Kaiser direkt zu sagen. Nach einiger Zeit fiel Napoleon in Schlaf, doch als er wieder aufgewacht war, sprach er von neuem über diese nächtliche Erscheinung. Er war dabei nach wie vor bei klarem Verstand und diktierte später eine Reihe von Geschäftsbriefen. Der zunehmend geschwächte Kaiser starb am 5. Mai, zehn Tage nach diesem Erlebnis. Seine letzten Worte waren: „Frankreich. Armee. Anführer der Armee. Josephine." War dies der Moment seiner Wiedervereinigung mit ihr?[236]

Die deutschen Romantiker um Justinus Kerner und Gotthilf von Schubert kannten natürlich ebenfalls solche Berichte. Anders als Montholon, nahmen sie diese ernst und setzten sie in größeren Zusammenhang mit den

236 Die Historikerin Dorothy Carrington, die Biographin von Napoleons ersten sechzehn Lebensjahren, hat diese Episode in einem Aufsatz zusammengefasst (Carrington, 1977). Sie kannte Napoleons ganzes Leben bis in seine Details hinein.

anderen ungewöhnlichen Phänomenen in Todesnähe und der somnambulen Trance. Hier ein Beispiel aus dieser Zeit:

> Ein Kreispfarrer namens Wilhelm Lehmann wurde von einer auszehrenden Krankheit an das Krankenbett gefesselt. Er war bereits seit einem Jahr bettlägerig und so schwach, dass er sich nicht mehr ohne fremde Hilfe im Bett umdrehen konnte und nur noch sehr wenig und leise sprechen konnte. An einem Sonntag hatten sich neun Personen um sein Bett versammelt, darunter eine Tochter Lehmanns, die den Fall berichtete. Der Kranke sprach nichts und schien auch keinen Anteil an der Unterhaltung zu nehmen. Plötzlich sagte er jedoch: „Da sind ja meine beiden Söhne Julius und Rudolph. Sie sind gekommen, um mich abzuholen." Die beiden waren seit einigen Jahren tot. Er beschrieb ihre „herrlichen" Gestalten, setzte sich dann zum Erstaunen aller Anwesenden im Bett auf und hob an, „mit verklärtem Gesicht, mit Kraft, mit Begeisterung" eine Predigt über Zeit, Ewigkeit und Glauben zu halten. Er segnete noch die Anwesenden, legte sich zurück – und war verschieden.[237]

Wie wir schon sahen, sind die Begegnungen mit liebgewonnenen Verstorbenen ebenfalls typische Elemente von Nahtod-Erfahrungen. Obwohl dort die Verstorbenen natürlich zumeist die sinngemäße Aufgabe haben, den todkranken Menschen ins Leben zurückzuschicken anstatt ihn auf seine Reise ins vermeintliche Jenseits vorzubereiten und ihn abzuholen, liegen die Parallelen auf der Hand. Die Verwandtschaft zwischen Nahtod-Erfahrungen und Todesnähe-Visionen kommt besonders in denjenigen Berichten zum Ausdruck, die sich gar nicht so leicht der einen oder der anderen Kategorie zurechnen lassen. Ein Beispiel stellt die Schilderung des Todes seiner Mutter dar, die der namhafte Biologe und Philosoph Hans Driesch (1867-1941) in seiner Autobiographie mitgeteilt hat. Seine Mutter litt an einer fortgeschrittenen Bauchfellentzündung und verlor einen Tag vor ihrem Tod schließlich das Bewusstsein. Driesch fährt fort:

> „Als wir erwarteten, sie werde nicht wieder aufwachen, sondern im Schlaf hinübergehen, geschah nun aber etwas sehr Seltsames: Nach-

---

237 von Wollschläger (1838).

> dem sie in den letzten Stunden nur unverständliche Worte von sich gegeben hatte, wachte sie plötzlich auf, wurde sehr hell bewusst, aber zugleich – sehr unwillig darüber, dass sie nun wieder im Leben sei! Es sei so schön gewesen, mit meinem Vater, ihren Eltern und Freunden – alles Verstorbene – vereint zu sein. ... Lange dauerte diese Periode ihres Wiedererwachens nicht. Bald schlief meine liebe Mutter wieder ein, um nicht wieder zu erwachen.“[238]

Man mag dieses Beispiel als Nahtod-Erfahrung ansehen, da Drieschs Mutter während ihres Erlebnisses nicht bei Bewusstsein war und erst nach ihrem Wiedererwachen davon berichtet hat. Andererseits lässt ihr Sterben auch die Interpretation als Todesnähe-Vision zu. Driesch führt auch das plötzliche sehr „helle“ Bewusstsein seiner Mutter an, was weiterhin den Bezug dieser Erfahrungen zur terminalen Geistesklarheit deutlich macht, aber auch zu den unerwartet klaren Geistesverfassungen, die während der Nahtod-Erfahrungen als ein zentrales Charakteristikum erlebt werden. Ein weiteres Beispiel, in dem Nahtod-Erfahrung und Todesnähe-Vision praktisch ineinander übergehen, beinhaltet sogar das Erlebnis der außerkörperlichen Erfahrung.

> Ein Arzt berichtete, dass ein junger Mann von einer Hafenmauer gefallen war und sich dabei schwer verletzt hatte. Der Arzt und ein Kollege wurden zu dem Verunglückten gerufen. Sie eilten zu ihm und fanden ihn bewusstlos vor. Durch ihre Erste-Hilfe Maßnahmen kam er wieder zu Bewusstsein. Er behauptete, dass er während der körperlichen Bewusstlosigkeit seine Umwelt gut beobachten konnte und gesehen habe, wie die Ärzte zu ihm gehastet waren, und wie einer von ihnen dabei fast selbst von der Hafenmauer gestürzt wäre – was offenbar stimmte. Er berichtete weiterhin, dass er in diesem Zustand auch seine verstorbene Großmutter gesehen habe. Noch während er diese Erlebnisse beschrieb, sagte er, dass er seine Großmutter nun erneut sähe und sie ihn rufe. Mit diesen Worten auf den Lippen verstarb er.[239]

Dass Todesnähe-Visionen auch einen Bezug zu ungewöhnlichen körperlichen Veränderungen besitzen, geht aus einigen Beispielen hervor, die

238 Driesch (1951), S. 40f.
239 Giovetti (2007), S. 157f.

bereits im 4. Kapitel angeführt worden sind. Aber auch die erstaunliche Kräftigung des Körpers während der Visionen mag bereits hierhin zu rechnen sein. Sie erlaubt es den Patienten beispielsweise, sich plötzlich selbstständig wieder in ihrem Bett aufzusetzen, selbst wenn ihnen dies Wochen oder gar Monate vorher nicht möglich war. Doch letztlich ist schon das Wiedergewinnen des Bewusstseins höchstwahrscheinlich mit Änderungen der Gehirnaktivität verbunden, so dass auch hier von ungewöhnlichen körperlichen Effekten gesprochen werden kann. Auch dies soll wiederum ein Fallbeispiel verdeutlichen. Ich wähle den Fall eines Koma-Patienten, der jedoch, anders als die im ersten Kapitel besprochenen Fälle mit terminaler Geistesklarheit, keine organische Schädigung des Gehirns erfahren hat.

> Ein älterer Mann erkrankte an Lungenkrebs. Er wurde zunehmend schwächer und fiel schließlich in ein Koma, das ohne Unterbrechungen für mehrere Monate anhielt. Eines Tages wachte er abrupt auf. Dabei wirkte er kraftvoll und geistig klar. Er gab an, seine verstorbene Mutter und sein Vater seien in das Zimmer gekommen, um ihn abzuholen, begleitet von einer mystischen Figur, die er als „Engel" ansah. Dann begann er, mit dem besagten Engel um den Zeitpunkt des Todes zu verhandeln. Denn der Mann wollte noch so viel Zeit erhalten, dass er sich von seinen anwesenden Familienmitgliedern verabschieden konnte. Seine Tochter wurde mit ihrem kleinen Sohn noch schnell herbeigeholt. Tatsächlich schaffte es der kranke Großvater, sich von jedem Angehörigen so zu verabschieden, wie er es sich gewünscht hatte. Währenddessen hatte er beständig mit dem Engel verhandelt, ihm noch diese Zeit zu gewähren. Bald darauf wurde er wieder bewusstlos. Er starb, noch während der Hausarzt und ein Krankenwagen unterwegs zu ihm waren.[240]

Es ist somit offensichtlich, dass viele der in diesem Buch besprochenen Phänomene miteinander verwandt sind und ineinander übergehen können. Somit bestätigen sie ihr Vorhandensein wechselseitig. Was die Nahtod-Erfahrungen betrifft, so könnte man vermuten, dass sich hier das Bewusstsein des Erfahrenden einer jenseitigen Welt samt seinen Bewohnern

240 Hoffmann (1992), S. 157f.

annähert, wohingegen sich umgekehrt während der Todesnähe-Visionen Bewohner dieser jenseitigen Welt dem Bewusstsein des sterbenden Menschen zu nähern scheinen. Doch bislang haben wir erst einen kleinen Teil der Phänomenik von Todesnähe-Visionen gestreift. Bereits der erste Autor, der diesen Visionen eine eigene Literaturstudie angedeihen ließ, nämlich der namhafte italienische Parapsychologe Ernesto Bozzano (1862-1943), teilte sie im Jahr 1906 in sechs Kategorien auf. Ab der zweiten Kategorie bewegen wir uns immer tiefer in die mysteriösen Gefilde der Parapsychologie, denn: Sollten diese Berichte der Wahrheit entsprechen, so müsste man mit Deutungsversuchen klar über dasjenige hinausgehen, was im Rahmen der Schulwissenschaft als Erklärungsmöglichkeiten angeboten werden kann. Wenn auch manche der Kategorien das rationale Gemüt erneut sehr strapazieren, so müssen diese Berichte doch zur Kenntnis genommen werden. Sie wurden vielfach von vertrauenswürdigen Personen verfasst, teilweise gut untersucht und gehören nun einmal zur vollen Bandbreite der Todesnähe-Visionen. Die sechs Kategorien lassen sich folgendermaßen beschreiben:[241]

1) *Fälle, in denen die Vision nur von der sterbenden Person wahrgenommen wurde und in denen diese Person auch wusste, dass die in der Vision gesehenen Menschen bereits verstorben waren.* Dies stellt sozusagen den Normalfall dar, wie wir ihn anhand der bisherigen Beispiele in diesem Kapitel kennen gelernt haben.

2) *Fälle, in denen die Vision ebenfalls nur von der sterbenden Person wahrgenommen wurde, aber wo die Vision auch solche verstorbene Personen enthalten hat, von denen der Sterbende nicht gewusst hat, dass sie bereits gestorben waren.* Wie auch bei Nahtod-Erfahrungen, sind diese Fälle vom theoretischen Gesichtspunkt sehr interessant; denn das Erscheinen von diesen Verstorbenen in den Visionen kann nicht auf Halluzinationen der Sterbenden zurückgeführt werden, die von dem Wunsch geleitet werden, sich mit bereits Verstorbenen zu

241 Bozzano (1906). Die hier wiedergegebene Klassifizierung ist jedoch leicht modifiziert und auch in der Reihenfolge etwas verändert. Im Laufe der Jahre hat Bozzano seine Pionierarbeit immer weiter ausgearbeitet und mit Beispielmaterial erweitert, so dass sie die Dimensionen eines Buches angenommen hat. Dieses wurde erst nach seinem Tod veröffentlicht (Bozzano, 1947).

vereinigen. Es ist erstaunlich, wie viele derartige Fälle bereits beschrieben worden sind. Auch der im Kapitel über terminale Geistesklarheit geschilderte Fall des Alzheimer-Patienten, der sich plötzlich im Bett aufsetzte und mit seinem Bruder „Hugh" sprach, den alle noch am Leben wähnten, gehört hierher. In der vorbildlichen Studie von Penny Sartori trat ebenfalls ein solcher Fall auf. Er mag hier den Sachverhalt in seiner typischen Form nochmals verdeutlichen: Ein schwerkranker Mann lächelte plötzlich glücklich auf und schien mit Personen zu sprechen, die außer ihm niemand sehen konnte. Später erzählte er, dass seine verstorbenen Eltern und seine Schwester ihn besucht hatten. Diese Schwester war allerdings erst in der Woche zuvor gestorben. Seine Familie hatte größten Wert darauf gelegt, ihm dies nicht mitzuteilen, um seinen bedenklichen Gesundheitszustand nicht noch weiter zu beeinträchtigen. Der Patient starb wenige Tage später.[242]

3) *Fälle, in denen die Vision nicht nur auf die sterbende Person beschränkt war, sondern gleichermaßen von den anderen Anwesenden wahrgenommen worden ist.* Diese kollektiv gesehenen Visionen bzw. Personen-Erscheinungen sind ebenfalls wichtig und interessant, denn auch sie lassen sich schlecht mit einfachen Halluzinationen des Sterbenden erklären. Ein Beispiel: Im Haus einer sterbenden Mutter wurden von zwei Töchtern und einem Angestellten mehrfach Erscheinungen einer verstorbenen Frau gesehen, die ihr sehr nahegestanden hatte. Die Erscheinung hielt sich meistens am Bett der Frau auf und wurde auch von ihr selbst gesehen. Als sie schon sehr schwach war, drehte sie sich noch zu der Erscheinung um und nannte sie bei ihrem Namen.[243]

4) *Fälle, in denen die Personen-Erscheinung nur von den Anwesenden gesehen worden ist, aber der Sterbende selbst keine Aussagen über eine etwaige Vision gemacht hat.* Wieder ein Beispiel: Zwei Schwes-

242 Sartori (2008), S. 300. Eine ausführliche Zusammenstellung von Literaturangaben zu solchen Fällen findet sich in Kelly, Greyson und Kelly (2007), es existieren aber noch etliche weitere Fallberichte. Auch eine neuere Publikation von Bruce Greyson ist ausschließlich solchen und ähnlichen Fällen gewidmet (Greyson, 2010).
243 Bozzano (1906), S. 87f.

tern wachten am Bett einer dritten Schwester, die sehr krank war. Plötzlich erschien über dem Bett ein heller Lichtschein, in dem sich die Gesichter von zwei seit langem verstorbenen Brüdern erkennen ließen. Beide Schwestern betrachteten die Erscheinung, bis sie zunehmend verblasste und verschwand. Die kranke Schwester schlief während dieser Zeit und starb wenige Stunden später.[244]

5) *Fälle, in denen Erscheinungen unbekannter Personen gesehen worden sind, die jedoch später als verstorbene Angehörige der sterbenden Person identifiziert wurden.* Wieder ein Beispiel: Eine ältere bettlägerige Frau wurde nach einer schweren Krankheit schließlich bewusstlos. Auf einmal gewahrte die Pflegerin der Patientin eine männliche Gestalt, die am Bett der Frau stand und sie ansah. Die Gestalt wirkte wie eine Person aus Fleisch und Blut, weswegen die Pflegerin den Eindringling zunächst für einen echten Menschen hielt. Kurz nachdem sie schließlich die Absurdität der Situation bemerkte, war die Erscheinung plötzlich wieder verschwunden. Anhand der Beschreibungen der Pflegerin kamen die Familienmitglieder zu dem Schluss, dass es sich nur um den ersten Mann der Frau gehandelt haben könne, der bereits verstorben war. Am nächsten Tag starb auch die Frau, ohne zwischendurch ihr Bewusstsein wiedererlangt zu haben.[245] In einem verwandten Beispiel aus neuerer Zeit hat Ula, ein schwerkrankes Mädchen, das von ihrer Großmutter gepflegt wurde, wiederholt einen ihr unbekannten freundlichen Mann in ihrem Zimmer gesehen. Er kümmerte sich um sie und tröstete sie. Ula genoss seine Gegenwart. Der Mann nannte sich George. Als sie mit ihrer Großmutter eines Tages ein altes Fotoalbum der Familie betrachtete, setzte sich das Kind plötzlich abrupt auf, deutete auf ein Bild und rief: „Das ist George!“ Der dort gezeigte Mann hieß tatsächlich George und war der geliebte Patenonkel der Großmutter. Er war schon vor vielen Jahren gestorben.[246]

---

244 Bozzano (1906), S. 95. Ungewöhnliche Lichterscheinungen in Todesnähe oder auch in anderen Zusammenhängen sind ein komplexes und faszinierendes Thema, das in diesem Buch aus Platzgründen nicht behandelt werden kann. Eine gute Einführung bietet Fox (2008).

245 Bozzano (1906), S. 85ff.

246 Callanan (2009), S. 224f.

6) *Fälle, in denen die am Sterbebett gesehenen Personen-Erscheinungen auch an anderen Orten bei mediumistischen Sitzungen aufgetreten sind und dort korrespondierende Aussagen über das Geschehen am Sterbebett gemacht haben.* Diese Kategorie dürfte den meisten Lesern ziemlich ungewöhnlich vorkommen. Dennoch hat Bozzano immerhin neun derartige Fälle in der Literatur gefunden.[247] Ein klassisches Beispiel: Eine Frau N. besuchte regelmäßig das namhafte und sehr gut untersuchte amerikanische Medium Leonora Piper. Diese zählte zu den Trance-Medien, denn sie fiel vor ihren Sitzungen regelmäßig in Trance. In diesem Zustand übernahmen „Trance-Persönlichkeiten", die sich durch Frau Piper kundtaten, die Kommunikation mit den anderen Anwesenden. Zu den häufigsten dieser Persönlichkeiten zählte ein älterer Herr, der sich als verstorbener Arzt namens Phinuit ausgab. Einige Tage nachdem der Vater von Frau N. in London gestorben war, berichtete Frau Piper (bzw. Phinuit) ihr bei einem Besuch, dass er noch vor dem Tod des Vaters bei ihm darauf hingewirkt habe, dass sein Testament zum Vorteil von Frau N. geändert werden solle. Drei Wochen später traf Frau N. in London ein. Das Testament war tatsächlich zum Vorteil von Frau N. geändert worden. Der kranke Vater war in seiner letzten Lebenszeit von einer Schwester von Frau N. gepflegt worden. Diese teilte mit, dass ihr Vater sich damals wiederholt über einen älteren Mann beklagt hatte, der am Fußende seines Bettes gestanden habe und unbedingt Privatangelegenheiten mit ihm diskutieren wollte.[248]

Hier noch ein weiteres Beispiel aus dieser sonderbaren Kategorie: Der Ehemann einer schwerkranken Frau litt sehr unter ihrem Zustand und besuchte ein Medium. Er erhoffte sich eine Antwort auf die Frage, wie lange das Leiden seiner Frau noch andauern solle. Angeblich meldete sich eine bereits verstorbene Schwester der kranken Frau, eine Maria, durch das Medium. Sie verkündete ihm: Wenn seine Frau

247 Bozzano (1947), S. 116-138.

248 Bozzano (1906), S. 92f. Ob Phinuit und die anderen Persönlichkeiten, die sich durch Medien äußern, nun echte Wesen aus dem Jenseits oder personifizierte Bewusstseinskomplexe aus dem Unterbewusstsein der Medien sind, ist im hiesigen Zusammenhang von untergeordneter Bedeutung. Wichtiger ist die Übereinstimmung der durch das Medium vermittelten Informationen und dem Geschehen am Sterbebett.

behaupten würde, sie gesehen zu haben, sei das Ende sehr nahe. Der Mann sagte niemandem etwas davon. Einige Tage später berichtete die Frau tatsächlich, sie habe ihre Schwester Maria gesehen. Wenige Minuten später sagte sie „Ich muss gehen“ und starb.[249]

Viele der hier vorgestellten Berichte stellen sicher eine Herausforderung für einge Leser dar. Allerdings gilt es zu bedenken, dass viele der Berichterstatter solche Erlebnisse gleichfalls niemals für möglich gehalten hätten – wären sie ihnen nicht selbst widerfahren. Doch selbst wenn die Berichte wahr wären, würden wir noch immer nicht verstehen, wie solche Visionen und Erscheinungen überhaupt zustande kommen und wahrgenommen werden. Warum werden sie meistens nur von einer Person alleine wahrgenommen, manchmal aber auch von mehreren? Es ist weiterhin bemerkenswert, dass mindestens fünf Fälle von Todesnähe-Visionen beschrieben worden sind, worin die sterbende Person blind war oder zumindest nur sehr schlecht sehen konnte – eine exakte Parallele zu den Nahtod-Erfahrungen von Blinden. Man darf daher wohl davon ausgehen, dass nicht nur unser biologischer Sehsinn an dem Schauen dieser Visionen beteiligt ist.

Als weitere Parallele zu Nahtod-Erfahrungen kann angeführt werden, dass Todesnähe-Visionen offenbar unter ganz verschiedenen Gehirnzuständen in identischer Formen auftreten. Dies gilt für geistig gesunde Menschen mit intakten Gehirnen (z.B. Napoleon), aber auch für Patienten mit fortgeschrittenen Gehirntumoren, starker Demenz bis hin zur völligen Unzurechnungsfähigkeit, und auch für Menschen, die schwere Schlaganfälle erlitten hatten. Diese Feststellung erschwert es auch hier, eine einheitliche biochemisch begründete Halluzinations-Theorie für Todesnähe-Visionen aufzustellen. Zudem treten die fraglichen Visionen manchmal bereits Wochen oder gar Monate vor dem Tod auf, weswegen ohnehin nicht alle Beispiele auf die veränderte Gehirnchemie kurz vor dem Tod zurückgeführt werden können.

Wenn wir jedoch als Arbeitshypothese einmal annehmen, dass Todesnähe-Visionen tatsächlich Halluzinationen darstellen, die durch starke

---

249 Bozzano (1906), S. 89f. Der Fall wurde mittels ausgedehnter Interviews untersucht und auch von der Krankenpflegerin schriftlich bestätigt.

Gefühle und eine schwächelnde Gehirnchemie hervorgerufen werden, so können wir sogar Hypothesen dazu aufstellen, welche Faktoren sich wie auf typische Todesnähe-Visionen auszuwirken hätten. Diese Hypothesen könnte man dann überprüfen. Genau dies haben die beiden Psychologen Karlis Osis und Erlendur Haraldsson bereits vor einigen Jahrzehnten getan. Ihnen kommt der besondere Verdienst zu, die bis heute einzigen größeren Studien zu Todesnähe-Visionen durchgeführt zu haben. In der ersten Studie wurden 10 000 Fragebögen an Ärzte und Pfleger in den USA verschickt. Von diesen schickten 640 Personen den Fragebogen zurück. Insgesamt hatten diese 640 Personen den Tod von schätzungsweise 35 540 Menschen miterlebt. Von diesen erlebten 884 sterbende Patienten offensichtlich Todesnähe-Visionen – das entspricht immerhin 2,5%![250] In der zweiten Studie, die wenige Jahre später durchgeführt worden ist, wurden Todesnähe-Visionen von Bürgern der USA mit Berichten aus Indien verglichen. Hier wurden 442 neue Fälle aus den USA sowie 435 Fälle aus Indien in die Untersuchungen eingeschlossen.[251] Wir sehen also, dass mit entsprechendem Aufwand Hunderte von Fallberichten gesammelt werden können und die in den Untersuchungen gewonnenen Ergebnisse auf beachtlichen Stichprobengrößen beruhen. Von den verschiedenen Hypothesen, die dort überprüft worden waren, sind im hiesigen Zusammenhang die folgenden am wichtigsten:

- Wenn die Patienten ihre Visionen halluzinieren, so müsste die Gabe von Medikamenten, die Halluzinationsbildungen fördern, häufiger zu Halluzinationen bzw. zu Todesnähe-Visionen führen.
- Menschen, die bis kurz vor ihrem Tod bei klarem Bewusstsein sind, werden weniger Halluzinationen haben als solche, die bereits verwirrt oder abwesend wirken.
- Stress wird die Bildung von Halluzinationen fördern.
- Die Halluzinationen werden individuell stark variieren.
- Wenn Patienten ihre Genesung erwarten, so werden sie vermehrt auf das Diesseits bezogene Halluzinationen haben; wenn sie jedoch ihren Tod erwarten, so werden sie hauptsächlich Elemente eines vermeintlichen Jenseits inklusive der Verstorbenen halluzinieren.

250 Osis (1961).
251 Osis und Haraldsson (1977a, b).

- Die Halluzinationen werden Erinnerungen, Wünsche, Erwartungen, Ängste, Glaubenssysteme und psychologische Dynamiken der Erlebenden widerspiegeln.

Kurz gefasst und auf den Punkt gebracht, lautet das Ergebnis der beiden Studien: *Keine von diesen Hypothesen hat sich bestätigt.* Die nur scheinbar naheliegendste Erklärung, die des halluzinierenden sterbenden Gehirns, greift nicht. Es geht aus diesen Ergebnissen vielmehr hervor, dass Todesnähe-Visionen eine ganz besondere Eigendynamik besitzen und sich keineswegs mit herkömmlichen Halluzinationen vergleichen lassen. Dazu kommt, dass die Erlebenden, die vielfach auch „normale" Halluzinationen kennen, mit größtem Nachdruck auf die Unterschiede zwischen beiden Erfahrungsgruppen verweisen. Viele Fälle enthalten außerdem die bereits dargestellten parapsychologischen Komponenten. Wenn auch nur ein Fall von ihnen nicht auf fehlerhafte Wahrnehmung oder Betrug zurückzuführen ist, muss das Halluzinations-Modell ohnehin als unzureichend angesehen werden.

Dennoch möchte ich hier auf die Behauptung, die Todesnähe-Visionen wären lediglich erwartungsgemäße Halluzinationen, noch etwas ausführlicher eingehen. Besonders möchte ich den merkwürdigen Befund herausstreichen, dass die gesehenen Personen-Erscheinungen, genau wie bei Nahtod-Erfahrungen, mit großer Mehrheit Verstorbene sind. Derartige Halluzinationen mögen bei Nahtod-Erfahrungen nicht allzu verwunderlich sein, denn immerhin beinhalten diese Erfahrungen den Übergang in eine Art Jenseits. Warum aber auch in Todesnähe-Visionen ganz überwiegend Verstorbene auftreten, scheint gewisse Schwierigkeiten für die Halluzinations-Hypothese mit sich zu bringen. Abgesehen von den zahlreichen Fällen, in denen die Patienten Verstorbene gesehen haben, von denen sie gar nicht wussten, dass sie bereits gestorben waren, sind etliche Fälle bekannt, worin keineswegs die meist geliebten Verstorbenen, wie etwa die leiblichen Eltern, gesehen wurden, sondern zur großen Enttäuschung der Erlebenden eher entfernt stehende Verwandte oder sogar völlig unbekannte Personen. Welche Erwartungen sollen sich darin nun widerspiegeln? Weiterhin stellt sich die Frage: Warum halluzinieren die Sterbenden nicht viel häufiger noch lebende Familienangehörige? Es dürfte häufig vorkommen, dass eine sterbende Person ihr nahes Ende spürt und das dringende

Verlangen hegt, noch Abschied von lieben Personen zu nehmen, die gerade nicht vor Ort sind. Es wird sogar öfters davon berichtet, dass Sterbende entgegen aller medizinischen Wahrscheinlichkeit noch Stunden oder sogar Tage irgendwie am Leben bleiben können, wenn sie unbedingt noch Abschied von einer bestimmten Person nehmen möchten. Sobald der sehnlich erwartete Mensch endlich angekommen ist und am Bett sitzt, sterben sie. Wie viel einfacher wäre es, diese Person einfach herbei zu halluzinieren und dann zu sterben! Von diesbezüglichen Visionen wird jedoch kaum jemals berichtet; und unter diesen wenigen Fällen finden sich faszinierende Berichte, wonach die Sterbenden Wahrnehmungen von noch lebenden Angehörigen beschreiben, während diese Angehörigen *zur gleichen Zeit* eine korrespondierende Erscheinung der Sterbenden wahrnehmen. Sehr eng verwandte Beispiele aus dem Kontext der Nahtod-Erfahrungen habe ich im letzten Kapitel vorgestellt. Dies bedeutet, dass sich manchmal zwar sehr wohl eine erwartete bzw. erhoffte Vision von Lebenden einstellt, dass diese aber nicht notwendig als Halluzination anzusprechen ist. Vielmehr scheint sich die emotionsgeladene Psyche der Sterbenden bis hin zu den Angehörigen erstrecken zu können, wobei dem Sterbenden diese Angehörigen dann als Vision erscheinen. Auch hierzu wieder ein Beispiel:

> Ein schwerkranker Mann wachte aus dem Schlaf auf und rief aus, dass er den Kopf seines geliebten Sohnes sähe. Ob die anderen ihn nicht auch sehen würden? Dies war nicht der Fall. Der Sohn hielt sich zu dieser Zeit in einem fernen Land auf. Später zeigte sich aber, dass der Sohn zur selben Zeit (unter Berücksichtigung des entfernungsbedingten Zeitunterschieds) eine Erscheinung seines Vaters hatte. Dieser starb am nächsten Tag.[252]

Es ist auch interessant, dass sich in den Untersuchungen von Osis und Haraldsson kein einziger Fall fand, worin Erscheinungen von noch lebenden Personen aufgetreten sind, welche die Absicht gezeigt haben, den Sterbenden „abzuholen" oder in das jenseitige Reich zu begleiten. Im Vergleich dazu hatten etwa 75% der Erscheinungen von Verstorbenen die explizite Absicht, den Patienten „abzuholen". Das alles soll jedoch nicht heißen, dass Todesnähe-Visionen nicht auch halluzinatorische Elemente enthalten

252 Barrett (1926), S. 87f.

können. Es soll aber heißen, dass sehr wahrscheinlich nicht alle Todesnähe-Visionen reine Halluzinationen *sind* – selbst unter den vergleichsweise seltenen Fällen, in denen lebende Menschen gesehen werden.

An den aufgezeigten Befund, dass sich sterbende Menschen ihren abwesenden Lieben als Erscheinung bemerkbar machen können, schließt sich nahtlos das große Themenfeld der anderweitigen Kundgebungen von Sterbenden und Verstorbenen an, auf das ich in diesem Buch leider nicht im Detail eingehen kann. Es muss genügen darauf hinzuweisen, dass in den Zeiten um die Todesstunde seit Menschengedenken Phänomene berichtet werden, die als Todesbekundung interpretiert worden sind. Dazu zählen ungewöhnliche Gefühlsunruhen und unerschütterliche Todesahnungen bezüglich des an einem anderen Ort befindlichen Sterbenden, besonders intensive Träume von Sterbenden, unerklärliche Lichterscheinungen bis hin zu Erscheinungen von ganzen Personen, unerklärliche Lautphänomene, von Klopfgeräuschen über Rufe des Sterbenden bis hin zum Vernehmen von außergewöhnlicher, geradezu „himmlischer" Musik. Aber auch objektiv wahrnehmbare Phänomene, wie Türen- und Fensterschlagen, plötzliches Zerspringen von Gläsern und anderen Objekten, Herunterfallen von Bildern und so fort. Eine Bekannte von mir berichtete, dass in dem Moment, als ihr Vater starb, sein Foto aus dem allseits geschlossenen und mit Glas bedeckten Bilderrahmen heraus auf den Fußboden gefallen sei – eigentlich ein Ding der Unmöglichkeit, sollte man meinen. Besonders bekannt ist das unvermittelte Stehenbleiben von Uhren um die Todesstunde. Was dies betrifft, so sind hier Berichte bekannt, wonach zwei oder drei verschiedene Uhren zur selben Zeit stehengeblieben sind, wonach die Uhr regelrecht zerschmettert worden ist, aber auch wonach sich Zeiger unkontrolliert gedreht haben oder sogar Zeiger von seit langem stillstehenden Uhren plötzlich wieder angefangen haben, sich zu drehen. Besonders häufig sollen Uhren in Kriegszeiten stehengeblieben sein, auch diejenigen, die von fallenden Soldaten selbst getragen worden sind. Jedenfalls hat bereits im Jahr 1881 Franz Splittgerber in seinem Buch über Schlaf und Tod konstatiert, dass das Stillstehen von Uhren in der Todesstunde sowohl bei den Sterbenden als auch bei ihren Angehörigen bereits so häufig berichtet worden ist, dass man es kaum für eine Erfindung halten kann.[253] In meh-

253 Splittgerber (1881), Band 2, S. 141. Splittgerber hatte auch persönlich Berichte hierüber erhalten.

reren Studien zu ungewöhnlichen Phänomenen zur Todesstunde befanden sich die stillstehenden Uhren immer unter den am häufigsten genannten Beobachtungen.[254] In einer kürzlich erschienenen Studie gaben immerhin 33% der befragten Mitarbeiter einer palliativ-medizinischen Station an, dass sie das Stehenbleiben von Uhren oder verwandte Phänomene innerhalb des vergangenen Jahres erlebt hatten.[255]

Man mag auch hier geneigt sein, alle Berichte über die eben aufgezählten Phänomene leichtherzig in das Reich der Fabel zu verweisen. Ich empfehle dies nicht, und zwar aus zwei Gründen: Erstens treten diese Phänomene derart häufig auf, dass sie sich nicht allesamt als substanzlose Halluzinationen oder Betrug wegerklären lassen können. Ich vermute, dass jeder Mensch, der älter als dreißig oder vierzig Jahre ist und über einen durchschnittlich großen Bekannten- und Verwandtenkreis verfügt, mindestens einen persönlichen Bericht dieser Art aus vertrauensvoller Quelle in Erfahrung bringen könnte (falls in seinem Umfeld überhaupt über das Sterben und die damit assoziierten Erfahrungen geredet wird). Zweitens existiert hierzu eine sehr reichhaltige Literatur, die teilweise von angesehenen Wissenschaftlern zusammengetragen worden ist. Es lohnt sich durchaus, diese Literatur zu studieren. Sie enthält einige wissenswerte Informationen, ohne deren Kenntnis eine fundierte Meinungsbildung bezüglich dieses Themas überhaupt nicht möglich ist.[256]

Mit diesen knappen Hinweisen auf ein weiteres sehr umfangreiches und sehr interessantes Themengebiet möchte ich dieses Kapitel über Todesnähe-Visionen beschließen. Es wurde hierin deutlich, dass das vermeintlich einfachste Erklärungsmodell, die Hypothese der erwartungsgesteuerten Halluzination, bislang durch keine Befunde aus der Praxis gestützt wird.

254 Diese Studien wurden von Carlos S. Alvarado zusammenfassend analysiert (Alvarado, 2006).
255 Fenwick, Lovelace und Brayne (2010).
256 Ich beziehe mich wieder besonders auf das wegweisende Werk von Gurney, Myers und Podmore (1886). In jüngerer Zeit wurde mit dem Buch von Guggenheim und Guggenheim (1995) eine zweite Welle an Fallsammlungen initiiert. Diese erreicht zwar nicht das methodische Niveau der älteren Literatur, aber die Berichtinhalte unterscheiden sich nur darin von den Vorgängern, dass nun auch öfters auffällige und sinnhafte Funktionsstörungen von elektronischen Haushaltsgeräten beschrieben werden. Diese gab es natürlich vor hundertzwanzig Jahren kaum.

Im Gegenteil: Todesnähe-Visionen scheinen eine ausgeprägte Eigendynamik zu besitzen, deren Wurzeln in einer verborgenen Seinssphäre liegen, die regelmäßig als das jenseitige Leben empfunden und beschrieben wird. Da die Todesnähe-Visionen fließend in Phänomene wie terminale Geistesklarheit und Nahtod-Erfahrungen übergehen, so ist dieser Befund natürlich auch für die Erklärungsmodelle dieser Phänomene von Bedeutung. Wurden in der Vergangenheit häufig nur isolierte Hypothesen für ein bestimmtes Phänomen diskutiert, so macht doch erst die enge Vernetzung der verschiedenen Erfahrungen in Todesnähe deutlich, welche Erklärungsmodelle auch für den Einzelfall die wahrscheinlich plausibelsten sind.

Zwischenresümee

Mit der Darstellung der in den vergangenen sechs Kapiteln diskutierten Themen ist gewissermaßen das Hauptziel des Buches erreicht, und ich möchte an dieser Stelle ein kurzes Zwischenfazit ziehen. Ich wollte auf das bislang nur wenig beachtete Phänomen der terminalen Geistesklarheit aufmerksam machen und es in den Kontext von offenbar verwandten Phänomenen stellen, die zur Erhellung möglicher Erklärungsmodelle beitragen könnten. Dabei lag der Schwerpunkt auf anderen ungewöhnlichen Phänomenen in Todesnähe, aber ich habe auch zahlreiche ungelöste Probleme aus dem professionellen medizinischen Umfeld angeführt. Ich habe hierbei gezielt solche Themen diskutiert, die normalerweise wenig beachtet werden und die gewisse Schwierigkeiten für das herkömmliche biochemische Modell des menschlichen Selbsterlebens mit sich bringen. Es wird dennoch regelmäßig angenommen, dass das biochemische Modell erwiesen sei und für widersprüchliche Befunde erst noch handfeste Beweise geliefert werden müssen. Betrachtet man das in den letzten Kapiteln zusammengestellte Material als Ganzes, so scheint sich mir die Beweislast allerdings umzukehren: Anders als oft gefordert wird, müssen zunächst einmal die Vertreter derjenigen Position, wonach das menschliche Selbsterleben mit seiner Gehirnchemie gleichzusetzen ist, dies mit aussagekräftigem Belegmaterial glaubhaft darstellen. Vieles scheint dem biochemischen Modell zu widersprechen, und Vieles ließe sich in andere Erklärungsmodelle, wie etwa die Filter-Theorie, mindestens genauso gut einpassen. Da nützt es auch nichts, dass mit hochmodernen Computer-Tomographen und anderen medizintechnischen Gerätschaften Korrelationen zwischen Gehirn- und Geistesaktivitäten nachgewiesen werden. Dies sagt letztlich nichts darüber aus, ob wir es hier mit echten Produktionsprozessen oder bloß mit Korrelationen an den Schnittstellen von zwei interagierenden Elementen wie Gehirn und Geist zu tun haben. Eine diesbezügliche Entscheidung ist hier schon aus rein logischen Gründen nicht möglich.

Wir können uns einer Entscheidung nur mittels der Analyse von anderweitigen Forschungsergebnissen und den Erfahrungsberichten von Menschen nähern. Was die Forschungen betrifft, so ergaben sich zumeist nur indirekte Befunde, die das vermutete 1:1-Verhältnis zwischen Gehirn und Geist in Frage gestellt haben. Echte aktive Forschungsarbeit, die eine Entscheidungsfindung direkt fördern könnte, wurde bisher kaum geleistet. Immerhin habe ich im Rahmen dieses Buches verschiedentlich Anregungen dazu gegeben, z.B. bezüglich weiterführender Studien zum plötzlichen Weißwerden der Haare, zu Nahtod-Erfahrungen von blinden Menschen sowie zu experimentellen Untersuchungen von außerkörperlichen Erfahrungen. Die wenigen verfügbaren Daten sind interessant genug, um hier weiter zu forschen. Sehr viele Erfahrungsberichte der Menschen stoßen ins gleiche Horn: Ihre Verfasser stimmen generell darin überein, dass sie echte Erfahrungen gemacht haben, die keine Halluzinationen waren. Das sollte zu denken geben.

In diesem Sinne möchte ich auch die Themen der nächsten beiden Buchkapitel verstanden wissen: Als Erfahrungsberichte von Menschen, die glauben, etwas Ungewöhnliches erlebt zu haben. Es handelt sich um unerklärte Musik an Sterbebetten sowie Nebel- und Lichterscheinungen, die den Körper von Sterbenden zu verlassen scheinen. Besonders in der deutschsprachigen Literatur ist seit Jahrzehnten kaum etwas zu diesen beiden Themen geschrieben worden. Doch sie werden bis zum heutigen Tage berichtet. Diese Berichte mögen, für sich selbst stehend, nicht viel Überzeugungskraft besitzen, aber sie sind dennoch in ihrer Summe bemerkenswert und fügen sich sehr gut in den Themenkomplex der vergangenen Buchkapitel ein.

7.
Rätselhafte Musik in Todesnähe

Rätselhafte Musik, die im Wachzustand erlebt wird

Ein charakteristischer Bestandteil von sowohl Nahtod-Erfahrungen als auch von Todesnähe-Visionen ist eine rätselhafte, unbeschreiblich schöne und sphärische Musik, die mit keiner jemals auf Erden gehörten Musik verglichen werden kann. In aller Regel hören nur die selbst betroffenen Menschen diese Musik, den Außenstehenden bleibt sie verborgen. In seltenen Fällen kann diese Musik allerdings auch von den anwesenden Angehörigen gehört werden, und es ist offensichtlich, dass diese Fälle vom theoretischen Standpunkt aus die interessantesten sind. Interessant ist aber auch, dass derartige Musik nicht nur an Sterbebetten, sondern auch von gesunden Personen im Wachzustand gehört werden kann. Oft scheint eine entspannte Geisteshaltung hierfür förderlich zu sein. Nachstehend zwei solcher Beispiele, die sehr gut beschreiben, mit welcher Art Phänomen wir es zu tun haben.

> „Als ich dreizehn Jahre alt war, lag ich eines Abends noch eine Weile vollkommen wach im Bett. Ich hörte in der Ferne ein Geräusch, das ich zunächst für ein spielendes Radio hielt. Erst konnte ich diese Musik kaum hören, aber sie wurde kontinuierlich lauter, bis ich sie klar und deutlich hören konnte. Dann ebbte sie wieder ab und verklang schließlich ganz. Es war nicht möglich, diese Musik im Raum zu lokalisieren. Ich war damals schon sehr an Musik interessiert, hatte aber noch kein formelles Wissen über die verschiedenen Musiktypen und deren Quellen. Doch auch ohne dieses Wissen war mir sofort klar, dass diese Musik völlig unirdisch, ja unvorstellbar schön und majestätisch war. Im Vergleich zu ihr ist die größte Musik auf Erden, sei es

Brahms oder Bach, nichts als ein unharmonischer Misston aus groben Tönen. Diese Musik war buchstäblich himmlisch. Sie schien von einer gewaltigen Menge an Musikern oder Sängern produziert zu werden; ich weiß es nicht. Aber ich hatte das Gefühl, dass es eine große Menge sein musste. Ich kann nicht sagen, ob es ein Gesang oder ein instrumentaler Klang war, es stand auf einer unvorstellbar höheren Ebene über solchen Unterscheidungen. Alles, was ich sagen kann, ist, dass diese Musik unglaublich schön war, eindeutig übermenschlich und sie konnte nicht von irdischen Instrumenten oder Stimmen herrühren. Obwohl nun schon viel Zeit verflossen ist – ich bin fast neunundvierzig Jahre alt – ist die Erinnerung daran klar und unvergesslich."[257]

Eine Frau, die morgens in ihrem Bett lag, beschreibt das Folgende:

„Unvermittelt hörte ich eine schöne Musik, göttliche Musik. Sie schien durch das offene Fenster meines Zimmers in den Raum zu gelangen. Ich stand auf, ging zu dem Fenster und kniete mich hin. Die Musik war viel schöner als alles, was ich jemals gehört hatte. Ich versuchte, mich nicht zu bewegen. Aber ich hörte zu. Ich hörte eine sehr große Gruppe von Instrumenten, die auf eine Weise gespielt wurden, wie ich noch nie zuvor Musik spielen gehört hatte. Ich hatte den Eindruck, als ob die Instrumente sehr dicht beisammen waren. Allerdings konnte ich nie erkennen, welche Instrumente die Musik gespielt haben könnten, und ich weiß es bis heute nicht. Kein Instrument hat irgendein Solo gespielt. Alle spielten zusammen und wie eine Einheit. Aber ich fühlte, dass es viele sein mussten, weil es so viele unterschiedliche Töne waren. Aber es gab eine deutliche Melodie, eine wundervolle Harmonie. Die Musik war von einer sehr ungewöhnlichen Intensität. Zuerst war sie ganz leise, dann wurde sie lauter, viel lauter. Sie schien am Fenster vorbeizuziehen, und als sie direkt vor dem Fenster war, war sie am lautesten. Dann wanderte sie nach links und bewegte sich immer weiter und höher hinweg, bis sie langsam verklang."[258]

Solche detaillierten Beschreibungen sind selten, meistens berichten die Hörer dieser Klänge nur relativ knapp von einer überirdisch klingenden

257 Frei und gekürzt übersetzt nach Rogo (2005a), S. 14.
258 Ebenfalls frei und gekürzt übersetzt nach Rogo (2005a), S. 37ff.

und unbeschreiblich schönen Musik. Manchmal, besonders an Sterbebetten, scheint sie nicht diese massive und überwältigende Kraft zu besitzen, sondern ist von einer zarteren und süßeren Qualität. Gelegentlich scheint sich hier auch deutlicher eine Art Gesang abzuzeichnen, der oft von nur wenigen Sängern zu stammen scheint. Es gibt also einige Variationen, deren gemeinsames Merkmal jedoch immer die ausgesprochen unirdische Qualität der gehörten Musik ist. Doch kommen wir nun zu den Fallbeispielen.

Musik, die während Nahtod-Erfahrungen und Todesnähe-Visionen erlebt wird

Zunächst folgen Beispiele aus dem Kontext der Nahtod-Erfahrungen, dann aus dem der Todesnähe-Visionen. Die Beispiele in diesem Abschnitt wurden alle nur von den Personen gehört, die auch die Krise durchlebt haben. Fälle, in denen während Nahtod-Erfahrungen unbeschreiblich schöne Musik gehört worden ist, sind uns schon früher im Buch begegnet. Es gibt sehr viele davon. Der folgende stammt von einer jungen Mutter. Sie schreibt:

> „Ich legte mich hin, um zu schlafen. Dann verließ ich meinen Körper und schwebte langsam nach oben, sehr langsam. Während dieser ganzen Zeit konnte ich Musik hören, und je höher ich stieg, umso lauter wurde die Musik. Es war die schönste Musik, die ich jemals gehört hatte. Aber ich konnte auch mein Baby weinen hören. Es schien so, als ob es sehr, sehr weit weg wäre. Ich bat den Herrn darum, zurückkehren zu können, da meine Kleine mich brauchte. Ich war sofort wieder in meinem Körper. Und dann fühlte ich die Hände meiner Eltern, die an mir arbeiteten. Sie sagten, ich sei sehr kalt, und sie könnten kaum einen Puls entdecken."[259]

Eine andere Frau erlebte eine Nahtod-Erfahrung, nachdem sie nach einer Operation einen Blutsturz erlitten hatte. Sie verlor das Bewusstsein. Jedoch:

„Ich fand mich an einem seltsamen Ort wieder, ein Land von unbe-

---

259 Nach Rogo (2005a), S. 27.

schreiblicher Schönheit, ganz anders als alles, was ich bislang gesehen hatte. Es war ein Land mit grünen Wiesen und blühenden Bäumen; die Luft war leicht süßlich und wohlriechend, und sie besaß einen rosa Schimmer. Überall um mich herum war eine überaus herrliche Musik – leise, entzückende Harmonie. Ich fühlte mich zutiefst glücklich, in gehobener Stimmung und vollendet."[260]

Ganz ähnlich ist das nächste Beispiel, berichtet von einem Mann, der eine Herzattacke erlitten hatte, als er in New York spazierenging:

> „Da waren makellose Pflanzen und unbeschreibliche Farben – Grün, Rot, Blau – all die Farben, die jeden Tag um uns herum sind, aber sie waren so intensiv, dass die Farben hier mir jetzt stumpf erscheinen. Außerdem war da diese Musik! Die Musik war wie nichts, das ich jemals gehört habe. Sie war klar und tief und erreichte mich nicht nur über meine Ohren."[261]

Der nächste Fall leitet bereits über zu den Todesnähe-Visionen, denn hier beschrieb der Kranke die Musik, die er hörte, den beiden Umstehenden. Allerdings starb er nicht, sondern überlebte und wurde wieder gesund. Der Bruder des Patienten berichtete:

> „Mein Bruder, damals ein fünfzehnjähriger Junge, hatte Lungenentzündung und war bereits seit zehn Tagen ernsthaft krank. Der Arzt sagte uns, dass er womöglich die kommende Nacht nicht überleben würde. Seit zwei oder drei Tagen war er praktisch ohne Bewusstsein, und seit etwa vierundzwanzig Stunden hatte er nichts mehr gesprochen und keine anderen Lebenszeichen mehr von sich gegeben. Ein Nachbar und ich hielten in dieser Nacht Wache an seinem Bett. Um Mitternacht öffnete er plötzlich die Augen und erwachte. Er wies uns mehrfach auf diese süße Musik hin, die er hörte – es sei die schönste Musik, die er jemals gehört hatte. Er wunderte sich, dass wir sie nicht auch hören konnten. Wir dachten, mein Bruder würde jetzt sterben. Er schlief tatsächlich bald wieder ein. Aber als er später wieder erwachte, fühlte er sich schon viel besser. Er genas zusehends und wurde

260 Nach Rogo (2005a), S. 122.
261 Moody (2010), S. 98.

> schließlich wieder ganz gesund. Allerdings hat er sich nie an die Musik und die Ereignisse in der fraglichen Nacht erinnert."[262]

Dieses Beispiel ist auch insofern interessant, da es nahelegt, dass man offenbar Nahtod-Erfahrungen haben kann, ohne sich später daran zu erinnern. Genauso ergeht es schließlich vielen Menschen mit den Träumen der Nacht. Dass wir alle träumen, ist gewiss, aber wir erinnern uns bestenfalls an Bruchteile von ihnen, manche Menschen erinnern sich kaum jemals. Wie viele Menschen mögen also Nahtod-Erfahrungen gehabt haben, ohne dass sie es wussten oder von denen sie nur noch Bruchstücke erinnern?

In den folgenden Beispielen ist die Musik Bestandteil von Todesnähe-Visionen. Charakteristisch ist dabei, dass die „himmlische" Musik manchmal den Engeln zugeschrieben wird. Diese Beispiele gehören meist zu dem Typ von Todesnähe-Visionen, worin die Betroffenen unmittelbar vor dem Tod überirdisch schöne Landschaften und andere scheinbar jenseitige Elemente schauen und dann sterben. Hier ein Beispiel:

> „Meine Mutter hat mir vielfach berichtet, dass mein Großvater, als er starb, etwas Außergewöhnliches gesehen hat. Er starb im Alter von dreiundfünfzig Jahren an Magenkrebs. Die letzte Phase seiner Krankheit verbrachte er zu Hause. Er hatte seit drei Monaten fast nichts mehr gegessen. Er war stark abgemagert und zu schwach, um sich noch bewegen zu können. Er hatte in dieser Zeit auch nichts mehr gesprochen, und seine Auffassungsgabe schien zu schwinden. Er war nur noch ein Gerippe. Die Ärzte sagten seinen bevorstehenden Tod voraus, so dass meine Mutter und meine Großmutter sich abwechselnd um ihn kümmerten. Als er starb, waren beide bei ihm. Großvater atmete kaum noch. Plötzlich setzte er sich gerade in seinem Bett auf, und bevor die beiden Frauen zu ihm eilen konnten, um ihn wieder zurückzulehnen, öffneten sich seine Augen weit, und er rief laut und freudig: „Die Engel singen! Wie schön das ist!" Und nach einer Weile fügte er hinzu: „Und ich komme auch!" Er sah aufgeregt und glücklich aus, als er sprach. Dann lehnte er sich langsam und ruhig wieder zurück auf das Kissen und starb."[263]

262 Nach Rogo (2005b), S. 69.
263 Nach Rogo (2005a), S. 55.

Ein fast identischer Fall wurde von einer Krankenschwester berichtet. Als diese am Krankenbett ihrer Großmutter wachte, richtete sich diese plötzlich in ihrem Bett auf und rief: „Ich komme! Welch herrliche Musik!" Dann starb sie.[264] Auch prominente Personen sind unter denjenigen, die im Sterben himmlische Musik zu hören vermeinten. Der zehnjährige Sohn des französischen Königs Ludwig XVI., der kleine Ludwig XVII., hörte während seiner letzten Stunden überaus herrliche Musik, die ihn regelrecht in Verzückung versetzte. Die Musik schien genau von oben zu kommen. Er wähnte auch die Stimme seiner verstorbenen Mutter darin zu erkennen. Die Anwesenden konnten jedoch nichts hören.[265] Komponisten zählen ebenfalls zu denjenigen, die in den Genuss der rätselhaften Musik gekommen sind. Hubert Lauvergne berichtet in seinem Buch über das Sterben von einem jungen Komponisten, „einen wahren Orpheus, wenn es je einen solchen gab", den er persönlich gekannt hatte. In seinem letzten Delirium vermeinte dieser, herrlichste Melodien zu vernehmen. Er sagte:

> „Könnte ich sie wiedergeben, so würde ich der Welt nach meinem Tode die Krone aller Meisterwerke hinterlassen." Langsam verlosch er; und noch halb bewusstlos stammelte er in kaum verständlichen Worten :„Oh, mein Gott, wie schön ist das! Oh, noch einmal!" Dann versank er in stumme Betäubung, in der er starb; aber noch im Tode hatten seine Augen den Glanz und den festgehefteten Blick eines Begeisterten.[266]

Im nächsten Abschnitt folgen nun Beispiele, wo unerklärte und scheinbar himmlische Musik auch von denjenigen Menschen gehört worden ist, die einen Kranken gepflegt haben.

264 Rogo (2005b), S. 72.
265 Rogo (2005b), S: 66f.
266 Lauvergne (1843), Band 2, S. 110f.

Rätselhafte Musik, die von Dritten in Todesnähe wahrgenommen wird

Das Rätsel dieser geheimnisvollen Musik, die von den Anwesenden an Sterbebetten gehört wird und die eine als jenseitig empfundene Qualität besitzt, beschäftigt die Menschheit schon seit langem. In meiner Literatursichtung habe ich bislang siebenundvierzig Fallbeschreibungen gefunden, wovon die früheste auf Papst Gregor den Großen (540-604 n. Chr.) zurückgeht. Dieser hat persönlich Berichte von Ohrenzeugen entgegengenommen, wonach beim Tod einer Frau namens Romula himmlische Musik ertönte und sich immer weiter nach oben entfernt haben soll.[267] Von den siebenundvierzig Fällen meiner Sammlung ist die Musik in einunddreißig Fällen von mehr als nur einer Person gehört worden, oft von dreien oder mehr, und manchmal hörten die Menschen sie auch unabhängig voneinander zu verschiedenen Zeiten an dem gleichen Bett. Auch die Romantiker wussten natürlich von diesen musikalischen Erlebnissen. In der Zeitschrift von Justinus Kerner wurden sogar einige Fälle beschrieben.

> In einem Fall hörte ein Mann, als er bei seiner sterbenden Cousine weilte, „eine herrliche, aus der Ferne kommende Musik, die immer mehr sich näherte“, „eine Musik, dergleichen auf Erden, durch Menschen veranstaltet, nie gehört wird“. Der ebenfalls anwesende Arzt hörte nichts, und die Cousine selbst war nicht mehr bei Bewusstsein.[268] In einem anderen Fall hörten zwölf Personen, die nach Mitternacht um das Bett einer sterbenden Mutter standen, einen scheinbar vierstimmigen Gesang, der wie von einem Knabenchor gesungen klang, aber ungleich viel reiner und feiner klang. Die Berichterstatterin gab an, niemals eine vergleichbare Musik gehört zu haben. Der Gesang schien durch das offene Fenster in die Stube zu dringen. Spätere Erkundigungen ergaben, dass in der Nachbarschaft um diese Zeit niemand gesungen hatte.[269] In einem dritten Fall wird beschrieben, wie acht Kinder in einem Zimmer einen himmlischen Gesang vernahmen, der direkt von oben zu kommen schien und nicht menschengemacht

267 Splittgerber (1882), Band 2, S. 197.
268 T-r (1835), S. 178-188.
269 Kerner (1837), 200-215.

klang. Zu dieser Zeit war in einem anderen Zimmer des Hauses eine Verwandte gestorben.[270]

Von Schubert spekulierte, dass, wenn derartige Höreindrücke keine wirklichen Wahrnehmungen der Anwesenden seien, die Sterbenden ihre eigenen Erfahrungen mittels einer „magisch-ansteckenden Kraft" auf die Umstehenden übertragen könnten, so dass diese an den inneren Erlebnissen der Sterbenden teilhaben könnten.[271]

Eine der frühesten Fallsammlungen von musikalischen Erfahrungen an Sterbebetten datiert aus dem Jahr 1861 und stammt aus der Feder von Maximilian Perty, dem umtriebigen Biologen, der sich später besonders den Grenzgebieten der Naturwissenschaften zuwandte.[272] Es war jedoch erneut der italienische Parapsychologe Ernesto Bozzano, der hier erstmals gründlicher zu Werke ging und derartige Fälle systematisch zusammengestellt hat.[273] Viel beachtet wurde (und wird) das Thema selbst unter Parapsychologen jedoch weiterhin nicht, auch nicht, nachdem Scott Rogo, ein vielbelesener Autor, in den Jahren 1970 und 1972 zwei weitere Fallsammlungen von unerklärten Musikphänomenen veröffentlicht hatte.[274] Dennoch wird weiterhin von derartigen Erlebnissen berichtet. Im Folgenden werde ich eine kleine Auswahl von Fällen vorstellen, die sowohl die typische Form des Erlebens wiedergeben, als auch auf bestimmte Besonderheiten hinweisen. Viele Fälle verdeutlichen erneut die enge Beziehung dieser Phänomene zu Todesnähe-Visionen. Der erste stammt noch nicht einmal aus der Literatur der parapsychologischen Szene, sondern aus einer amerikanischen Zeitschrift, dem *Atlantic Monthly*. Danach folgen weitere ähnliche Beispiele.

---

270 C-r (1838), S. 196-198.

271 von Schubert (1850), Band 1, S. 440.

272 Perty (1861), S. 470-472.

273 Seine Studien resultierten 1943 in einem bemerkenswerten Buch über die „transzendentale Musik", das 1982 nachgedruckt worden ist (Bozzano, 1982).

274 Beide Bücher wurden im Jahr 2005 neu aufgelegt. Aus ihnen zitiere ich viele Beispiele (Rogo, 2005a, 2005b). Rogo diskutiert, wie Bozzano, die ungewöhnlichen musikalischen Phänomene als Ganzes, die Fälle in Todesnähe bilden jeweils nur eine Untergruppe. Einen sehr guten Überblick über das Thema von unerklärten Musikphänomenen (allerdings nicht an Sterbebetten) bietet weiterhin Willin (2005).

Minnie und Ada, zwei Schwestern im Alter von acht und neun Jahren, wurden zur gleichen Zeit sehr krank. Minnie starb alsbald. Auch Ada war bereits ohne Bewusstsein, und es zeichnete sich ab, dass sie ihrer Schwester bald nachfolgen würde. Als die besorgte Mutter an Adas Bett weilte, wachte das Kind plötzlich auf und rief: „Oh, schau Mama, all die schönen Engel!“, wobei sie in Richtung Fußende des Bettes deutete. Die Mutter sah nichts, aber sie hörte eine leise Musik, die in der Luft zu schweben schien. Ada rief sodann: „Oh, liebe Mama, da ist Minnie! Sie ist für mich gekommen!“ Das kranke Kind lächelte noch einmal und starb.[275]

Selma war an Krebs erkrankt und wollte ihre letzte Zeit im Kreis ihrer Familie verbringen. Eine Nichte, die ihr sehr nahe stand, berichtete Folgendes: „Ich brachte ihr das Mittagessen die Treppe hinauf. Als ich auf dem Treppenabsatz ankam, kurz vor ihrer Zimmertür, erschrak ich. Ich hörte leise Tonfolgen einer schönen Musik, die aus ihrem Zimmer zu kommen schienen. Ich öffnete die Tür, und ich war sicher, und ich bin es noch immer, dass meine Tante etwas gesehen hat, das ich nicht sehen konnte – obwohl ich die Musik gehört habe. Als ich wie gebannt dort stand, drehte Selma ihren Kopf in meine Richtung und lächelte das friedvollste und glücklichste Lächeln, das ich je gesehen habe. Ihr Kopf fiel sanft auf das Kissen zurück, und ich wusste, dass sie gegangen war.[276]

Ein Mann hörte unvermittelt Musik in seinem Haus, die er für Orgelmusik hielt. Er vermutete, dass sie von außen kommen müsse und schickte sich an, das offene Fenster zu schließen. Da rief ihm auch schon seine Frau von der Küche her zu, er solle den Musikanten vor dem Haus fortschicken, denn die beiden beherbergten eine sehr kranke Frau, die nicht gestört werden sollte. Doch plötzlich erklang die Musik aus dem oberen Stockwerk, in dem die Kranke lag. Das Ehepaar hastete nach oben und sah nach der Patientin. Von der Zimmertür aus sahen sie, dass die Frau in ihrem Bett lag und zur Zimmerdecke starrte, die Hände wie mit entzücktem Erstaunen nach oben gerichtet. Die Musik erklang hier im Zimmer. Bald sanken ihre Hände auf die

275 Nach Rogo (2005b), S. 30f.
276 Nach Rogo (2005b), S. 77f.

Bettdecke hinab, die Musik verklang wie in weiter Ferne, und die Frau hatte aufgehört, zu atmen.[277]

Ein Mann hatte einen schweren Gehirnschlag erlitten. Er konnte nicht mehr sprechen, und seine geistigen Fähigkeiten schienen limitiert. Es galt als sicher, dass er sich nicht mehr erholen würde. Seine Frau und eine Pflegerin waren bei ihm, als er im Obergeschoss des Hauses starb. Als er um 2 Uhr nachts in Agonie verfiel, schien durch das Zimmerfenster ein wunderbarer, triumphierender und freudiger Gesang hörbar zu werden, der an einen kirchlichen Gesang erinnerte. Der Gesang dauerte etwa acht Minuten. Die Stimmen schienen von weit oben zu kommen und sich weit darüber hinaus bis in himmlische Regionen zu erstrecken. Die Musik erweckte den Eindruck eines musikalischen Echos aus paradiesischen Gefilden. Danach wurde die Musik langsam leiser und verschwand gänzlich. Als der Gesang vorbei war, hatte auch das Leben des Mannes geendet.[278]

Die drei folgenden Fälle sind besonders wertvoll, da sie als gut dokumentiert gelten dürften. Bei ihnen wurden alle verfügbaren Zeugen der rätselhaften Musik um schriftliche Stellungnahmen gebeten oder persönlich befragt.

Der erste Fall handelt von Lilly, einem sterbenden Mädchen. Insgesamt hörten acht Personen die fragliche Musik, die dreimal, immer um die gleiche Zeit am Nachmittag, im Haus erklungen war. Merkwürdig ist, dass Lilly als Einzige diese Musik nicht hören konnte. Ihre Mutter schrieb über das erste Mal, als die Musik an einem Samstag zu hören war: „Ich saß neben ihrem Bett und hielt eine Hand von ihr. Mein Mann saß dabei und aß zu Abend, und einer unserer Söhne sprach mit Lilly. Wir alle versuchten, unsere Patientin leise zu unterhalten, als unsere Aufmerksamkeit auf musikalische Klänge wie von einer äolischen Harfe gelenkt wurde. [Äolische Harfen sind Instrumente, die im Freien aufgehängt werden und deren Saiten durch den Wind in kontinuierliche Schwingungen versetzt werden. Sie erzeugen sehr anmutige Töne.] Die Klänge schienen aus einer Ecke des Zimmers

277 Nach Rogo (2005a), S. 114f.
278 Nach Rogo (2005b), S. 74.

zu kommen. Wir verstummten, und ich fragte: ‚Lilly, hörst du diese schöne Musik?', worauf sie zu meiner großen Verwunderung mit Nein antwortete. Die Töne wurden lauter, bis das ganze Zimmer von Melodien erfüllt war. Dann schien sich die Musik langsam die Treppen hinabzubewegen und verschwand. Unsere Dienerin, die zwei Stockwerke tiefer in der Küche beschäftigt war, hörte die Töne; und unsere älteste Tochter, die gerade in die Speisekammer ging, hielt im Flur an, um der Musik zu lauschen und um herauszufinden, woher sie kam. Die Dienerin rief zu ihr: ‚Hörst du diese Musik?' Es war gerade kurz nach vier Uhr am Nachmittag."

Am Sonntag wurde die rätselhafte Musik zur gleichen Uhrzeit erneut gehört, diesmal auch von einer Krankenschwester und einer Tante. Dann folgte ein Tag ohne Musik. Am Dienstag jedoch erklang sie erneut um die gleiche Zeit wie zuvor. Sie schien wieder aus derselben Zimmerecke zu kommen und schwoll an, bis der gesamte Raum mit der Melodie erfüllt war. Und wieder bewegte sich die Musik zur Tür hinaus, die Treppe hinunter, aus der Haustür hinaus und verklang. Lillies Vater beschrieb die Musik wie folgt: „Der Klang war keineswegs dumpf. Es waren weiche, kraftvolle Töne einer äolischen Harfe, die deutlich anstiegen und fielen, und die langsam lauter wurden, bis das Zimmer von ihnen erfüllt war – so laut wie volle Orgeltöne. Die Musik glitt langsam das Treppenhaus hinab, wobei sie weich und in seltsamen Kadenzen im Ohr verklang. Ich bin sicher, dass sie nicht von menschlichen Fingern gemacht worden ist." Die Musik dauerte jeweils nicht länger als eine halbe Minute. Die Berichterstatterin beschrieb noch, wie sehr sie sich als Kind vor dieser Musik gefürchtet hatte, da sie weder wusste, woher die Musik kam, noch was es für eine Art von Musik gewesen sei.[279]

Im nächsten Fall haben insgesamt fünf Personen die überirdische Musik vernommen, und zwar kurz nachdem eine Frau L. gestorben war.

Interessant ist hier, dass von diesen fünf Personen die Musik unterschiedlich wahrgenommen worden ist. Drei Frauen haben eine außergewöhnlich liebliche und langsame Musik gehört; eine von ihnen

279 Gurney, Myers und Podmore (1886), Band 2, S. 221-223.

> befand sich im Zimmer der Toten, die anderen beiden im Stockwerk darunter. Alle drei konnten jedoch keine Worte verstehen und erkannten auch die Melodie der rätselhaften Musik nicht. Die vierte Person, ebenfalls eine Frau, befand sich zusammen mit einer der anderen Frauen im Zimmer der Verstorbenen, vermeinte jedoch, eine ihr bekannte Melodie zu erkennen und auch gesungene Worte zu verstehen, nämlich: „Der Kampf ist vorüber, der Krieg ist vorbei." Der Arzt, der auch im Zimmer der Verstorbenen weilte, hörte ebenfalls Musik und schaute sogar aus dem Fenster, um nachzusehen, woher sie kam. Er konnte keine Anhaltspunkte erkennen. Für ihn klang die Musik allerdings eher nach einer äolischen Harfe, nicht wie Gesang.[280]

Diesem Fallbericht wurde ein Eintrag aus einem Tagebuch mitgegeben, den eine der beteiligten Frauen als persönliche Erinnerung an das außergewöhnliche Erlebnis aufgezeichnet hatte. Es ist merkwürdig, dass sich solche Musik für verschiedene Menschen unterschiedlich anhören kann. Erst recht, da sie manchmal von manchen Anwesenden überhaupt nicht gehört wird, während sie andere laut und deutlich hören. Während man den ersten Sachverhalt noch so erklären könnte, dass für die fremdartige Musik kein geeigneter irdischer Vergleich existiert, so dass einer zuerst an engelhafte Stimmen, ein anderer an Äolsharfen und wieder ein anderer an Orgeltöne denkt, so wird dies kaum mehr möglich sein, wenn manche Personen gar nichts, andere hingegen laute zimmerfüllende Klänge vernehmen. Dies weist darauf hin, dass die Musik nicht nur mit dem biologischen Gehörsinn vernommen wird – ganz ähnlich wie auch bereits die Fälle von Nahtod-Erfahrungen und Todesnähe-Visionen von blinden Menschen in diese Richtung gewiesen haben. Es würde demnach nicht verwundern, dass, falls die Quelle der Musik tatsächlich nicht unserer Alltagswelt entspringt, die eintreffenden musikalischen Impulse von dem Wahrnehmenden noch in persönlicher Weise gefärbt oder interpretiert werden würden oder wenn manche Menschen weniger oder überhaupt nicht empfänglich für den jeweiligen „seelischen Eindruck" wären. Hier könnten grundsätzliche Veranlagungen eine Rolle spielen, aber auch die momentane psychische Verfassung der Betroffenen. Es trifft sich, dass zumindest ein Fall bekannt geworden ist, worin ein Taubstummer in Todesnähe himmlische Musik vernommen zu haben scheint.

280 Gurney, Myers und Podmore (1886), Band 2, S. 639-641.

Bei diesem Fall handelt sich um das dritte der gut dokumentierten Beispiele. Hier hörte nebst dem Betroffenen ein Ehepaar die unerklärliche Musik. Auch in diesem Fall beschrieb die Frau die Musik als Gesang, während ihr Mann den Vergleich mit der äolischen Harfe wählte.

> Der taubstumme John hatte einen weiteren taubstummen Bruder und zwei Schwestern, von denen eine ebenfalls taubstumm war. Er lebte bei derjenigen Schwester, die normal hören und sprechen konnte, und ihrem Ehemann, einem Herrn Allen. John konnte zwar einige undeutliche Laute hervorbringen, aber nur seine engsten Vertrauten waren in der Lage, ihre Bedeutung verstehen. Die übliche Kommunikationsweise von John war die Fingersprache. Zu der fraglichen Zeit war John sehr ernst an einem rheumatischen Fieber erkrankt. Die Krankheit war so schlimm, dass er seine geschwollenen und schmerzenden Finger nicht zum Kommunizieren benutzen konnte. Sein Zustand verschlechterte sich zusehends. Sein Arzt empfahl der Familie, alle Angehörigen, die John nochmals zu sehen wünschten, über diese Entwicklung zu benachrichtigen. Dies taten sie. Herr Allen berichtet weiter: „Eines Tages, am Nachmittag, saß ich mit meiner Frau beim Tee, als wir angenehme musikalische Töne hörten, die oben aus seinem Zimmer kamen. Da er die einzige Person im oberen Stockwerk war, waren wir sehr überrascht und eilten sofort nach oben. Wir fanden ihn auf dem Rücken liegend, seine Augen waren auf die Zimmerdecke fixiert, und sein Gesicht war von dem strahlendsten Lächeln erhellt. Wir störten ihn nicht, aber ich holte schnell unseren Nachbarn, um ihm diese ungewöhnliche Begebenheit zu zeigen. Nach einer Weile kam John wieder zu sich und äußerte die Worte „Himmel“ und „schön“, so gut er es mit seinen Lippen und der Gesichtsmimik vermochte. Er berichtete weiterhin auf dieselbe Weise, dass seine beiden Geschwister, Tom und Harriet, auf dem Weg hierher seien, um ihn zu besuchen. Angesichts der Tatsache, dass beide taubstumm waren, hielten wir dies für äußerst unwahrscheinlich. Allerdings traf etwa fünfzehn Minuten später tatsächlich eine Kutsche mit den beiden ein. Sie hatten uns vorab nicht über ihr Kommen informiert. Nachdem es John schon wieder etwas besser ging und er seine Finger zum Kommunizieren und Schreiben benutzen konnte, teilte er uns mit, das es ihm erlaubt worden war, in den Himmel zu blicken und Musik zu hören. Es sei

> schön gewesen. Da John die Krise überlebt hat, stellt dieser Fall ein weiteres interessantes Beispiel für eine Mischform zwischen Nahtod-Erfahrung und Todesnähe-Vision dar, die zudem unerklärtes Fernwissen bezüglich der anreisenden Geschwister beinhaltet. Auf weitere Nachfragen beschrieb Herr Allen die von ihm gehörte Musik als einer äolischen Harfe ähnlich, also nicht wie die üblichen kurzen gezupften Töne einer Harfe, sondern wie die anhaltenden vollen Töne einer Orgel. Frau Allen hingegen beschrieb sie wie ein liebliches Singen, bei dem sich allerdings keine Worte erkennen ließen. Sie ergänzte, dass John sich für etwa zwanzig Minuten in diesem tranceartigen Zustand befunden hatte, und er ihr gleich nach seinem Erwachen in gebrochenen Äußerungen mitteilte, er habe „viele Engel" sowie verstorbene Familienmitglieder gesehen. Sie bestätigte, dass er später noch weitere Details seiner Erfahrung mitgeteilt hatte. Er sprach tatsächlich von schöner Musik, aber Frau Allen war sich nicht mehr sicher, ob er sie selbst gehört oder ob er nur himmlische Musiker gesehen hatte, die auf Instrumenten gespielt haben. [Diese letzte Möglichkeit erscheint mir wenig wahrscheinlich. In keinem der mir bekannten Berichte über Musik, die in Zuständen der Todesnähe vernommen worden ist, hat jemand „Musikanten" gesehen.] John starb einige Jahre nach dieser Erfahrung. Fünf Stunden vor seinem Tod befand er sich wieder in dem gleichen tranceartigen Zustand. Er lächelte und sagte verständlich „Engel" und „nach Hause".[281]

Auch vom Tod von Heiligen und prominenten Personen wurden solche musikalischen Erlebnisse berichtet, allerdings ist es hier natürlich sehr gut möglich, dass diese Berichte nur zur nachträglichen Legendenbildung gedient haben. So könnte es beispielsweise beim Tod von Johann Wolfgang von Goethe gewesen sein. Dennoch soll hier nicht unerwähnt bleiben, dass einigen Gerüchten zufolge unerklärliche Musik in seinem Haus erklungen sein soll, die von mindestens fünf verschiedenen Personen wahrgenommen worden ist, darunter von seiner Frau Ottilie. Die Klänge wurden als eine Musik beschrieben, die stets innerhalb des Hauses oder in unmittelbarer Umgebung gehört worden ist. Sie schwoll stets langsam an und verebbte dann wieder. Die geisterhafte Musik klang für die einen

281 Podmore (1889-1990).

wie Orgeltöne, für andere wie Gesang, und für jemand anderes wie in der Ferne angeschlagene Klaviersaiten.[282]

In den bislang dargestellten Beispielen mit Todesbezug hatte sich immer eine Person in einem äußerst kritischen Gesundheitszustand befunden oder war gerade gestorben. Allerdings habe ich von Erlendur Haraldsson auch einen Fall mitgeteilt bekommen, in dem dies nicht der Fall gewesen ist. Hier hörte ein Mann, der sich bei bester Gesundheit wähnte, unvermutet eine wunderschöne Musik von unerklärlicher Herkunft. Kurz darauf starb er plötzlich. Dieser Mann war ein Bekannter von Haraldsson, ein ehemaliger Kollege an der Universität von Island, der ehemals in hohen Ämtern stand.

> Er wachte eines Morgens gegen sieben Uhr auf und hörte einen außergewöhnlich schönen Gesang, der ihn sehr beeindruckte und dessen Herkunft er nicht orten konnte. Er fragte sofort seine Frau, ob sie diese Musik auch gehört hatte, was sie verneinte. Die Frau fuhr fort: „Angesichts dieser seltsamen Frage wunderte ich mich, ob er nicht verwirrt war, obwohl er bis dahin keinerlei Anzeichen von geistiger Verwirrung erkennen ließ. ‚So ein schönes, wundervolles Singen‘, sagte er. Er hatte niemals zuvor in seinem Leben vergleichbare Musik gehört. Ich ging in die Küche und machte Kaffee. Dann saßen wir im Bett und lasen. Mein Mann schien bei guter Gesundheit. Drei oder vier Stunden später allerdings fühlte er sich plötzlich unwohl und bat mich, einen Arzt zu rufen. Dann kollabierte er und starb sofort.“ Laut der medizinischen Diagnose war vermutlich ein Blutpfropfen im Lungensystem die Ursache seines plötzlichen Todes. Das musikalische Erlebnis wurde in der Familie viel diskutiert und sogar in seiner Grabrede gewürdigt.

Man könnte noch einige weitere Beispiele von ungewöhnlicher Musik in Todesnähe anführen, doch dürfte mittlerweile deutlich geworden sein, mit welcher Art Phänomen wir es zu tun haben. Als Überleitung zum Ausklang dieses Kapitels möchte ich jetzt noch auf zwei Aspekte hinweisen, die sich von den hier diskutierten Musikerlebnissen in weitere Richtungen verzweigen. Die erste Verzweigung betrifft unerklärte musikalische Empfindungen, die in einiger Entfernung von Menschen wahrgenommen wur-

---

282 Schwabe (1860).

den, die gerade zu dieser Zeit gestorben sind. Auch von dieser Fallgruppe existieren einige Beispiele in der Literatur. Sie zählen zu den vielgestaltigen „Sterbebekundungen auf Entfernung“, die ich bereits am Ende des letzten Kapitels angesprochen habe. Ein Beispiel mag verdeutlichen, dass zwischen denjenigen musikalischen Erfahrungen, die in einiger Entfernung von den Sterbenden vernommen werden, und denjenigen, die direkt am Sterbebett gehört werden, offenbar ein enger Bezug besteht; denn die Musik wurde hier sowohl in der Nähe als auch in der Ferne gehört. Das Beispiel stammt von Hans Martensen-Larsen, der auch Fälle von terminaler Geistesklarheit beschrieben hat.

> Die Mutter einer Frau war seit längerer Zeit schwer krank. Da die Tochter in der Nähe ihrer Mutter wohnte, besuchte sie diese öfters. Ihre Mutter wusste, dass sie bald sterben würde, und beide sprachen sich über alles aus. Als die Tochter ihre Mutter zum letzten Mal besuchte, war diese bereits bewusstlos. Sie setzte sich still an ihr Bett und nahm ihre Hand. Dann bemerkte sie, wie ihre Mutter ihren letzten Atemzug tat. In diesem Augenblick war das Zimmer angefüllt von einer überirdischen, herrlichen Musik. Sie hatte noch nie im Leben etwas Ähnliches gehört. Zur selben Zeit war ihr Mann auf dem Weg in das Haus seiner Schwiegermutter, um ihr noch ein letztes Lebewohl sagen zu können. Er überquerte gerade ein großes Feld, in dessen Nähe sich weit und breit kein Haus befand, als er plötzlich die herrlichste Musik hörte. Es stellte sich heraus, dass sich dies gerade zu dem Zeitpunkt ereignet haben musste, als seine Schwiegermutter gestorben war.[283]

Einen Fall einer musikalischen Sterbebekundung auf Entfernung habe ich persönlich mitgeteilt bekommen:

> „Mein Vater lag im Sterben. Nach meinem letzten Besuch im Krankenhaus ging ich wie gewöhnlich ins Bett. Normalerweise schlafe ich tief und wache nachts nicht auf. Doch gegen halb zwei erwachte ich plötzlich und hörte einen sehr lauten „Engelchor“, den ich zunächst hinter mir im Raum vermutete. Ich saß kerzengerade in meinem Bett und drehte mich um. Dann, auf einmal, merkte ich, dass ich diesen

283 Nach Martensen-Larsen (ca. 1930a), S. 185f.

Chor mit einem extrem klaren Klang mitten in meinem Kopf hörte, so wie wenn man Musik über eine Anlage mit einem Kopfhörer von sehr guter Qualität hört. Trotzdem war der Klang irgendwie im Raum. Dann verebbte er, und ich schlief wieder ein. Am nächsten Morgen stand überraschenderweise mein Bruder mit Brötchen vor der Tür. Er hatte etwa zur gleichen Zeit, als ich die Musik gehört hatte, einen Anruf von der Pflegestation erhalten mit der Nachricht, dass mein Vater gestorben sei. Auch mein Bruder hatte zu dieser Zeit ein ungewöhnliches Erlebnis. Mein Vater hatte sehr klar und verständlich zu ihm gesprochen, so als ob er in seinem Zimmer gestanden hätte."

Die unterschiedlichen todesbezogenen Erlebnisse, die in Entfernung von den Sterbenden gemacht werden, sind überaus vielgestaltig. So ist es auch nicht weiter erstaunlich, dass sich auch die musikalischen Eindrücke durchaus unterscheiden und nicht immer himmlisch, lieblich und erhebend klingen. Beispielsweise schilderte der berühmte französische Komponist Camille Saint-Saëns (1835-1921) eine diesbezügliche Begebenheit seinem nicht weniger bekannten Freund und Namensvetter Camille Flammarion (1842-1925), einem Astronomen von internationalem Ruf, der sich allerdings auch um die Erforschung der Grenzgebiete der Wissenschaften sehr verdient gemacht hat. Während einer üppigen und heiteren Mahlzeit hat Saint-Saëns das Folgende erlebt:

> „Plötzlich hörte ich, wie eine musikalische Klage von melancholischen Akkorden durch meinen Kopf strömte: Sie bilden nun den Anfang meines Requiems. Ich fühlte in den Tiefen meines Daseins eine Ahnung, dass mir gerade etwas Schlimmes widerfahren würde. Eine abgrundtiefe Seelenqual überwältigte mich. In exakt diesem Moment wurde Henri Regnault getötet, mit dem mich die tiefste Freundschaft verbunden hatte. Nachdem mich die Nachricht seines Todes erreicht hatte, fühlte ich mich so elend, dass ich für drei Tage das Bett nicht verlassen konnte. Ich erfuhr also die Realität der Telepathie noch bevor das Wort dafür erfunden worden ist. Wie Recht du damit hast, dass die etablierte Wissenschaft den Menschen nicht kennt, und dass wir alles erst noch lernen müssen!"[284]

284 Flammarion (1923), S. 8f. Als Ergänzung sei hier noch angemerkt, dass diese musikalischen Eindrücke nicht nur in räumlicher Entfernung von dem Sterbenden er-

Die zweite der erwähnten Verzweigungen bezieht sich bereits auf das im nächsten Kapitel zu behandelnde Thema: Das Austreten von nebelartigen Schleiern oder lichtartigen Strukturen aus den Körpern von Sterbenden. Diese Beobachtungen werden manchmal auch dann gemacht, wenn zugleich ungewöhnliche und scheinbar unirdische Musik erklingt. In meiner Fallsammlung befinden sich sechs derartige Berichte, von denen ich zwei wiedergeben möchte. Hier der erste:

> „Plötzlich schien ein sehr hell strahlendes Licht aus dem Brustbereich meines Vaters. Während sich dieses Licht aufwärts bewegte, erklang außerordentlich schöne Musik und singende Stimmen. Meine eigene Brust schien sich mit unendlicher Freude zu füllen, und mein Herz fühlte sich an, als ob es sich selbst erheben würde, um diesem Licht und dieser Musik zu folgen. Plötzlich fühlte ich eine Hand auf meiner Schulter und eine Krankenschwester sagte: ‚Es tut mir leid. Er ist gerade gestorben.' Das Licht und die Musik verschwanden. Ich fühlte mich richtig bestohlen, weil ich so zurückgelassen wurde."[285]

Der zweite stammt aus der Feder von Raymond Moody. Er schließt sein neuestes Buch mit dem folgenden Fallbeispiel ab, das viele Elemente der bisher besprochenen Erfahrungen vereint:

> „An dem Tag, als mein Vater starb, war er sehr friedlich und ruhig. Er bat um etwas Wasser. Abgesehen davon saßen wir wie versteinert herum, weil wir eine wunderschöne Musik hörten, die einfach aus der

---

fahren werden, sondern gewissermaßen auch in zeitlicher Entfernung – das heißt, einige Zeit *nachdem* ein Angehöriger oder Freund gestorben ist. Die Palette der sogenannten Nachtod-Erfahrungen (nicht zu verwechseln mit Nahtod-Erfahrungen!) ist genauso reichhaltig wie diejenigen Phänomene, die im Augenblick des Todes eines entfernten nahestehenden Menschen geschehen. Doch auch auf sie kann ich hier nicht weiter eingehen. Es muss genügen zu erwähnen, dass auch hier allerhand musikalische Eindrücke erlebt werden, die von den Wahrnehmenden als Kontaktversuch oder Botschaft der Verstorbenen empfunden werden. Mir selbst wurde ein Fall mitgeteilt, in dem eine Frau einige Stunden nach dem Unfalltod ihres Bruders eine eindringliche, langsame, melodische Abfolge von Tönen vernommen hatte, deren Komposition so harmonisch war, dass sie davon im tiefsten Inneren „fröhlich berührt" worden ist. Sie suchte das gesamte Haus nach der Tonquelle ab, fand jedoch nichts. Schließlich wurde der Ton leiser und verschwand. Die Frau war sich ganz sicher, dass die Musik eine Nachricht ihres Bruders war.

285 Fenwick und Fenwick (2008), S. 153.

Luft zu kommen schien. ‚Hörst du diese Musik?', fragte mein Vater. ‚Ich habe nie etwas Vergleichbares gehört.' Das hatte ich auch nicht. Dann legte er sich auf die Couch und schien ohnmächtig zu werden. Doch dann schien sich zu meiner Verwunderung ein geistiger Körper von ihm aufzusetzen. Ich strahlte vor Entzücken. Ich hörte ihn ‚Good-bye' sagen, und vor ihm standen plötzlich meine verstorbene Mutter und meine Tante … Sie waren geistige Gestalten. Meine Mutter schaute mich mit großer Freude an. Und das war es. Die Gestalten verblichen, und ich war alleine mit dem Körper meines Vaters."[286]

Die beiden hier geschilderten Fälle beinhalten demnach mehr als nur musikalische Eindrücke. Damit kann man sie zu den gemeinsam erlebten Todeserfahrungen rechnen – eine weitere Gruppe von Erlebnissen, die bislang nur wenig Beachtung gefunden hat. In diesen Fällen scheinen die am Bett eines geliebten Menschen harrenden Angehörigen regelrecht an dessen Sterbeprozess teilzuhaben, in dem sie typische Stadien von Nahtod-Erfahrungen gemeinsam mit dem Sterbenden durchleben. Dazu zählen das Gefühl, nach oben und einem unbeschreiblichen Licht entgegen zu schweben, verstorbene Familienangehörige zu sehen, Einblicke in jenseitige Seinssphären zu tun, von einer tief beseligenden Freude erfüllt zu werden und so fort. Auch die himmlische Musik kann offenbar mitgehört werden. Dies wäre ein Indiz dafür, dass ihre Wurzeln tatsächlich nicht in unserer Alltagswelt liegen, womit auch in „normalen" Nahtod-Erfahrungen Elemente enthalten sind, die sich nicht mit kränkelnder Gehirnchemie und Erwartungshaltungen erklären lassen. Denn das Gehirn der Menschen, die solche Erfahrungen miterleben, leidet sicher nicht an Sauerstoffmangel und ähnlichen Defiziten.

Die außerordentlich starken Gefühle, die in Todesnähe erlebt werden, könnten solche gemeinsamen Erfahrungen begünstigen; denn es ist schon seit langem bekannt, dass parapsychologische Phänomene, wie etwa Telepathie, von starken Emotionen gefördert werden und besonders häufig zwischen sich nahestehenden Menschen auftreten. Der nahende Tod vereint nun beides. Er löst bei den Sterbenden und seinen Angehörigen starke Emotionen aus, und er führt sich nahestehende Menschen zumindest im

286 Moody (2010), S. 182f.

Geiste eng zusammen. Somit scheinen parapsychologische Phänomene prädestiniert dafür zu sein, in Todesnähe aufzutreten. In der Tat scheint sich dies in der Praxis zu bestätigen. Auch Scott Rogo hat in seinem ersten Buch über rätselhafte Musikphänomene betont, dass der Tod zu praktisch allen Arten der parapsychologischen Phänomene einen Bezug hat, und dass besonders die verschiedenen spontan erlebten Phänomene, die ich gegen Ende des letzten Kapitels kurz angesprochen habe, sich auf das Umfeld des Todes zu konzentrieren scheinen.[287] Vielleicht wird die Grenze, welche diesen verborgenen geistig-psychischen Aspekt der Welt von unserem Alltagsbewusstsein trennt, in Zuständen der Todesnähe dünn und durchlässig. Vielleicht dringen Aspekte der sonst verborgenen Seinssphäre hier in das Wachbewusstsein der Menschen ein und verbinden insbesondere diejenigen miteinander, die sich sehr nahestehen. Da auf dieser geistig-psychischen Ebene auch räumliche Entfernungen keine Rolle spielen, könnten die musikalischen Eindrücke durchaus auch an einem weiter entfernten Ort von geistig verbundenen Personen empfangen werden.

In dieser oder einer ähnlichen Form ließen sich die hier vorgestellten Erfahrungsberichte deuten. Es könnte sich daher lohnen, eine Befragung zu ungewöhnlichen musikalischen Erfahrungen durchzuführen. Man bekäme sicher viel Interessantes zu hören.[288]

---

287 Rogo (2005a), S. 51.

288 Nur am Rande sei hier noch erwähnt, dass überirdisch klingende Musik auch noch in einem anderen Kontext beschrieben wird, der unmittelbar mit dem Sterben zu tun hat: Es handelt sich um die Beschreibungen des Sterbeprozesses, die angebliche Verstorbene über medial veranlagte Menschen der Nachwelt vermittelt haben. Sie schildern oftmals, dass sie sich mit ihrem Bewusstsein aus dem physischen Körper gelöst haben, dass sie die Trauernden am Sterbebett gesehen haben und von dort nach oben geschwebt sind, dass sie andere verstorbene Angehörige getroffen, die sie abgeholt – und dass sie während dieses Prozesses eine unbeschreiblich schöne und geradezu himmlische Musik gehört haben. All dies deckt sich mit den „diesseitigen" Beschreibungen des Sterbeprozesses. Beispiele hierfür haben Bozzano (1982) sowie Rogo (2005a, 2005b) zusammengetragen.

8.

Rätselhafte Lichter und Nebel in Todesnähe

Wenn während des Sterbeprozesses tatsächlich so etwas wie die Lebensessenz oder die Seele den Körper verlassen sollte und die Pforte des Übergangs für eine kurze Zeit offenstünde, so könnte man annehmen, dass dieses Austreten zumindest ab und an auch von anderen Menschen beobachtet werden kann. In der Tat mangelt es nicht an derartigen Berichten. Insgesamt habe ich in meiner Literatursichtung der letzten rund zweihundert Jahre bislang einhundertzweiundvierzig Fallbeschreibungen oder wenigstens Erwähnungen solcher Beobachtungen gefunden. Die weitaus meisten Berichte stammen zwar nicht aus der medizinischen Fachliteratur, aber wie wir noch sehen werden, wurde selbst hier davon berichtet. Auch Raymond Moody bemerkte im Jahr 1999, dass sehr viele Ärzte und PflegerInnen ihm gegenüber beschrieben haben, wie sie im Moment des Todes von Patienten sahen, wie etwas deren Körper verlassen habe.[289] Peter Fenwick schreibt dazu: „Die Wahrnehmung von etwas, das den Körper verlässt … ist ein wenig diskutiertes Phänomen, aber es wird häufig von professionellen Pflegern und ganz besonders von Angehörigen von Sterbenden berichtet – wenn auch nur, wenn sie direkt dazu befragt werden."[290] In einer dieser Umfragen gaben 35% des befragten Personals an, innerhalb des vergangenen Jahres ungewöhnliche Lichtphänomene um Sterbende beobachtet zu haben.[291] Fenwick betont, dass die meisten Menschen sehr

289 Moody (1999), S. 5.
290 Fenwick und Fenwick (2008), S. 160.
291 Fenwick, Lovelace und Brayne (2010). Es wird hier allerdings nicht zwischen solchen Lichtphänomenen unterschieden, die aus dem Körper der Sterbenden austreten, und solchen, die anderweitige Quellen zu haben scheinen.

ht von solchen Beobachtungen sind und keineswegs mit ihnen ge-
-aben. Er selbst hat zum ersten Mal von diesem Phänomen durch einen Golfer erfahren. Dieser beobachtete, wie ein anderer Golfer auf dem Platz offenbar einen Herzinfarkt erlitt. Als er zu ihm eilte, gewahrte er eine weißliche Struktur, die sich aus dem liegenden Körper löste und nach oben schwebte. Obwohl der Golfer schon viele Menschen sterben gesehen hatte, hatte er bis dahin niemals etwas Vergleichbares wahrgenommen.[292] Auch Carla Wills-Brandon, eine Therapeutin, die sich seit langem mit den Themen Tod und Trauer auseinandersetzt, schreibt: „Zahllose Hospizangestellte haben etwas beobachtet, was sie für die Seele hielten, die im Moment des Todes den physischen Körper verlässt."[293]

Das Phänomen an sich ist wieder sehr vielgestaltig. Es reicht von kurzen Sichtungen von etwas, das an flimmernde Luftmassen erinnert, über nebelartige Wölkchen und dunkle Schatten bis hin zu leuchtenden Schleiern, die meist aus der Rumpfregion austreten und manchmal bis zu mehrere Stunden lang von mehreren Personen beobachtet werden können. Mitunter scheint sogar ein dunstiger Schleier aus den Füßen von Sterbenden auszutreten! Ich habe von derartigen Beschreibungen bislang einhundertdreizehn Fälle gesammelt. Etwas davon abgesetzt, scheint es eine zweite Gruppe von Beobachtungen zu geben. Hier werden Lichterscheine und leuchtende Halos geschildert, die hauptsächlich um den Kopf von Sterbenden herum auftreten. Sie erinnern an Heiligenscheine oder an die wunderbaren Formationen von Nordlichtern. Die restlichen neunundzwanzig Fälle meiner Sammlung fallen unter diese Rubrik. Allerdings kommen beide Varianten zuweilen auch gemeinsam vor, manchmal auch in einer Art Zwischenform, wobei es dann schwierig ist, sich für eine der beiden Kategorien zu entscheiden. Die beiden Kategorien dienen somit nur als Anhaltspunkte, denn die Beschreibungen der Phänomene sind, wie so häufig, vielgestaltiger, und manche lassen sich nicht einfach in eine bestimmte Schublade stecken. Im Folgenden werde ich zunächst Fallbeispiele von Lichterscheinen und Halos um den Kopf vorstellen.

292 Fenwick und Fenwick (2008), S. 160.
293 Wills-Crandon (2003), S. 69.

Lichterscheinungen, die den Kopf der Sterbenden umgeben

Auch dieses Phänomen war bereits bei den Romantikern nicht unbekannt. Beispielsweise hat Johann Joseph von Görres (1776-1848) in seinem Monumentalwerk über die christliche Mystik einige Beispiele von Heiligen geschildert, die im Angesicht des Todes von einem auffälligen hellen Licht umgeben gewesen seien. Jedoch sind derartige Fallberichte aufgrund ihrer möglichen Absicht, die Bedeutung der verehrten Gottesdiener heraufzuspielen, mit großer Vorsicht zu genießen. Ich habe Fälle, die sich auf Heilige und Mystiker beziehen, deshalb in meiner Fallsammlung nicht berücksichtigt. Aber auch Justinus Kerner berichtete im Jahr 1846 von dem Tod der Frau eines „glaubwürdigen Mannes“:

> Bei der letzten Krankheit seiner Frau hatten sich einige Freundinnen an ihrem Bett versammelt, die mit ihr beteten und geistliche Lieder sangen. Ihr Mann hatte etwas Dringendes zu erledigen und musste dazu außer Haus gehen. Als er zurückkehrte, war seine Frau gestorben. Die Freundinnen der Verstorbenen berichteten ihm aufgeregt: „Das hätten Sie sehen sollen! Als Ihre Frau im Sterben lag, verbreitete sich plötzlich ein Lichtschein um ihren Kopf; alsdann nickte sie uns noch mit freundlicher, zufriedener Miene zu und entschlief.“[294]

Kerner wurde dazu angeregt, diesen Bericht wiederzugeben, als er von einem ähnlichen Fall gehört hatte, der aus der medizinischen Literatur des Jahres 1842 stammt. Hier beschrieb ein Arzt, Sir Henry Marsh, dass ihm eine offenbar gut bekannte Person (vermutlich ein befreundeter Arzt) das folgende Erlebnis geschildert hatte:

> Zehn Tage vor dem Tod von Louisa A. beobachtete ich zum ersten Mal ein sehr außergewöhnliches Licht, das über ihr Gesicht zu huschen schien und alles um ihren Kopf herum erleuchtete, ganz wie ein Polarlicht. Es ging ihr sehr schlecht. Sie hatte an beunruhigenden Erstickungsanfällen gelitten, so dass ich sie keinen Augenblick alleine lassen sollte, um sie im Bedarfsfall aufzurichten und zu stützen.

294 Kerner (1846).

Als sie in der Nacht eingeschlafen war, legte ich mich neben sie, und dann begannen plötzlich die leuchtenden Erscheinungen. Ich fragte das Dienstmädchen, das neben dem Bett saß, was es mit diesem Licht wohl auf sich haben könnte. Sie schaute sehr geheimnisvoll und sagte, dass sie das Licht schon zuvor gesehen hätte und es nicht von einer Kerze stammte. Nachdem ich das Licht eine halbe Stunde beobachtet hatte, erhob ich mich vom Bett und überzeugte mich davon, dass die Kerze an einem Ort stand, von wo aus kein Licht von ihr direkt auf das Gesicht fallen konnte. Außerdem war es eine andere Art Licht, es war silbriger, so wie die Spiegelung des Mondlichts auf dem Wasser. Ich beobachtete es für mehr als eine Stunde. Dann verschwand es. Drei Nächte später, als das Dienstmädchen krank war, saß ich die ganze Nacht am Bett von Louisa. Das Licht erschien wieder, obwohl keine Kerze brannte, kein Mond schien und nichts zu sehen war, was es hervorbringen könnte. Auch Louisas Schwester sah das Licht, als sie in das Zimmer kam. Am Abend bevor Louisa starb, sah ich das Leuchten wieder. Aber es war schwächer und war nur für etwa zwanzig Minuten sichtbar. Ihr Körper befand sich im Zustand äußerster Entkräftung. Ihr Atem hatte einen sehr besonderen Geruch, der auf innere Zersetzungsprozesse hinzuweisen schien.

Marsh betonte die exzellente Beobachtungsgabe und Nüchternheit des Berichterstatters und führte aus, dass solche Lichterscheinungen keineswegs einzigartig seien. Die Schwester einer Patientin, die Marsh als Arzt durch ihre letzte Krankheit begleitet hatte, hatte ihm nämlich etwas ganz Ähnliches berichtet. Er selbst war bei dem Tod der Patientin nicht anwesend, aber ihre Schwester erklärte:

Etwa eineinhalb Stunden bevor meine Schwester starb, wurden wir alle von einer leuchtenden Erscheinung überrascht, die seitlich aus ihrem Kopf zu treten schien. Meine Schwester befand sich zu dieser Zeit in einer halb liegenden Stellung und war vollkommen ruhig. Das Licht war fahl wie das Mondlicht, aber es war für meine Mutter, meine Schwester und mich deutlich zu sehen. Eine von uns dachte zuerst, es wäre ein Blitz, aber kurze Zeit darauf sahen wir einen flimmernden Schimmer das Kopfende des Bettes umspielen. Da erinnerten wir uns daran, dass wir zuvor schon gelesen hatten, dass derartige Erscheinungen dem Tod vorausgehen sollen. Wir ließen Kerzen in den Raum bringen, denn wir fürchteten, dass unsere liebe Schwester das Licht auch wahrnehmen könnte und dadurch die Ruhe ihrer letzten Momente gestört werden würde.

Marsh diskutierte sodann noch einen weiteren Fall, in dem ungewöhnliche Lichtphänomene im Umfeld eines sterbenden Mannes berichtet worden sind. Er argumentierte, dass derartige Phänomene wahrscheinlich auf phosphorhaltige Gase zurückzuführen seien, die den Körpern von todkranken Menschen entströmen würden.[295]

Einen weiteren ähnlichen Bericht gibt Hans Martensen-Larsen wieder. Er wurde ursprünglich im Jahr 1927 in der Zeitschrift des norwegischen Ärzteverbandes von einem Doktor Bergh mitgeteilt, der eine junge Mutter zu behandeln hatte. Diese war wenige Tage nach ihrer Entbindung schwer erkrankt. Möglicherweise ging diese Lichterscheinung sogar mit terminaler Geistesklarheit einher. Bergh schrieb:

> „In der letzten Nacht geschah etwas Eigentümliches. Es war dunkel im Zimmer, nur eine kleine Nachtlampe stand auf einem niedrigen Schemel außerhalb des dicken Bettvorhangs. Ein Kollege und ich saßen am Bett der Kranken und hielten einen Zungenspatel bereit, um gegebenenfalls zu verhindern, dass sie sich während eines Anfalls blutig biss. Bei der Dunkelheit konnten wir die Kranke nur undeutlich erkennen. Plötzlich richtete sie mit klarer Stimme einige Worte an uns, und wir merkten, dass sie wieder bei Bewusstsein war, zum ersten Mal seit ihrer Erkrankung. Die Umrisse ihres Kopfes traten immer klarer hervor, und mir einem Mal erglänzte ihr ganzes Gesicht in einem wunderbaren, strahlend hellen Lichtschein. Unter dem ebenfalls erleuchteten Bettvorhang lag sie mit nach oben gerichtetem Blick und gefalteten Händen und sprach laut die Worte: „Herr, hilf mir." Sie war eine sehr religiöse Frau. Wir beiden Ärzte standen wie

295 Marsh (1842), S. 170-172. Ein Auszug dieses Berichts wurde auch in der renommierten *London Medical Gazette* abgedruckt. Zwei weitere Fälle von ungewöhnlichen Lichterscheinungen in Todesnähe erschienen im Jahr 1845 sogar in einer der noch heute weltweit führenden medizinischen Zeitschriften, dem *Lancet* (Huggins, 1845 und Watson, 1845).

angewurzelt vor Bewunderung und beobachteten diesen Vorfall, der einige Minuten dauerte, dann verblasste der Lichtglanz. Die Anfälle wiederholten sich noch ein paar Mal, gegen Morgen starb dann die Frau. Es war ausgeschlossen, dass das Licht, das nur während einiger Minuten das Bett und das Innere des Bettvorhanges erleuchtete, von außen hereinfallen konnte. Wir beiden Ärzte sprachen oft über dieses Phänomen, ohne es jedoch erklären zu können."[296]

Der bislang am ausführlichsten dokumentierte Fall einer Leuchterscheinung um den Kopf eines Sterbenden stammt meines Wissens aus den Vereinigten Staaten. Hier wurde in einem Hospiz im Jahr 1981 von verschiedenen Personen eine leuchtende Erscheinung um den Kopf eines 68-jährigen Mannes gesehen. Dieser lag im Koma und starb am Abend desselben Tages. Insgesamt wurden acht Zeugen zu diesem Ereignis befragt. Sechs von ihnen gaben an, die Lichterscheinung teilweise für mehrere Stunden gesehen zu haben.

Die Pflegerin, die den Schein am Morgen zuerst gesehen hatte, beschrieb eine gelbliche Aura, die dicht um den Kopf des Patienten leuchtete, sowie etwas weiter davon entfernt eine zweite Schicht, die in einer zweiten Farbe und etwas verschwommener leuchtete. Diese endete in etwa einem halben Meter Entfernung vom Kopf. Der Hospizkaplan kam dazu und sah die Lichterscheinungen ebenso. Sie waren nicht statisch. Besonders der äußere Lichtkranz schien sich manchmal hier und dort aufzuwölben. Um zu überprüfen, ob die Lichterscheinungen durch eine externe Lichtquelle hervorgerufen würden, zogen sie die Vorhänge des Zimmers zu und schalteten das Licht aus. Die Erscheinung dauerte fort. Der Kaplan kam bis zum Abend noch häufiger in das Zimmer und sah das Leuchten jedes Mal. Der Fall hatte sich im Hospiz herumgesprochen, und einige Mitglieder des Personals besuchten das Zimmer, um das Licht zu sehen. Einige konnten es sehen, andere sahen es nicht. Erneut haben wir es hier mit der seltsamen Eigenart von parapsychologischen Phänomenen zu tun, dass nicht jeder in gleicher Weise für sie empfänglich zu sein scheint. Die dritte Person, wiederum eine Pflegerin, sah ebenfalls sowohl das fei-

296 Martensen-Larsen (ca. 1930c), S. 48f.

ne goldgelbe Leuchten nahe am Kopf als auch das pulsierende, eher neblige Gebilde etwas weiter entfernt davon. Eine weitere Pflegerin gab an, ein Licht um den Kopf des Mannes zu sehen, das etwa einen Meter von ihm entfernt war. Sie war derartig überrascht davon, dass sie fast die Fassung verlor. Die Frau des Patienten hatte jedoch nichts gesehen und hatte ihren Angaben zufolge auch „nicht versucht, etwas zu sehen". Von den drei Söhnen, die alle in den Vierzigern waren, hatten zwei das Leuchten gesehen, einer nicht. Beide beschrieben jedoch nur das gelbliche Licht dicht oberhalb des Kopfes. Einer der beiden konnte es offenbar mehrere Stunden lang beobachten. Das Phänomen beeindruckte die Belegschaft des Hospizes derart, dass es in die Krankenakte des Patienten aufgenommen worden ist.[297]

In neueren Umfragen unter Palliativ-Medizinern und Hospizpersonal hat das Team um Peter Fenwick immer wieder Rückmeldungen zu ähnlichen Berichten bekommen. Ich gebe hier einen Fall aus allerjüngster Zeit wieder:

> „Da war etwas, das ich nur als ein weißes Licht oder als eine Form beschreiben kann, die um den oberen Bereich ihres Kopfes und um ihr Gesicht lag. Ihr Gesicht sah so strahlend aus in diesem hellen Licht. Ich fühlte mich nicht in der Lage, näher zu ihr hinzurücken. Ich bin nicht sicher, ob ich es körperlich nicht konnte, oder vielleicht auch, weil ich spürte, dass dies so ein spezieller, bedeutsamer und heiliger Moment war, so dass es falsch gewesen wäre, weiter vorzurücken. Etwas tief in mir sagte mir, dass dies der Moment war, da sie diese Welt verließ. … Dieses Licht um ihren Kopf und um ihr Gesicht verschwand allmählich. Was blieb, kann ich nur als eine ‚totale Stille' in dem Zimmer beschreiben. … Ich war nicht in der Lage, über das zu sprechen, was geschehen war, oder besser gesagt über das, was ich erlebt hatte. Ich wollte darüber sprechen, aber nicht viele Menschen in meinem Umfeld sind darauf vorbereitet, zuzuhören. Eine Antwort, die ich von einem Familienmitglied zu hören bekam, war: ‚Das stimmt nicht, so etwas geschieht nicht.' Es war sehr schwer für mich zu akzeptieren, dass jemand mir meine Erfahrung komplett absprach."[298]

297 Eine ausführliche Darstellung des Falles und der einzelnen Befragungen der Zeugen findet sich in McAdams (1984).

298 Fenwick und Fenwick (2008), S. 158f. Fenwick und sein Team haben die Ergebnis-

Interessanter Weise habe ich auch zwei Fälle gefunden, in denen ein Licht um den Körper von Menschen gesehen worden ist, die zu dieser Zeit offenbar eine Nahtod-Erfahrung durchlebt haben. Einer betrifft den bekannten Psychologen Carl Gustav Jung. Er schrieb in seiner Autobiographie:

> „Zu Beginn des Jahres 1944 brach ich mir den Fuß, und es folgte ein Herzinfarkt. Im Zustand von Bewusstlosigkeit erlebte ich Delirien und Visionen, die angefangen haben müssen, als ich in unmittelbarer Todesgefahr schwebte und man mir Sauerstoff und Kampfer gab. Die Bilder waren so gewaltig, dass ich selber schloss, ich sei dem Tode nahe. Meine Pflegerin sagte mir später: ‚Sie waren wie von einem hellen Schein umgeben!' Das sei eine Erscheinung, die sie bei Sterbenden manchmal beobachtet habe. Ich war an der äußersten Grenze und weiß nicht, befand ich mich in einem Traum oder in Ekstase. Jedenfalls begannen sich höchst eindrucksvolle Dinge für mich abzuspielen."[299]

Nach dieser Einleitung zu dem Geschehen beschreibt Jung die beeindruckenden Erfahrungen, die er während seines Nahtod-Zustands erlebt hat.

Die beiden nun folgenden Beispiele leiten bereits über zu der Fallgruppe, worin nebelartige Gebilde gesehen werden, die dem Körper zu entströmen schienen. Die zwei Fälle beinhalten sowohl eine Leuchterscheinung um den Kopf als auch solche nebelartigen Gebilde. Das erste Beispiel wurde von dem britischen Pastor Charles Tweedale aufgezeichnet, der zugleich ein angesehener Geigenbauer war. Er selbst war bei dem Tod seiner Schwiegermutter zwar nicht anwesend, wohl aber seine Frau, seine Tochter und eine Pflegerin. Tweedale besaß schriftliche und unterzeichnete Berichte der drei Zeuginnen, die das Folgende zu Protokoll gegeben haben:

> Alle drei saßen gegen Mitternacht um das Bett der kranken Mary Burnett. Das Zimmer war durch eine Lampe gut erleuchtet. Plötzlich sah Tweedales Tochter eine kleine Wolke von grauem Dunst, die Zi-

se ihrer verschiedenen Umfragen in mehreren Publikationen veröffentlicht (Fenwick und Brayne, 2010; Fenwick, Lovelace und Brayne, 2007, 2010).

299 Jaffé (1992), S. 293.

garettenrauch ähnelte und über dem Körper der bewusstlosen Frau schwebte. Sie hatte einen Durchmesser von etwa zehn Zentimetern und befand sich einige Zentimeter oberhalb des Unterleibes der Frau. Die überraschte Tochter wies die beiden anderen Frauen sofort auf diese Wolke hin. Diese sahen das Gebilde ebenfalls. Sie standen zu dritt um das Bett herum und beobachteten die Wolke genau. Sie nahm langsam an Größe zu und wurde schließlich so groß wie ein Teller. Zum größten Erstaunen der Damen färbte sich die Oberseite der Wolke alsbald Purpur und begann zu leuchten! Während diese dunstige purpurne Lichtscheibe über dem Körper der Kranken schwebte, bildete sich noch ein purpurn leuchtender Schein um ihren Kopf. Zunächst war die Farbe dieses Halos noch blass, aber sie verdichtete sich und wurde schließlich zu einem tiefen Purpur, das sich auffällig von dem weißen Kopfkissen abhob. Der Schein befand sich in etwa sieben Zentimeter Entfernung über dem Kopf und war etwa zehn Zentimeter breit, wobei die Farbe an der Außenseite kräftiger war. Die äußere Begrenzung war zudem irregulär und zackig, so als ob sie in verschiedene Lichter oder Flammen geteilt wäre. Der Schein breitete sich dann noch über die Gesichtspartien der bewusstlosen Frau aus. Während dieser Zeit schwebte die Purpur leuchtende Scheibe weiterhin über ihrem Unterleib. Die drei Frauen beobachteten diese Lichterscheinungen für etwa zwanzig Minuten mit größter Aufmerksamkeit. Tweedales Frau bewegte ihre Hand mehrfach durch die leuchtende Dunstscheibe, ohne dass diese sich dadurch verschieben ließ. Auch ein Widerstand ließ sich nicht spüren. Wenn sie ihre Augen schloss, verschwanden auch die Wolke und der Halo und tauchten erst mit dem Öffnen der Augen wieder auf, was die Objektivität der Erscheinung zu verdeutlichen schien. Vor ein Uhr morgens waren beide Leuchtphänomene wieder verschwunden. Mary Burnett starb allerdings erst am folgenden Nachmittag, etwa sechzehn Stunden nachdem die Leuchterscheinungen verblasst waren. In dieser Zeit hatte sie ihr Bewusstsein nicht wiedererlangt.[300]

Hier der zweite, ganz ähnliche Fall:

300 Tweedale (1925), S. 88ff.

„Gegen sieben Uhr an jenem verhängnisvollen Abend öffnete die Kranke, die sich in komatösem Zustand befand, den Mund. Von diesem Augenblick an haben wir alle eine kleine weiße Wolke beobachtet, die sich über ihrem Kopf bildete und sich bis zur Rücklehne des Bettes verlängerte. Sie trat aus dem Kopf aus, verdichtete sich aber hauptsächlich am gegenüberliegenden Ende des Bettes. Sie hielt sich schwebend in der Luft, wie eine dichte Wolke weißen Rauches, zu Zeiten undurchsichtig genug, um die Bettlehne unseren Blicken zu verdecken. Sie veränderte jedoch unablässig ihre Dichtigkeit. Meine fünf Schwestern waren zugegen, und wir alle sahen dieses außergewöhnliche Phänomen. Dann trafen mein Bruder und mein Schwager ein. Sie konnten es ihrerseits beobachten. Ein blaues Licht erhellte die Mitte der Wolke; von Zeit zu Zeit erschienen plötzlich helle Funken gelblichen Lichts. Während mehrerer Stunden veränderte sich die Erscheinung nicht merklich, nur ein Kranz gelblicher Strahlen umgab den Kopf der Sterbenden. Gegen Mitternacht verschwand alles, obgleich Mama erst um 7.30 morgens verschied.“ [301]

Im nächsten Abschnitt folgen Beispiele von Berichten, wonach ein Schleier, ein Nebel, ein Licht oder eine Struktur den Körper von Sterbenden verlassen hat, ohne dass dabei eine Halo-artige Erscheinung um deren Kopf gesehen worden ist.

Schleier, Nebel, Lichter und Strukturen, die den Körper verlassen

Als erstes Beispiel dieser Beobachtungen dient die Beschreibung, welche die Schriftstellerin Louisa May Alcott (1832-1888) vom Tod ihrer Schwester Elizabeth, im Jahr 1858, aufgezeichnet hat. Sie stammt aus ihrem privaten Tagebuch, das keineswegs zur Veröffentlichung gedacht war. Größeren Bekanntheitsgrad erlangte Alcott erst zehn Jahre später.

„Am Samstag schlief sie, um Mitternacht verlor sie das Bewusstsein – leise ihr Leben aushauchend. Sie verschied mit einem letzten Blick

301 Der Originalbericht erschien in Monk (1922); hier habe ich nach Mattiesen (1936, Band 2, S. 355f) zitiert.

aus den schönen Augen um drei Uhr. Dann geschah etwas Sonderbares. Ich möchte es hier festhalten, denn Doktor G. [Dr. Christian Geist aus Boston] sagte, dass es real war. Wenige Augenblicke nach ihrem letzten Atemzug, als meine Mutter und ich schweigend dasaßen und den Schatten über das liebe kleine Gesicht fallen sahen, sah ich einen hellen Nebel von ihrem Körper aufsteigen, sich erheben und in der Luft verschwinden. Mutters Augen folgten meinen, und als ich sie fragte, was sie gesehen habe, da beschrieb sie denselben hellen Nebel. Doktor G. sagte, dies sei das Leben, das den Körper sichtbar verlasse."[302]

Diese Art Beobachtung zählt zu den häufigsten Berichten über etwas, das den Körper von Sterbenden zu verlassen scheint. Die Einzelheiten können zwar variieren, aber das Grundthema bleibt das Gleiche. Im nächsten Beispiel beschreibt Carla Wills-Brandon zunächst, was ihr Ehemann Michael wenige Tage vor dem Tod seines Vaters, einem ehemaligen Augenchirurgen, erlebt hat. Dieser lag infolge eines schweren Schlaganfalls vollständig gelähmt im Bett und konnte weder essen noch sprechen oder kommunizieren.

„Letzte Nacht, etwa gegen vier Uhr morgens, hatte ich ein wirklich sehr seltsames Erlebnis. Ich schlief in dem großen gepolsterten Sessel neben Vaters Bett. Ich wachte auf und sah diesen pastellfarbenen Wirbel von seiner Brust aufsteigen. Vater sah so friedlich aus, als dieser helle Wirbel von – ich weiß nicht was – weiter aufstieg." Später an diesem Tag unterhielt Wills-Brandon sich mit ihrer Cousine. Diese hatte ebenfalls ein merkwürdiges Erlebnis, als ihre Mutter starb. Während sie an ihrem Bett saß, sah sie, wie ein graues Schleierbündel den Körper ihrer Mutter verließ. Als es verschwunden war, wusste sie, dass sie gestorben war.[303]

Das folgende Beispiel stammt aus den Umfragen des Teams um Peter Fenwick:

„Als mein Vater starb, verließ etwas seinen Körper. Es ist sehr schwer

302 Myerson und Shealy (1989), S. 88f.
303 Wills-Crandon (2000), S. 12ff.

zu beschreiben, denn es geschah so unerwartet, und ich habe noch nie etwas Vergleichbares gesehen. Es trat aus seinem Körper und aus dem Kopf aus, und es sah aus wie deutliche, aber zarte Wellen oder Linien aus Rauch. Aber Rauch ist nicht das richtige Wort, mir fehlt ein Vergleich. Dann verschwand es. Ich war die Einzige, die es sah. Es ließ so ein Gefühl von Frieden und Trost zurück. Ich glaube nicht, dass wir uns besonders nahestanden, denn meine Schwester und ich wurden auf ein Internat geschickt, als wir noch sehr jung waren. Ich glaube nicht an Gott. Was das Leben nach dem Tod betrifft, so weiß ich nicht, was ich darüber denken soll."[304]

Auch die australische Pflegerin Deborah O'Connor führte in der Belegschaft eines Hospizes eine Umfrage zu ungewöhnlichen Phänomenen im Umfeld des Sterbens durch. Fünf Angestellte nahmen daran teil. Unter anderem berichtete ein Pfleger, wie er selbst, ein weiterer Pfleger und der Ehemann einer Patientin Folgendes beobachteten:

„Als sie starb, bemerkten wir, wie etwas Energieartiges von ihr aufstieg, eine Art blauweiße Aura. Wir standen einfach da und sahen es. Wir schauten uns an, und der Ehemann stand an der anderen Seite des Bettes und schaute uns an. Er sah es auch, und er sagte, er glaube, dass sie jetzt an einen besseren Ort gegangen sei. Es war definitiv eine Art Energie da, irgendetwas Spirituelles ist geschehen … und es hat wahrscheinlich meine Einstellung gegenüber sterbenden Personen und dem, was danach kommt, verändert."[305]

Hier ein ähnlicher Bericht:

„Die Krankenpflegerin versuchte, uns aus dem Zimmer meiner Mutter zu geleiten. Mein Vater und meine Schwester gingen, aber ich blieb. Dann wies mich der Arzt an, zu gehen. Ich hatte meine Handtasche auf ein Beistellbett am anderen Ende des Raumes gelegt und machte mich daran, sie zu holen. … Ich drehte mich zu Mutter um. Ihr Gesicht war ruhig. Und von ihr aus schwebte ein heller, goldener, formloser Dunst in Richtung der Zimmerdecke, an manchen Stellen schien er schwerer

---

304 Fenwick und Fenwick (2008), S. 161.
305 O'Connor (2003).

als an anderen. Für eine Minute hielt ich meinen Atem an. Dann, nach Bestätigung suchend, fragte ich den Arzt, ob er die Erscheinung auch sehen könne. Er antwortete, dass er es auch sähe, und dass dies nichts Ungewöhnliches sei. Es sei Gas, das dem Körper entweiche."[306]

Solche und ähnliche Berichte finden sich viele in der Literatur, auch in neueren Schriften. Es muss aber auch erwähnt werden, dass sie sich bereits in den Arbeiten von Emil Mattiesen und Robert Crookall finden – zwei bedeutenden Pionieren der Erforschung des Sterbeprozesses, die kaum jemals gewürdigt werden. Doch sie haben Vieles von dem, was heute in der Literatur der Nahtod-Erfahrungen diskutiert wird, schon lange vorher zusammengetragen und von theoretischen Gesichtspunkten her beleuchtet.[307] Besonders befremdlich wirken die Berichte über austretende Substanzen dann, wenn weiterhin beschrieben wird, wie sich die ablösende Nebelmasse über dem Körper der sterbenden Person in eine Replik eines menschlichen Körpers, ja sogar des Sterbenden selbst, ausgebildet hat; oder wenn sie sich gleich in dieser menschlichen Gestalt vom Körper gelöst hat. Von diesen merkwürdigen Beobachtungen, in denen eine menschenartige Gestalt beschrieben worden ist, konnte ich immerhin einundsechzig Fälle zusammentragen. Hier ein erster:

„Der Verfasser, als er während der fürchterlichen Epidemie der Spanischen Grippe im Auftrag der französischen Regierung als Arzt auf Tahiti beschäftigt war, sah eine leuchtende Wolke, die den Kopf und den Oberkörper eines sterbenden Missionars einhüllte. Dies war bei Kerzenlicht zu sehen und dauerte etwa zwei Stunden. Alle Anwesenden und das gesamte Personal der Nachtschicht sahen das Phänomen. Der Verfasser führte seine Hand in die Wolke, und sie wurde wie durch Nebel verdeckt. Es war kein Geruch oder irgendeine andere Auffälligkeit wahrnehmbar, welche die Existenz dieser Wolke erklären konnte. Als das Leben des Missionars zu Ende ging, verschwand die Wolke allmählich. Die Ursache seines Todes war Lungenentzündung. Von einiger Entfernung von seinem Bett aus gesehen, ähnelte die Wolke einer feinstofflichen menschlichen Gestalt. Es war bemerkenswert,

306 Matson (1975), S. 14.

307 Z.B. Crookall (1967), Fenwick und Fenwick (2008), Mattiesen (1936), Moody (2010).

> dass eine Abmilderung der Beleuchtung im Krankenhaus keine nennenswerte Steigerung der Leuchtstärke der Wolke zur Folge hatte."[308]

Die Beschreibung der feinstofflichen menschlichen Gestalt ist häufig auch detaillierter. Solche Schilderungen von Menschengestalten wurden besonders oft von Personen berichtet, die als mediumistisch begabt gegolten haben. Manche von ihnen behaupteten weiterhin, solche Beobachtungen nicht nur ein- oder zweimal wie zufällig gemacht zu haben, sondern sie regelmäßig beim Tod von Menschen erfahren zu haben. Eine dieser Personen war der bekannte amerikanische Seher und Heiler Andrew Jackson Davis (1826-1910), der die Wurzeln seiner Lehren aus dem animalischen Magnetismus bzw. dem Somnambulismus bezogen hatte. Beim Tod einer sechzig Jahre alten Frau beschrieb er beispielsweise die folgenden Beobachtungen:

> Als sie starb, wurde zunächst der Kopf von einer leuchtenden Atmosphäre eingehüllt. Im oberen Kopfpol schien sich ihre Lebensenergie zu sammeln, und ihr Kopf wurde immer heller. Innerhalb des hellen Scheins oberhalb ihres Kopfes bildete sich dann allmählich ein zweiter menschlicher Kopf aus. Die leuchtende Atmosphäre schien während dieses Prozesses in starker Bewegung und nahm in dem Maße an Helligkeit ab, in dem der zweite Kopf sich verdichtete und konsolidierte. Im Laufe der Zeit formierte sich schließlich ein vollständiger feinstofflicher Körper oberhalb des stofflichen Körpers. Dieser zweite Körper glich der Sterbenden in hohem Maße, wirkte dabei aber jung und kraftvoll, wie zu ihren besten Zeiten. Der fleischliche Körper der Frau wand sich während dieser Zeit im Todeskampf. Die beiden Körper schienen durch ein leuchtendes und wie vor Energie vibrierendes Band miteinander verbunden zu sein. Als die Frau starb, riss das Band, und die beiden Körper waren getrennt. Langsam schien Leben und Bewusstsein in dem feinstofflichen Körper zu erwachen. Die Frau, nachdem ihr Bewusstsein nun verlagert war, schien einen kurzen Blick

308 Cross (1939), S. 90f. Der genannte „Verfasser" ist der Autor Buches, also Harold Cross selbst. Dieser war ein Arzt und ein Freund des Nobelpreisträgers Charles Richet. Richet war ein weiterer Mediziner, der sich stark für die parapsychologischen Phänomene interessierte, eigene Untersuchungen durchführte und sich stark für die Erforschung dieses Themengebiets einsetzte.

auf die trauernden Anwesenden zu werfen, doch sie kümmerte sich nicht weiter um sie. Sie schien ihre Situation voll zu begreifen: Sie war gestorben und doch am Leben – etwas, das ihre Hinterbliebenen, die um ihren leblosen Körper trauerten, nicht wahrnehmen konnten. Davis beobachtete weiter, wie zwei scheinbar verstorbene Bekannte aus der „geistigen Welt“ bei der Frau erschienen und sie innig begrüßten. Die drei entfernten sich, in dem sie langsam nach oben fortschwebten. Der gesamte Prozess dauerte etwa zweieinhalb Stunden.[309]

Dieser phantastisch anmutende Bericht steht nicht alleine da, sondern es gibt zahlreiche ähnliche Berichte, die auch aus späterer Zeit stammen.[310] Außerdem fällt auf, dass die hier geschilderten Beobachtungen mit manchen Nahtod-Erfahrungen übereinstimmen: Diese beginnen oft nach einer Phase der Unbewusstheit, aber plötzlich erwacht man, oberhalb des Körpers schwebend, wieder zu Bewusstsein. Man sieht von dort die Szenerie des Krankenbettes und die anwesenden Personen. In eher seltenen Fällen wird sogar die verbindende Schnur beschrieben, welche das außerkörperliche Bewusstsein mit dem physischen Körper verbindet. Verstorbene Personen, die gekommen sind, die Sterbenden abzuholen, gehören zum Standardrepertoire von Todesnähe-Visionen und werden manchmal auch von denjenigen gesehen, die das Bett umstehen. Auch bei Nahtod-Erfahrungen wird bekanntlich häufig von Verstorbenen berichtet, hier jedoch kommen diese nicht, um die scheinbar gestorbene Person abzuholen, sondern schicken sie wieder in ihren Körper zurück.

In der Gesamtschau wirken die Berichte des eben beschriebenen Typs wie vollständig beobachtete Sterbeprozesse, von denen die zuvor geschilderten Beispiele nur die Anfangsstadien oder die Oberfläche repräsen-

309 Stark gekürzt nach Davis (1871), S. 163-172.

310 Klassische Beispiele von Beschreibungen der Entstehung dieser feinstofflichen Körper oberhalb des sterbenden physischen Körpers liefern Hodgson (1908), Pole (1966) oder Snell (1960); einige Beispiele finden sich auch in von Langsdorff (1896). Auch Wilhelm Tenhaeff, ein niederländische Professor für Parapsychologie an der Universität in Utrecht, gab an, dass einige Personen ihm von Beobachtungen berichtet hatten, die sich mit denjenigen von Davis deckten. Darunter befanden sich solche Personen, mit denen er erfolgreiche Experimente zu parapsychologischen Fähigkeiten durchgeführt hatte und die er als verlässliche sowie unbefangene Berichterstatter ansah (Tenhaeff, 1973).

tieren, wobei die Details oder auch die Tiefe des Gesamtprozesses nicht erfasst wird. Tatsächlich behaupten Davis und viele andere SeherInnen, dass dergleichen Eindrücke nicht mit den normalen Sinnesorganen wahrgenommen werden, sondern vermittels einer mehr „geistigen" Wahrnehmungsweise, die für unser Alltagsbewusstsein normalerweise verborgen bleibt. Verschiedene Menschen sollen verschieden empfänglich dafür sein. Diese geistigen oder „hellseherischen" Wahrnehmungen müssten sich genau wie die unerklärten musikalischen Eindrücke, die an Sterbebetten manchmal gehört werden, praktisch übergangslos in den normalen Wahrnehmungsvorgang einschalten können, der über die Sinnesorgane vermittelt wird. Manchmal scheinen sich diese Eindrücke geradezu wie „normale" objektive Wahrnehmungen zu verhalten, wenn sie beispielsweise nur mit geöffneten Augen gesehen werden und beim Schließen der Lider verschwinden; oder wenn mehrere Personen das gleiche wahrnehmen, ohne sich dabei über das Gesehene auszutauschen.

Im Gegensatz zu den oben geschilderten Beobachtungen, wo sich der Austritt der Nebel und Gestalten über längere Zeit hinzog, scheint es allerdings auch vorzukommen, dass unvermittelt und plötzlich ein vollständiger geistiger oder feinstofflicher Körper gesehen wird. Es folgt ein Beispiel, das ein befreundeter Missionar wiederum Hans Martensen-Larsen mitgeteilt hat:

> Eine fromme, sehr liebe Tante von mir lag im Sterben. Was ich nun erzähle, wurde von neun Menschen erlebt, die alle im Sterbezimmer anwesend waren. Als meine Tante den letzten Atemzug getan hatte und ihre Tochter, die ihre Hand in der ihren hielt, sagte: „Jetzt ist sie hinübergegangen", sahen alle, ihr Mann, ihre Kinder und die Dienstboten, wie eine Lichtgestalt vom Kopfende des Bettes aus durch das Zimmer zum Fenster hin schwebte und durch dieses hinaus ins Freie.[311]

Eine Ärztin berichtete über einen ihr persönlich nicht bekannten Patienten, der in ihrem Krankenhaus behandelt worden war:

> „Weil ich sah, dass der Kranke bald seinen Atem aushauchen wür-

311 Etwas verändert zitiert nach Martensen-Larsen (ca. 1930b), S. 26.

de, überlegte ich mir, wie ich seine Familie benachrichtigen könnte. Plötzlich hatte ich das Gefühl einer 'Anwesenheit' an meiner Seite. Ich wandte mich um und erstarrte, wie vom Blitz getroffen: Denn ich sah nahe bei mir eine Art Doppelgänger des Kranken stehen, der nun bereits verschieden war. Die Gestalt schien sich meiner Gegenwart nicht bewusst zu sein, sondern blickte mit dem Ausdruck größter Betroffenheit, Verwunderung und Schrecken auf seinen ehemaligen Körper. Ich richtete den Blick ebenfalls einen Augenblick lang auf das bewegungslose und ausdruckslose Gesicht des toten Körpers. Als ich mich wieder zurückdrehte, war die Gestalt verschwunden. Aber ich war dennoch überzeugt, dass ich die Seele eines Mannes gesehen hatte."[312]

Der folgende Fall weist sogar einen deutlichen Bezug zu Todesnähe-Visionen auf:

> Eine Frau Davis saß am Krankenbett eines Freundes, der an Krebs starb. Auf einmal erblickte sie die Gestalt seiner verstorbenen Ehefrau am Fußende des Bettes. Der Sterbende sah die Gestalt ebenfalls. Er setzte sich sofort im Bett auf und breitete seine Arme aus – und Frau Davis sah, wie eine Art zweiter Körper aus ihm heraus in die Arme seiner Frau schoss, während der materielle Körper tot auf das Kissen zurückfiel.[313]

Einige der beschriebenen Austrittsbeobachtungen können übrigens zugleich den gemeinsam erlebten Todeserfahrungen zugerechnet werden, die auch am Ende des letzten Kapitels über unerklärte Musikerfahrungen angesprochen worden sind. In den beiden letzten dort angeführten Beispielen beschrieb zunächst eine Zeugin, wie ein Licht die Brust ihres Vaters verließ, und eine zweite schilderte, wie sich eine Art geistiger Körper ihres Vaters aufzusetzen schien, und dass seine verstorbene Mutter und Tante kamen, um ihn abzuholen.

Eine weitere, besonders mit den plötzlichen Austrittsbeobachtungen verwandte Gruppe von Erlebnissen stellt eine besondere Form von ge-

312 Underwood (1896), S. 302.
313 Marryatt (1894), S. 126.

meinsam erlebten Nahtod-Erfahrungen dar. In diesen Fällen berichten Menschen, die als Gruppe schwer verletzt worden sind oder ihr Bewusstsein verloren haben, dass sie ihre Nahtod-Erfahrungen gemeinsam erlebt haben, nachdem sie ihre physischen Körper verlassen hatten. Sie behaupten dann, dass sie im außerkörperlichen Zustand die gleichen Dinge erlebt hatten. Die Beispiele beinhalten als Unglücksursachen einen Blitzschlag, ein Kriegsgefecht, einen Bombeneinschlag oder einen Brand. Hier das Beispiel, das sich auf den Brand bezieht.

> Rund vierzig Mitglieder einer Feuerwehreinheit bekämpften im Jahr 1989 an einem Berghang einen Waldbrand, der unterhalb von ihnen wütete. Sie wurden von einem plötzlichen Windumschwung überrascht, so dass die Hitze und der Qualm sie zu erfassen drohte. Sie kämpften sich den Hang hinauf, aber einer nach dem anderen kollabierte. Letztlich haben jedoch alle das Inferno überlebt. Einer ihrer Mitglieder, Jake, wurde von dem Nahtod-Forscher Arvin Gibson befragt. Jake berichtete, dass er am Berg aus seinem bewusstlosen Körper ausgetreten sei und in diesem Zustand seine Kameraden sehen konnte, die gleichfalls ihren Körper verlassen hatten. Er kommunizierte sogar mit einem von ihnen. Dann bewegte er sich auf ein Licht zu, traf seinen verstorbenen Urgroßvater und kehrte wieder in seinen Körper zurück. Andere Mitglieder der Feuerwehreinheit sollen ganz ähnliche Erfahrungen gemacht haben, aber leider wurde nur diese eine Person befragt.[314]

Insgesamt existieren nur sehr wenige derartige Fälle in der Literatur, und diese sind alle nicht besonders gut dokumentiert worden. Dennoch ist ihr Vorkommen bemerkenswert. Würde man gezielt nach ihnen suchen, so könnte man besonders in von Unglücken oder Gewalt heimgesuchten Krisenregionen vielleicht den einen oder anderen neuen Fall aufspüren.

Ergänzende Überlegungen

Die Fälle, in denen sich offenbar sehr plötzlich etwas von den Sterbenden gelöst hat, haben möglicherweise einen direkten Bezug zu einer erst ganz

314 Gibson (1999), S. 128ff.

jungen und sehr bemerkenswerten Entdeckung der modernen Medizin: In bereits zwei Studien konnte mittels EEG-Messungen nachgewiesen werden, dass kurz vor dem Moment des Todes von Patienten unvermittelt eine kurze Phase von ungewöhnlich hoher Gehirnaktivität ausbricht. Diese dauert zumeist nur wenige Sekunden. Erst danach sinkt die Aktivität rapide gegen Null – und der Patient gilt als tot.[315] Bislang weiß man nicht, warum und weshalb diese plötzliche Aktivität in ohnehin schon fast toten Gehirnen auftritt. Ist sie vielleicht die Ursache von Nahtod-Erfahrungen, wie die Autoren der ersten der beiden Studien spekulieren? Produzieren die zum letzten Mal feuernden Neuronen innerhalb weniger Sekunden das volle Spektrum dieser Erlebnisse? Ich halte das für sehr unwahrscheinlich. Eine andere Möglichkeit wäre, dass die Ablösung des menschlichen Geistes vom Gehirn sich auf diese Weise bemerkbar macht. Vielleicht könnten auch manche Fälle von terminaler Geistesklarheit mit einem solchen Aufflackern der Gehirntätigkeit zusammenhängen. Man darf gespannt sein, was die diesbezügliche Forschung noch erbringen wird.

Zuletzt sei noch erwähnt, dass ungewöhnliche Lichtphänomene um menschliche Körper nicht nur auf die Sterbestunde beschränkt zu sein scheinen. Die Bandbreite ihres Auftretens ist vielmehr sehr vielfältig.[316] Auch in Zuständen von krankheitsbedingten Krisen oder auch in Trance-

---

315 Chawla et al. (2009) sowie Auyong et al. (2010). In diesem Zusammenhang sind auch die Versuche erwähnenswert, in denen versucht wurde, etwaige Gewichtsveränderungen im Moment des Todes zu messen. Obwohl hier bislang noch keine belastbaren positiven Resultate erzielt worden sind und es zweifelhaft ist, ob dies jemals gelingen wird, sind die Schriften von Duncan MacDougall aus dem Jahr 1907 immer noch lesenswert. Dies gilt nicht immer für die Beschreibungen seiner Experimente in der Vulgärliteratur, worin MacDougall oft unkritischer dargestellt wird, als er war. Er hatte Hinweise darauf erhalten, dass der Mensch beim Sterben an Gewicht verliert. Für eine Übersicht über MacDougalls Experimente siehe Alvarado (2009). Möglicherweise könnten auch die Arbeiten von Klaus Volkamer (2007) hier von Bedeutung sein. Er hat in vielen Langzeitversuchen mit Präzisionswaagen Gewichtsanomalien aufgezeichnet, die sich u.a. auch bei „sterbenden" Blättern von Pflanzen gezeigt haben. Diese waren in luftdichten Behältern eingeschlossen. Sie wurden dennoch leichter, sobald die Lebensprozesse zusammenbrachen. Volkamer betont, dass die Experimente im Grunde genommen sehr leicht replizierbar sind. Dennoch scheint dies niemand zu tun.

316 Für eine knappe, aber dennoch sehr reichhaltige Übersicht über die Literatur siehe Alvarado (1987). Für einen lesenswerten Überblick über ungewöhnliche Lichterfahrungen im Allgemeinen siehe Fox (2008).

zuständen ist hiervon berichtet worden; selbst Fotografien und Filmaufzeichnungen wurden hiervon schon angefertigt. Doch der französische Arzt Hippolyte Baraduc will sogar kurz nach dem Tod aus dem Körper ausgetretene Lichterscheinungen fotografiert haben.[317] Eine glaubhaft wirkende Hebamme hat mir persönlich mitgeteilt, dass sie bereits zwei Mal eine Lichterscheinung um ein neugeborenes Kind gesehen habe. Allerdings habe ich in der Literatur bislang nur eine einzige weitere Erwähnung eines solchen Vorfalls gefunden. Obwohl der Tod mit seinem verhältnismäßig plötzlichen Erlöschen des Lebens ein sicherlich stärker einschneidender Vorgang ist als die Geburt eines bereits lebendigen Babys aus der schützenden Gebärmutter, so ist auch die Geburt ein äußerst intensiver Moment voller Emotionen und Schmerzen. Es würde mich daher nicht überraschen, wenn auch hier etliche ungewöhnliche Erlebnisse erfahren oder beobachtet werden. Bislang wird über ungewöhnliche Phänomene zum Zeitpunkt von Geburten zwar nur wenig berichtet, aber das muss nichts heißen. Vielleicht muss auch hier nur einmal ein Anfang gemacht werden.

Mit diesen Überlegungen möchte ich die gesamte in diesem Buch präsentierte Bestandsaufnahme von ungewöhnlichen Phänomenen in Todesnähe beschließen. Vieles ließe sich noch sagen – jedoch nichts, was die

317 Die womöglich beste Untersuchung einer Lichterscheinung bei einer *lebenden* kränklichen Person betrifft die Italienerin Anna Monaro. Während sie schlief, erschien über ihrer Herzregion öfters ein fächerartiges Licht von hauptsächlich blauer und grüner Farbe. Die Erscheinung dauerte jeweils nur wenige Sekunden, und Manaro wachte stets mit einem Seufzer auf, wenn das Leuchten erschienen war. In dem Kurheim von Pirano, wo sie untergebracht war, sahen Ärzte, Nonnen und andere Patienten dieses Licht; es konnte sogar gefilmt werden. Für eine knappe Zusammenfassung des Falls siehe Alvarado (1987). Eine Fotografie eines ungewöhnlichen Lichtes wurde auch bei der Nonne Therese Neumann von Konnersreuth angefertigt, als sie sich in verzückter Trance befand (Schimberg, 1947). Der renommierte französische Psychiater Charles Féré (1905) berichtete, dass er in über 20-jähriger Tätigkeit zwei Mal eine Halo-artige Lichterscheinung um den Kopf von Patientinnen gesehen habe, als diese unter extremen Kopfschmerzen gelitten hatten. Der eine Halo war für zwei Stunden zu sehen und endete, als die Frau sich übergab; der andere dauerte nur wenige Minuten. Bezüglich eines dritten Falls wurde er nur informiert. Er betraf eine kränkliche Frau, die offenbar stark unter Albträumen litt und oftmals im Schlaf mit lauten Schreien aufschreckte. Manchmal war dann im dunklen Zimmer ein Halo um ihren Kopf zu sehen, der bis zu einer Viertelstunde andauerte und auch die Objekte in seiner näheren Umgebung angeleuchtet hatte. Die Fotografien von Baraduc sind in Baraduc (1897) enthalten.

Sachlage noch wesentlich verändern würde. In den beiden letzten Kapiteln möchte ich die verschiedenen Fäden des Buches in einen größeren Zusammenhang einbetten, rekapitulieren und zusammenführen.

9. Die Hintergrundrealität des Seins

Es wird oftmals gefordert, dass außergewöhnliche Behauptungen auch außergewöhnlich gute Beweise verlangen, bevor sie geglaubt werden können. Das stimmt grundsätzlich, doch es ist nur die halbe Wahrheit. Außergewöhnliche Behauptungen verlangen gleichermaßen eine außergewöhnliche Offenheit den berichteten Phänomenen gegenüber. Sehr häufig schon haben sich außergewöhnliche Behauptungen letztlich als richtig herausgestellt. Ich erinnere nochmals an die hitzige Kontroverse um die Frage, ob Steine vom Himmel fallen können oder nicht. Schließlich ist es doch das Salz in der Suppe der Wissenschaft, weiter in die Grenzbereiche des bekannten Wissens vorzudringen! Leider haben sich etablierte Wissenschaftler bislang nur selten an den Grenzbereich der Todesnähe und seine ungewöhnlichen Phänomene herangewagt. Daher ist der Stand der Forschung auf diesem wichtigen Gebiet wesentlich weniger fortgeschritten, als er es sein könnte. Trotzdem ist die Beweislast dafür, dass in Todesnähe Ereignisse stattfinden, die auf die Existenz einer verborgenen Seinsebene hindeuten, nicht so groß, wie es zunächst scheinen mag. Vieles deutet bei genauerem Hinsehen darauf hin. Zudem wird die Annahme einer normalerweise verborgenen Realitätsschicht durch weitere wissenschaftliche Befunde unterstützt. Sie stammen aus den Bereichen der Physik, der Biologie und der Parapsychologie, und ich werde nun kurz auf sie eingehen.

Was die moderne Physik betrifft, so ist diese zwar weit davon entfernt, ein einheitliches und von allen Physikern akzeptiertes Modell zur Erklärung unseres Universums zu liefern. Die vielersehnte „Theorie für Alles“ ist noch immer nicht in Sicht. Aber eines steht unter den Vertretern der verschiedenen gegenwärtigen physikalischen Theorien jetzt schon fest: Der Urgrund der Welt besteht nicht aus dem, was wir mit unseren Sinnesorganen wahrnehmen können. Er wird außerdem nicht von den Gesetzen regiert, die wir in unserer unmittelbaren Alltagswelt gemäß den Theorien der klassischen Physik und der Chemie beschreiben können. Dieser Urgrund, so weit er sich überhaupt fassen lässt, beruht vielmehr auf verborgenen Realitätsaspekten, die sich in den paradox erscheinenden und unserer menschlichen Logik fremden Phänomenen der Quantenphysik widerspiegeln. Einen hervorragenden Überblick über die gegenwärtig diskutierten physikalischen Modelle zur Erklärung der Welt hat die Philosophin Gerda Lier in ihrem Monumentalwerk über die „Grundannahmen und Voraussetzungen des Unsterblichkeitsproblems" zusammengestellt. Lier fasst den Stand der Dinge in der Physik wie folgt zusammen:

„Wer weiß, wie die Entwicklung der Raumtheorien weiter verlaufen wird und wie entsprechende Theorien in hundert oder fünfhundert Jahren aussehen werden? … Mit einer Rückkehr zu der Auffassung, dass es nur die dreidimensionale sicht-, greif- und messbare materielle Welt gebe, ist mit Sicherheit nicht zu rechnen."[318] Später führt sie aus, dass vier wichtige gegenwärtig diskutierte Modelle darin übereinstimmen, „dass die raumzeitliche materielle Welt sozusagen nur die Spitze eines Eisbergs darstellt und nicht plausibel und angemessen erklärt werden kann, ohne auf andere – unsichtbare und nicht messbare – Objekte und Realitätsebenen zurückzukommen".[319] Sie verweist weiterhin darauf, dass maßgeblichen Vertretern von allen Theorien die Auffassung gemeinsam ist, aus dieser Hintergrundrealität gehe sowohl das Geistige als auch das Körperliche hevor und es Wechselwirkungen zwischen dem Geistigen und dem Körperlichen gebe. Etliche herausragende Physiker des 20. Jahrhunderts waren überdies der Meinung, dass diese Hintergrundrealität geistig-psychische bzw. „spirituelle" Qualitäten besitzt oder eine solche Meinung zumindest mit der modernen Physik zu vereinbaren sei.[320] Lier zieht das Resümee, „dass die Annahme, es gebe nur die raumzeitliche Welt, nicht haltbar ist … Aus physikalischer und naturphilosophischer Sicht spre-

318 Lier (2010), S. 92.
319 Lier (2010), S. 146.
320 Lier (2010), S. 259f.

chen sehr gute Argumente für die tatsächliche Existenz höherer Dimensionen, höherdimensionaler Objekte und anderer Realitätsebenen. Denn anscheinend lässt sich nicht einmal die dreidimensionale sichtbare physische Welt ohne derartige Annahmen erklären."[321]

Dies ist für uns insofern interessant, da viele der in diesem Buch diskutierten Themen, wie die potenzielle „gehirnfreie" Existenz von Bewusstsein und Wahrnehmungsfähigkeit, die von Körpern aufsteigenden Nebel, die musikalischen Eindrücke und natürlich auch die Erscheinungen, die bei (kollektiven) Todesnähe-Visionen gesehen werden, in einer üblicherweise verborgenen Hintergrundrealität wurzeln müssen, die geistig-psychische Qualitäten oder Aspekte besitzt.

Doch die Physik steht noch nicht einmal alleine da. Alles, was eben gesagt worden ist, lässt sich ganz unabhängig von der Physik auch aus der Biologie und besonders aus der Parapsychologie ableiten. Viele Biologen haben in der Vergangenheit wichtige Beiträge zur Verdeutlichung des Sachverhalts geleistet, dass auch das Leben und die Evolutionsprozesse in einer verborgenen Hintergrundrealität wurzeln, deren Wirkungsweisen sich nicht mit denjenigen der physikalisch-chemischen Alltagswelt decken. Einige dieser Argumente habe ich in meinem letzten Buch zusammengefasst und weiter ausgearbeitet. Hier möchte ich das für den hiesigen Zusammenhang Wichtigste nur kurz rekapitulieren.

Die Probleme für den rein biochemischen Ansatz beginnen schon bei den Erklärungsmodellen, die heute zur Entstehung der ersten Zellen im Umlauf sind. Obwohl in der Fachpresse und erst recht in den populären Medien immer wieder das Gegenteil suggeriert wird, ist man gegenwärtig noch weit davon entfernt, die Wege nachzeichnen zu können, wie das Leben einstmals „von selbst" in der „Ursuppe" oder anderswo entstanden sein könnte. Es wurden bereits sehr viele Experimente zur Erzeugung von lebensnotwendigen Molekülen unter Bedingungen durchgeführt, welche die Situation auf der frühen Erde unter künstlich optimierten Laborbedingungen simulieren sollten. Doch selbst bei diesen zumeist sehr realitätsfernen Laborexperimenten entstehen hauptsächlich Teer und ein immenser

---

321 Lier (2010), S. 263.

Überschuss an Kleinmolekülen, die jede Bildung von lebensförderlichen Molekülketten unterbinden. Damit besitzt das Entstehen von biologisch relevanten Molekülverbindungen von Anfang an eine sehr schlechte Ausgangsposition. Tatsächlich konnten einige der wichtigsten Grundbausteine des Lebens in derartigen Versuchen bis heute noch nicht gewonnen werden. Aufgrund des Aufbaus dieser Moleküle darf als gesichert gelten, dass dies auch zukünftig nicht gelingen wird. Im ersten Teil meines vorangehenden Buches habe ich vierundzwanzig verschiedene schwerwiegende Probleme beschrieben, die von der präbiotischen Chemie sowohl theoretisch als auch in der Praxis erst noch überwunden werden müssen, bevor mit Recht behauptet werden kann, das Leben sei „von selbst" durch physikalisch-chemische Prozesse entstanden.[322] Auch das modische Konzept der „Selbstorganisation" als hypothetisches Mittel, die angenommenen Prozesse zu beschleunigen, hat bislang keinerlei Relevanz für die praktische Forschung erlangt. Daher hat es im Vergleich zu der Zeit, als Computersimulationen, wie „Hyperzyklen", als Erlösung gefeiert worden sind, heute stark an Bedeutung verloren. Obwohl in der Zwischenzeit interessante Forschungsergebnisse veröffentlicht worden sind,[323] hat sich die Situation nicht nennenswert verändert. Fast sechzig Jahre nach den ersten bahnbrechenden Experimenten im Bereich der präbiotischen Forschung wissen wir noch immer nicht einmal in Ansätzen, wie das Leben auf unserem Planeten tatsächlich entstanden ist. Bei einem tieferen und kritischen Blick auf die entscheidenden Details der durchgeführten Studien wird deutlich, dass wir bislang lediglich über verschiedene hochspekulative und problematische Hypothesen verfügen, die auf fragwürdigen Experi-

322 Eine der größten ungelösten Schwierigkeiten für hypothetische Lebensanfänge besteht darin, dass viele lebenswichtige Moleküle, wie DNS-Bausteine und Aminosäuren, in Laborversuchen immer in zwei spiegelbildlichen Varianten entstehen, die sich wie die linke von der rechten Hand unterscheiden. In den Molekülketten der Lebewesen kommt jedoch immer nur eine dieser beiden möglichen Formen vor. Darüber, wie die beiden Varianten vor oder während der Entstehung von lebensförderlichen Molekülketten sauber getrennt worden sind, ist bislang nichts bekannt. Man weiß hingegen, dass der Einbau der jeweils falschen Variante wie ein Gift wirkt und jegliche nützliche Kettenbildung von Beginn an unterbindet. Weiterhin gibt zu denken, dass alle Ketten aus lebensrelevanten Molekülen von Wassermolekülen sehr bald wieder zersetzt werden. Kurioserweise gilt deshalb das „Lebenselement" Wasser als die Nemesis der Erforscher der Lebensanfänge. Doch es existieren zahlreiche weitere schwerwiegende Probleme für eine rein physikalisch-chemisch bedingte Lebensentstehung (Nahm, 2007, S. 14-78).

323 z.B. Powner, Gerland und Sutherland (2009).

menten mit größtenteils enttäuschendem Ausgang beruhen, und die sich zudem nur auf isolierte und primitive Aspekte der organischen Chemie beschränken. Es ist bemerkenswert, dass dies auch führende Experten auf diesem Forschungsgebiet eingestanden haben.[324]

Doch trotz all dieser Schwierigkeiten sind lebendige Zellen entstanden. Diese haben sich im Laufe der Evolution zu den verschiedenen Pflanzen und Tieren ausdifferenziert, mit dem Menschen als gegenwärtigem Höhepunkt an geistiger Entwicklung. Aber wie genau dies geschehen ist, bleibt erneut unklar. Auch hier weisen die Standard-Erklärungen der Biologen erhebliche Mängel auf. Diese Erklärungsmodelle basieren 1) auf „zufälligen" Änderungen im Erbgut der Organismen (Mutationen) sowie 2) auf nachfolgender Aussortierung (Selektion) der am besten an die jeweiligen Umweltbedingungen angepassten Individuen. Was die Mutationen betrifft, so treten diese in Organismen nachweislich auf und lassen sich auch mit künstlichen Hilfsmitteln in großer Zahl erzeugen. Dennoch sind nach der künstlichen Erzeugung von mehreren Millionen „zufälligen" Mutationen so gut wie keine positiv selektierbaren Mutanten bekannt geworden. Diese hat man z.B. mittels Röntgen-Bestrahlung erzeugt, die im Erbgut unberechenbare Änderungen auslöst. Die wenigen Änderungen, die man als positiv erachten könnte, bewirken fast immer den Wegfall von bereits vorhandenen Strukturen oder bestenfalls die Modifikation von bereits existierenden Stoffwechselwegen. Doch selbst solche „positiven" Änderungen im Erbgut haben oft anderweitige negative Nebeneffekte und sind zudem instabil. Ohne beständige Pflege bzw. dauerhafte und exakt ausgerichtete Selektion fallen die Nachkommen mutierter Lebewesen alsbald wieder in die Lebensform der noch nicht mutierten Vorfahren zurück. Ein durch Mutationen verursachtes Entstehen von neuen selektierbaren Organen und Strukturen, die mit einer *Zunahme von biologischer Komplexität einhergehen, konnte noch nie beobachtet werden.* Deshalb zählt die derartige Erzeugung von „zufälligen" Mutationen, ein ursprünglich mit immensen Erwartungshaltungen und Forschungsgeldern angegangener Forschungsbereich, bereits seit Jahrzehnten zu den stillschweigend eingeschläferten Forschungszweigen. Für eine etwaige weiterführende Selektion hinsichtlich höherer biologischer Komplexität boten die zufällig mutierten Orga-

324 Nahm (2007), S. 77f.

nismen schlichtweg keine Ansatzpunkte.[325] Das Erbgut muss also durch etwas anderes als durch Zufälligkeiten in der Biochemie in eine sinnvoll und ganzheitlich nach höherer Komplexität strebende Richtung beeinflusst werden können. Es deutet Vieles darauf hin, dass diese Impulse aus einer verborgenen Realitätsschicht mit geistig-psychischen Qualitäten stammen oder sich ihrer bedienen.

Was die Selektion und ihre Macht auf das Geschehen des Evolutionsprozesses betrifft, so gibt es dazu in den Theorien der Evolutionsbiologen eine Reihe von verschiedenen Konzepten. Doch allen ist bei genauerem Hinsehen gemein, dass unklar bleibt, wie ein sowohl griffiger als auch kontinuierlicher Ansatzpunkt für die vermeintliche Wirkungskraft der Selektion gefunden werden kann. Obwohl Selektionsprozesse in der Natur tatsächlich am Werke sind, so scheint ihre Fähigkeit, die Entwicklung der Lebewesen kontinuierlich in bestimmte Richtungen zu beeinflussen, deutlich überschätzt zu werden. Zumindest in einigen Fällen scheinen diese Entwicklungen von einer Eigendynamik getragen zu werden, die weitgehend abgekoppelt vom direkten Einfluss der Umweltbedingungen verläuft.

Beispiele hierfür finden sich auch in diesem Buch. Dazu zählt das Phänomen, das manche Menschen mit Wasserkopf-Syndrom oder auch mit nur einer Gehirnhälfte offenbar genauso gut denken können wie durchschnittliche Menschen mit normalen Gehirnen, ja sogar manchmal eine überdurchschnittliche Intelligenz besitzen. Dann stellt sich allerdings die Frage, wieso der Mensch aufgrund von zahlreichen zufälligen Mutationen und nachfolgender natürlicher Selektion der klügsten Individuen ein hochkomplexes Gehirn entwickelt haben soll, das etwa doppelt so groß ist, als offenbar nötig wäre. Das Gehirn ist dasjenige menschliche Organ, das mit Abstand am meisten Energie verzehrt. Obwohl es nur etwa 2% unseres Körpergewichts ausmacht, benötigt es 20% unseres Energieumsatzes. Gemäß der gängigsten Variante der modernen Evolutionstheorie werden jedoch selbst minimale Energieverschwendungen nicht geduldet und fallen im Laufe der Evolution dem Selektionsprozess im Kampf um Nahrungsmittel und Reproduktionspartner zum Opfer. Dennoch soll die Evolution des modernen Menschen und auch des Neandertalers ausschließlich

325 Für die ausführliche Darstellung dieser Probleme siehe Nahm (2007), S. 109-150.

durch die rasche Zunahme des Großhirns möglich gewesen sein, wodurch gewisse geistige Kapazitäten bereitgestellt worden seien, die vorher nicht vorhanden gewesen waren. Aber etliche vermeintliche Vorfahren des modernen Menschen und des Neandertalers (wobei die Abstammungslinien in beiden Fällen übrigens immer noch im völligen Dunkel liegen) besaßen bereits wesentlich mehr Gehirn als ein Hemisphärektomie-Patient oder manche Menschen mit einem Wasserkopf! Es gibt keinen Grund, daran zu zweifeln, dass ein Gehirn, das nur halb so groß ist wie ein Durchschnittsgehirn der heutigen Menschen, exakt die gleichen geistigen Funktionen erfüllen kann. Warum das energieverzehrende Gehirn des heutigen Menschen so riesig geworden ist, wenn es die Hälfte der Masse offenbar auch getan hätte, birgt ein weiteres der zahlreichen ungelösten Rätsel für die moderne Selektionstheorie.[326]

Doch ich möchte die Schwierigkeiten der Evolutionsbiologie hier nicht überbetonen. Denn bereits viele der Berichte und Phänomene, die ich in den Kapiteln 1 bis 5 vorgestellt habe, lassen an der rein physikalisch-chemischen Erklärung aller Lebensvorgänge, inklusive des Bewusstseins, beträchtliche Zweifel aufkommen. Einige Fälle von terminaler Geistesklarheit scheinen sich nicht mit gängigen Modellen der Bewusstseinsentstehung und des Gedächtnisses zu vertragen. Bezüglich rätselhafter Gehirnbefunde (Kapitel 3) sei auf massive Gehirnverletzungen ohne nennenswerte Folgen verwiesen oder auf die Rätsel, die mit der Hemisphärektomie, des Wasserkopf-Syndroms und überhaupt mit dem *Menschen hinter der Kulisse* zusammenhängen. Es sei auch hier noch einmal besonders hervorgehoben, dass all die hochtechnisierten computergestützten Untersuchungen von Gehirnprozessen von vornherein nichts darüber aussagen können, ob das Gehirn nun die Gedanken und Gefühle hervorbringt oder ob ein vom Gehirn unabhängiger Geist mit dem Gehirn nur interagiert. Die Frage zwischen der Produktionstheorie und der Korrelationstheorie bzw. der Filtertheorie ist grundsätzlich nicht mit medizintechnischen Messgeräten zu entscheiden. Bezüglich ungewöhnlicher körperlicher Veränderungen (Kapitel 4) sei auf die Fähigkeiten mancher Personen verwiesen, geometrische Muster oder sogar Buchstaben willkürlich auf der Haut entstehen zu lassen und sogar Blasen und fleischliche Wundmale zu erzeugen. Alleine schon

326 Für eine ausführlichere Diskussion der Selektions-Problematik mit zahlreichen weiteren Beispielen siehe Nahm (2007), S. 151-202.

die Placebo-Effekte spotten bislang einer rein biochemischen Erklärung. Auch die rätselhaft wechselnde Allergie-Empfindlichkeit unter Hypnose oder bei Personen mit dissoziativen Identitätsstörungen zählt zu den unerklärten Phänomenen, die scheinbar unter einer geistig-psychischen Dominanz stehen, ganz zu schweigen von dem plötzlichen Weißwerden der Haare. Zu den größten Rätseln der Nahtod-Erfahrungen (Kapitel 5) zählen das außergewöhnlich klare Bewusstsein und die wahrheitsgetreuen Wiedergaben von Geschehnissen unter Gehirnzuständen, die dies eigentlich nicht zulassen sollten – auch nicht als rückwirkende Rekonstruktion anhand unbewusst aufgeschnappter Informationsinhalte. Bereits für die Plötzlichkeit des wieder einsetzenden Schmerzes bei „Wiedereintritt" in den Körper nach einer außerkörperlichen Erfahrung gibt es derzeit keine plausible medizinische Erklärung. Besonderes Interesse verdienen Nahtod-Erfahrungen von blinden Menschen. Auch die Todesnähe-Visionen (Kapitel 6) lassen sich bislang nicht ohne Weiteres als reine Halluzinationen auffassen. Alle Hypothesen, die eine solche Deutung wahrscheinlich gemacht hätten, konnten nicht bestätigt werden. Dazu kommen verschiedene paranormale Elemente, wie z.B die von mehreren Personen gesehenen Erscheinungen, oder die Erscheinungen von Personen, von denen unbekannt war, dass sie schon gestorben waren, und so fort. Die kollektiv wahrgenommenen Fälle von musikalischen Eindrücken (Kapitel 7) sowie von Lichtern und Nebeln (Kapitel 8) enthalten ebenfalls Elemente, die sich im gegenwärtigen Wissenschaftsdenken nicht erklären lassen – außer als Halluzinationen, Irrtümer und Betrug.

Doch diese ungewöhnlichen Elemente gehören schon seit langem zu den Phänomenen, die im Rahmen der Parapsychologie untersucht werden. Dazu zählen traditionell die Telepathie (direkte Übertragung von Gedanken oder Emotionen von Person zu Person), das Hellsehen (direkte Wahrnehmung von Gegebenheiten an entfernten Orten), die Präkognition (Vorauswissen um zukünftige Ereignisse) und die Psychokinese (direkte geistig-psychische Einwirkung auf Materie). Womöglich kommt bei den in den Kapiteln 5 bis 8 genannten paranormalen Wahrnehmungselementen eine Art hellseherische oder auch „hellhörerische" Fähigkeit mit ins Spiel – bei kollektiv erlebten Fällen vielleicht auch eine Art Gedankenübertragung oder sogar eine „Teilhabe" an den Gedanken und Erlebnissen der anderen. Dies alles mag normaler sein, als es zunächst scheint. Auch wenn uns die Verbindungskanäle der Hintergrundrealität des Lebens normalerweise verborgen sind, so gibt es keinen Grund zu der Annahme, dass wir überhaupt keinen Zugang zu ihnen haben. Dass die Hintergrundrealität in unsere Alltagswelt hineinspielt, ist gängige Überzeugung aller mystischen und schamanistischen Traditionen. Es wird überall davon ausgegangen, dass alles Sein in ihr wurzelt, auch der Mensch. Wenn in Todesnähe dieser Schleier gelüftet würde, würden sich auch die parapsychologischen Wahrnehmungsfähigkeiten verstärken. Carl du Prel drückte es im Jahr 1888 mit einem schönen Gleichnis aus: So wie die Sonne nicht erst dann, wenn die Wolken fortziehen, strahlend scheint (über den Wolken tut sie es immer), so erhält auch die Seele nicht erst dann das Vermögen, sich parapsychologischer Fähigkeiten zu bedienen, wenn sie aus dem Körper austritt. Sie besitzt dieses Vermögen schon immer, aber diese Fähigkeiten werden durch die Vereinigung mit dem Leib, der „Wolke", zumeist verdunkelt.[327]

Damit wäre auch bei normalen Wahrnehmungen, die wir durch unsere Sinnesorgane vermittelt bekommen, immer schon ein Funke „geistiger" Wahrnehmung mit dabei, der sich beim Austritt aus dem Körper nur intensiviert. Oder lässt sich dem entgegengesetzt die einfache Wahrnehmung „Ich sehe eine rote Rose" tatsächlich restlos mit objektiven physikalischen Schwingungen, deren Umsetzung in die Biochemie des Sehvorgangs und deren Umsetzung in die Gehirnchemie, erklären? Daran bestehen insbesondere unter den Philosophen seit langem erhebliche und durchaus berechtigte Zweifel. Doch auch auf der Ebene der Gehirnfunktionen gibt es nach wie vor zahlreiche Verständnislücken bezüglich der exakten molekularen Mechanismen, die für die Erklärung dieser bewussten Sehvorgänge angenommen werden müssen.[328] Daher sind ähnlich wie bei der Theorie, wonach das Gehirn eine Art Filter oder Scanner für Bewusstseinsinhalte ist, auch Überlegungen darüber angestellt worden, ob nicht die körperlichen Sinnesorgane eine Art Filter oder Kanal darstellen, der aus der Masse der uns ständig umgebenden geistig-psychischen Eindrücke diejenigen herausfiltert, die uns ein stabiles Leben in Raum und Zeit ermöglichen.[329]

327 Du Prel (1888/1971b), S. 173.
328 Hierauf habe ich in meinem ersten Buch hingewiesen (Nahm, 2007,S. 199 und 355).
329 Dies taten beispielsweise der Nobelpreisträger Henri Bergson (1913-1914) und Hans Driesch (1954, S. 30-40), Biologen und Philosophen von Weltruf. Driesch spekuliert sogar darüber, ob nicht die normale Wahrnehmung das im Vergleich zum Hellse-

Demzufolge bestünde die zentrale Funktion der Sinnesorgane im Leben der Organismen in einer *Einschränkung* des Wahrnehmungsvermögens. Sie würden ihre Besitzer vor der zu großen Fülle der Eindrücke schützen. In besonders emotionalen Zuständen und in Todesnähe könnte jedoch diese biologisch bewirkte Einschränkung durchbrochen oder überschritten werden, so dass hellseherische Wahrnehmungsakte möglich werden, die über das Leistungsvermögen der körperlichen Sinnesorgane hinausgehen. Da beide Wahrnehmungsarten jedoch verwandt sind, widersprechen sie sich nicht, sondern sie ergänzen und überlagern sich.

Daran, dass parapsychologische Phänomene tatsächlich existieren, kann trotz der vielfach mit großer Emotionalität vorgetragenen Ableugnung aus wissenschaftlichen Kreisen kein Zweifel bestehen – erst recht nicht für den, der, wie ich selbst, schon eindeutige diesbezügliche Erfahrungen erlebt hat. Wer selbst noch keine direkten Erfahrungen auf diesem Gebiet gesammelt hat, dem bleibt nur das Studium der verfügbaren Literatur. Diese ist umfangreich und stammt zu guten Teilen aus der Feder von angesehenen Wissenschaftlern. Ich verweise den interessierten Leser an dieser Stelle auf mein erstes Buch und begnüge mich hier mit der Feststellung, dass die genannten Phänomene unter anderem durch zahlreiche experimentelle Studien als nachgewiesen gelten müssen.[330] Damit bilden die parapsychologischen Phänomene eine gewichtige ergänzende Stütze für die Annahme, dass auch die normalen Bewusstseinsvorgänge mehr sind als das bloße Nebenprodukt der Gehirnchemie. Die Psychokinese mag außerdem einen Ansatz zum Verständnis der verschiedenen ungeklärten körperlichen Veränderungen bieten, angefangen bei der Plastizität des Gehirnes über spontane Heilungen bis hin zum plötzlichen Weißwerden der Haare.

Nach all dem Gesagten muss den geistig-psychischen Aspekten der Lebewesen inklusive ihrer Emotionen und Absichten eine fundamentale

---

hen durch die zusätzliche Einschaltung von rein körperlichen Vorgängen letztlich *größere* Rätsel sei. Emil Mattiesen führte ganz ähnliche Gedanken aus und schrieb z.B.: „Auch eine im normalen Zustand erfolgende Hellsehleistung grenzt ja doch irgendwo an Wahrnehmungen im gewöhnlichen Sinn, und überdies fehlt es nicht an Gründen, im Zustande der … 'Hirnentbindung' an sich eine Erleichterung des Hellsehens überhaupt zu erblicken (Mattiesen, 1936, Band 2, S. 345).

330 Für eine zusammenfassende Darstellung der Entwicklung der Parapsychologie samt einem Überblick über maßgebliche Studien siehe Nahm (2007), S. 203-260.

Realität und ein konkretes Wirkungsprinzip zugesprochen werden, das auf biologische Materie einwirken kann. Das 4. Kapitel dieses Buches hat zahlreiche Beispiele für die Einwirkung dieses Prinzips auf einzelne Organismen enthalten, und es gibt viele Anzeichen dafür, dass auch in der Evolution als Ganzes ähnliche Wirkungsprinzipien am Werke sind. Diese Wirkungsprinzipien spielen innerhalb der uns normalerweise nicht zugänglichen Realitätsschicht eine wichtige Rolle, indem sie in ihr operieren können oder sogar selbst ein Teil von ihr sind. Jedenfalls müssen bestimmte Aspekte des Bewusstseins, des Unterbewusstseins oder auch des Lebens an sich konkreten Anteil an dieser tieferen Realitätsschicht haben. Diese Feststellung verträgt sich gut mit den von vielen Physikern vorgetragenen Spekulationen über die Grundlagen der Realität.

Auch in der Biologie und in der Parapsychologie zeigt sich also, dass unsere üblicherweise wahrnehmbare Umwelt nur einen Ausschnitt aus einem erheblich komplexeren Realitätszusammenhang darstellt. Das Auftreten von parapsychologischen Phänomenen ist bislang nur deswegen nicht mit dem gegenwärtigen Biologieverständnis vereinbar, weil dieses ausschließlich an diesen Ausschnitt, die „Spitze des Eisbergs", angepasst ist und die Hintergrundrealität des Lebens nicht berücksichtigt. Das gilt somit auch für einige der ungewöhnlichen Phänomene in Todesnähe, die sehr häufig parapsychologische Komponenten aufweisen. Vielleicht ist es tatsächlich so, dass hier der Schleier, der die Alltagswelt von ihrem Hintergrund trennt, dünn und durchlässig wird. Wenn sich tatsächlich so etwas wie eine Seele beim Verlöschen des körperlichen Lebens lösen und in einen anderen Lebenszustand überwechseln würde, so würde sie jedenfalls durch diesen Schleier hindurchtreten müssen. Manchmal könnte es ein Lichtstrahl, eine Erscheinung oder auch die ungewöhnliche Musik sein, die dabei von dort zu uns dringt. Möglicherweise beruht auch die unerwartete geistige Klarheit in Todesnähe auf diesem Ablösungsprozess. Diese Klarheit könnte manchmal von der noch lebenden Person erfahren werden, manchmal aber auch erst nach der Trennung vom physischen Körper, wie bei Nahtod-Erfahrungen – je nachdem ob sich die Schleieröffnung eher zu der noch lebenden Person hinneigt oder ob das Ich-Bewusstsein der nach außen hin bewusstlosen Person sich auf diese Schleieröffnung zubewegt. Es bleibt jedenfalls festzuhalten, dass die vielen ungewöhnlichen Phänomene in Todesnähe sich wechselseitig ergänzen und sich insgesamt zu einem harmonischen Gesamtbild dessen fügen, was den Menschen des westlichen Kulturkreises im Tod erwarten könnte.

Wer glaubt, dass in Todesnähe ungewöhnliche und bislang unerklärte Phänomene auftreten und das Bewusstsein den Tod sogar überleben kann, der vermag dafür einige gute Argumente geltend zu machen. Die skeptische Meinung, die in den Wissenschaftlerkreisen dominiert, muss sich hingegen auf reichlich konstruiert wirkende Hypothesen verlassen, die sich bei genauerem Hinsehen als wenig stichhaltig erweisen. Bereits beim Wissenstand von 1872 hat Georg Friedrich Daumer sein Unverständnis gegenüber dieser Haltung zum Ausdruck gebracht:

„Es ist schon schlimm, wenn man bei einer Anzahl von Phänomenen, welche so augenscheinlich zusammengehören und eine gemeinschaftliche Quelle haben, so manche ganz verschiedene Wendungen und Annahmen zu Hilfe nehmen muss, wie in diesem Falle geschieht."[331]

Bis heute hat sich daran nichts geändert.

331 Daumer (1872), S. 300.

10.
Der Tod als Freund

Die Annahme, dass die in diesem Buch beschriebenen Erfahrungen nichts anderes bedeuten als das, als was sie wahrgenommen werden – nämlich als tatsächliche Elemente des Sterbeprozesses – ist nicht die einzig verfügbare Annahme, aber sie ist die natürlichste, einfachste und ungezwungenste Annahme. Obwohl keines Menschen Tod einem anderen gleicht, so ließen sich in Anlehnung an frühere Autoren, wie Ernesto Bozzano, Emil Mattiesen, Raymond Moody und Robert Crookall, typische Elemente der letzten Reise folgendermaßen darstellen:[332]

1. Schwerkranke oder sterbende Menschen können eine Art emotionalen und telepathischen „Ruf" an entfernt lebende Angehörige aussenden, entweder durch gezieltes Denken an sie oder auch über gänzlich unterbewusste Verbindungskanäle. Die entfernten Angehörigen wissen dadurch auch ohne Benutzung der üblichen Kommunikationskanäle von der Krise des Kranken. Die Sterbenden erscheinen den Angehörigen oft in einer Vision oder im Traum, man hört ihre Stimme. Dass während der Nahtod-Erfahrungen und Todesnähe-Visionen vielfach verstorbene Angehörige gesehen werden, könnte man gleichfalls so auffassen, dass dieser telepathische Ruf auch diese Verstorbenen erreicht.

332 Diese Beschreibung gilt jedoch nicht für plötzliche Unfälle, bei denen die ersten Stadien bis zum Austritt aus dem Körper scheinbar übersprungen werden. Manche Nahtod-Erfahrungen beinhalten auch sehr unangenehme Erlebnisse und zeichnen ein anderes Bild des Sachverhalts (Bush, 2009). Dennoch kann das hier vorgestellte Szenario als typisch angesehen werden. Es repräsentiert gewissermaßen den Idealfall.

2. Im terminalen Stadium von Krankheiten kann die Geistesverfassung der Sterbenden plötzlich deutlich aufklaren. Dies gilt auch für Menschen mit langjährigen geistigen oder psychischen Beeinträchtigungen. Manchmal ist dies mit dem Schauen von Visionen verbunden, dies muss aber nicht sein.
3. Rückt der Sterbeprozess in greifbare Nähe, fühlen die Betroffenen manchmal eine Art Vibration im Körper, hören Geräusche in ihrem Kopf, fühlen sich schwindelig oder erleben ähnliche Irritationen der Sinne. Diese werden meistens nicht als negativ oder beunruhigend aufgefasst.
4. Mit fortschreitender Schwächung des Körpers tritt das Bewusstsein schließlich aus diesem aus. Manchmal ist dies von einem vorübergehenden Gefühl von Ohnmacht oder Dunkelheit begleitet.
5. Das Verlassen des Körpers kann in seltenen Fällen von den Umstehenden wahrgenommen werden. In diesen Fällen tritt ein Nebel, ein Licht oder eine Gestalt aus dem Körper aus. Die Einzelheiten dieser Beobachtungen können stark variieren.
6. Das Bewusstsein wird wiedergewonnen, aber man befindet sich oberhalb der Szenerie, wo der physische Körper noch liegt. Der Körper wirkt leblos. Man sieht auch alles andere, wie etwa die das Bett umstehenden Personen, aber eine Kommunikation mit ihnen ist nicht möglich. Jeglicher körperliche Schmerz ist verschwunden.
7. Der Träger des Bewusstseins (oder das Bewusstsein selbst?), das aus dem physischen Körper ausgetreten ist, wird manchmal als formlos oder rundlich beschrieben. Es wird aber früher oder später die Form oder das „Gefühl" des ehemaligen Körpers annehmen. Dies geschieht aufgrund entsprechender bewusster oder unterbewusster Empfindungen oder Erinnerungen an den alten Körper oder aufgrund innerer struktureller Gegebenheiten, die durch die vormalige Existenz in der biologischen Materie bedingt sind.
8. Oft erfährt der menschliche Geist jetzt eine Steigerung seiner geistigen Fähigkeiten, die mit nichts auf der Erde vergleichbar ist. Er wird immer noch von verstorbenen Personen begleitet oder trifft sie erst hier. Nicht selten fühlt man sich in diesem Zustand außerordentlich wohl und befreit.
9. Nach einer gewissen Zeit, die noch bei dem verlassenen Körper und seiner Umgebung verbracht worden ist, bewegen sich die Ster-

benden in mehr jenseitige Wahrnehmungsbereiche hinein. Sie treten beispielsweise in einen dunklen Tunnel ein, an dessen Ende ein unaussprechlich schönes und anziehendes Licht scheint. Aber auch ohne diese Zwischenstufe erhalten die Reisenden oftmals Einblicke in lichtdurchflutete Landschaften, die von unbeschreiblich intensiven Farben erglühen und von nie gehörter Musik erfüllt sind. Hier scheint die Wohnstätte der Verstorbenen und der mystischen Wesen zu sein.

10. Die Sterbenden durchleben eine Rückschau auf ihr vergangenes Leben und ziehen Schlüsse daraus.
11. Während all dieser Erfahrungen ist eine Rückkehr in das Leben im Fleische theoretisch noch möglich. Erst wenn die letzten Verbindungen mit dem physischen Körper getrennt sind, ist eine Rückkehr unmöglich, und der Mensch gilt als endgültig gestorben.

Diese idealisierte Beschreibung des Sterbeprozesses beruht auf zahlreichen Schilderungen, von denen die meisten aus dem Bereich der Nahtod-Erfahrungen und der Todesnähe-Visionen stammen. Es mag beruhigend sein, dass das Sterben zumeist als eine erlösende und schöne Erfahrung geschildert wird. Viele Nahtod-Erfahrene sind erstaunt, wie leicht und befreiend das „Sterben" war, und sie behaupten, jegliche Angst davor verloren zu haben. Manche sehnen sich sogar innig danach, wieder in die damals gekosteten Gefilde einzugehen. Doch leider wird dieser tröstliche Aspekt des Sterbens immer noch zu wenig erkannt, auch im Umgang mit sterbenden Menschen. Man braucht noch nicht einmal in die vermeintlich halluzinationsbelasteten Berichte von Nahtod-Erfahrungen und Todesnähe-Visionen einzutauchen, um zu sehen, dass der Tod oft wie ein Erlöser naht. Sehr viele Menschen haben von der charakteristischen geistigen Klarheit während der kritischen Lebensmomente und der unverhofften Schmerzfreiheit berichtet, und zwar gänzlich ohne etwaige halluzinationsverdächtige Erfahrungen dabei erlebt zu haben. Dies verdeutlicht ein ehemals vielgelesenes Buch, das im französischen Original als das *Buch vom süßen Tod* erschienen ist und in der deutschen Übersetzung unter dem Titel *Der Tod als Freund* herausgegeben wurde.[333] Der Autor, Georges Barbarin, hat hier zahlreiche Berichte von Menschen zusammengetragen, die sich in lebenskritischen Situationen befunden haben. Dazu

333 Barbarin (ca. 1938).

zählen Krankheiten, große Erschöpfung, Unfälle, Kriegsverwundungen, Abstürze, Angriffe durch wilde Tiere, Situationen von Beinahe-Ertrinken und Ähnliches. Die geistige Ruhe und Klarheit sowie die Schmerzfreiheit ziehen sich wie ein roter Faden durch die Schilderungen. So schrieb denn auch Barbarin, der ganz bewusst die halluzinationsverdächtigen und vermeintlich jenseitigen Elemente aus seinem Buch ausgeklammert hat:

> „Das Leiden ist der Sold des Lebens. Man leidet viel länger, um gesund zu werden, als um zu sterben. Wenn der Mensch die Gewissheit hätte, dass er nicht zu sterben brauchte, würde er alle Schmerzen mit einer unglaublichen Standhaftigkeit erdulden, aber der Hinblick auf den Tod erzeugt ihm Besorgnis, selbst wenn er keine Schmerzen hat. Denn die Aussicht auf den Tod erzeugt in aller Kreatur gleicherweise ein Widerstreben, aber weniger durch das, was man von ihm weiß, als durch das, was man nicht weiß. Der Tod bedeutet für viele einen derartigen Sprung in das Unbekannte, einen solchen Bruch mit allem Herkömmlichen, dass selbst unter den abenteuerlichsten Naturen die wenigsten das Verlangen empfinden, ihre Neugier zu befriedigen. Und dies ist zweifellos die Folge des Grauens vor dem Unerkennbaren und des Kummers über die Trennung, doch darüber hinaus auch die Folge einer Art von physischem Grauen, von dem wir aber die Leser des Folgenden einigermaßen zu befreien hoffen. ... Entledigt man den Tod seines konventionellen Gewandes, so schrumpft er zu einer sehr einfachen Angelegenheit zusammen. Weder ist er widerwärtig noch schrecklich, sondern nichts ist leichter und in manchen Fällen auch angenehmer, als zu sterben ... Das Erschreckendste ist im Grunde nicht unser eigener Tod, sondern der Tod der anderen.“[334]

Barbarin versuchte in seinem Buch zu verdeutlichen, dass alles Leiden und der Schmerz, selbst der seelische, zu der Seite des Lebens gehört, nicht zu der Seite des Todes. Er weist darauf hin, dass in dieser Erkenntnis ein Quell der Stärkung liegt – eine Möglichkeit, den Tod eher als Freund und Erlöser willkommen zu heißen, anstatt ihn bis zum letzten Atemzug verbissen und verängstigt als Feind und Vernichter zu bekämpfen.

---

334 Barbarin (ca. 1938), S. 11f.

Dieser Gedanke kann besonders in schwierigen Zeiten hilfreich und tröstlich sein. Viele Berichterstatter, die in diesem Buch zu Wort gekommen sind, scheinen ihn zu unterstreichen. Letztlich ist es sogar relativ unwichtig, ob die erhebenden Gefühle und Visionen in Todesnähe nun Halluzinationen oder echte Erfahrungen sind. Das Ergebnis bleibt das Gleiche: Im Tod wird es für den Sterbenden leichter. Diese Erkenntnis ist Grund genug, die von den Wissenschaftlern bislang so häufig geschmähten und bagatellisierten Berichte ernst zu nehmen. Wieder war es der vom romantischen Denken geprägte Daumer, der diesen Sachverhalt mit explizitem Bezug zur terminalen Geistesklarheit in treffende Worte gekleidet hat:

> „Sonderbare Zeit, die sich so viel Mühe gibt, den Tod gerade dann Lügen zu strafen, wenn er uns seine schöne, heitere und erhebende Seite zeigt!“[335]

Auch andere Romantiker, wie der Arzt Christoph Wilhelm Hufeland (1762-1836), haben empfohlen, die Beschäftigung mit dem Tod nicht zu fliehen, sondern sich bei Zeiten mit ihm vertraut zu machen, um ihm seinen Stachel zu nehmen. Für den Philosophen Friedrich Schelling, der mit seiner Naturphilosophie die Romantik entscheidend beeinflusst hatte, trennte sich mit dem Tod der menschliche Geist nicht einfach von seinem Körper, sondern er erfuhr zugleich eine „Essentifikation“, also eine Herausdestillation des eigentlichen Wesenskerns seiner irdischen Persönlichkeit. Nach Schelling steckt in der gesamten Natur ein geistiger Wesenskern, der nach höherer Entwicklung strebt. Dieser Wesenskern, diese Essenz, würde beim Menschen im Tode wieder freigesetzt werden und sei zu gesteigerter Natur- und Selbsterkenntnis fähig.[336] Die Grundzüge von derartigen Theorien werden bis in die heutige Zeit auch unabhängig von Schelling immer wieder vertreten.[337] Auch Justinus Kerner dachte ähnlich und mahnte angesichts der wachsenden Technisierung aller Lebensbereiche, der damit verbundenen Geringschätzung der Natur sowie der Abkehr von inneren Werten, dass wir dem Tod nicht entgehen können – wie sehr wir dieses Thema auch verdrängen mögen und uns stattdessen auf Fort-

---

335 Daumer (1872), S. 300.

336 Siehe Huch (1951), S. 409 und Schelling (1992), hier besonders S. 596.

337 So z.B. in van Lommel (2011), einige Beispiele stellen auch Ring und Cooper (2007) vor.

schritt, Technik und Geschwindigkeit stürzen. Kerners kernige Formulierung wirkt auch in der heutigen Zeit noch ungemein aktuell:

> Fahr zu, o Mensch! treib's auf die Spitze,
> Vom Dampfschiff bis zum Schiff der Luft!
> Flieg mit dem Aar, flieg mit dem Blitze!
> Kommst weiter nicht als bis zur Gruft.[338]

In diesem Sinne hoffe ich, mit diesem Buch bei manchem Leser das Interesse an den rätselhaften Phänomenen, die den Tod umgeben, geweckt zu haben. Ich finde, es ist eine Beschäftigung, die sich nur lohnen kann. Der Tod mag seinen Schrecken nie ganz verlieren – aber er kann viel davon verlieren, wenn man ihm beizeiten fragend ins Antlitz blickt. Die Beschäftigung mit den in diesem Buch vorgestellten Themen kann überdies auch das tägliche Leben bereichern. Viele Menschen mit Nahtod-Erfahrungen berichten, wie sehr diese Erfahrungen ihre Einstellungen zum Mystischen und zum Spirituellen intensiviert und ihrem Leben eine neue und tiefergehende Ausrichtungen gegeben haben. „Wahre Religion ist Empfindung und Geschmack für das Unendliche", schrieb einst der romantische Philosoph und Theologe Friedrich Schleiermacher (1768-1834).[339]

Die in diesem Buch vorgestellten Erfahrungen lassen genau diese Empfindung und diesen Geschmack fühlbar werden. Waren die Romantiker mit ihren Grundvorstellungen von Natur und Mensch also näher an der Realität, als es die moderne Wissenschaft von heute ist? Sind also zumindest manche Fälle von terminaler Geistesklarheit tatsächlich nicht mit biochemischen Panikreaktionen des Gehirns zu erklären, sondern eher mit der Ablösung des menschlichen Geistes vom Gehirn; oder seiner Seele, die ihre Schwingen ausbreitet und sich auf den Weg in die verborgene Hintergrundrealität des Lebens mit ihren geistig-psychischen Seinssphären macht? Ein unbefangener Blick macht dies wahrscheinlich. Doch zur Absicherung dieser Vermutung bedarf es weiterführender Forschungsarbeit. Ich habe über das ganze Buch verstreut etliche Anregungen dazu gegeben. Man könnte ein regelrechtes Forschungsprogramm ins Leben

---

338 Pissin (1914), S. 252. Auszug aus Kerners Gedicht *Im Eisenbahnhofe*.
339 Schleiermacher (1806), S. 65.

rufen.[340] Kaum ein Thema ist spannender und wichtiger als dieses, rührt es doch an die Wurzeln allen Seins inklusive unserer eigenen menschlichen Natur. Wie, wenn es wahr wäre, dass unser Leben einem außergewöhnlich stabilen Traum gleicht, aus dem wir bloß lange nicht aufwachen können, dass dieser Traum vielleicht sogar eine ganz spezielle Aufgabe für uns beinhaltet und unser wahres Leben erst hinter der Pforte des Todes neu beginnt und sich auf ungeahnte Horizonte zubewegt?

So verlockend diese Aussicht auch sein mag, so möchte ich dennoch davon abraten, nun sofort Suizid zu verüben. Gerade die Aussicht, dass wir Menschen als Individuen auch eine Aufgabe im Leben besitzen, wie immer wieder in Nahtod-Erfahrungen nachdrücklich erlebt wird, sollte uns davor warnen. Diejenigen, die während missglückter Suizidversuche Nahtod-Erfahrungen erlebt haben, geben danach regelmäßig an, von Selbstmordgedanken „geheilt" worden zu sein und einen ganz anderen Blick auf ihr Leben gewonnen zu haben. Jedes individuelle Leben ist einmalig, und wer weiß schon, welche Wendungen einen im Laufe der Zeit noch erwarten. Zumal es so scheint, dass das, was wir als wachbewusste Persönlichkeit erleben, nur ein kleiner Ausschnitt aus unserer gesamten Individualität ist. Um bei der Analogie des Prismas aus dem 3. Kapitel zu bleiben: Die klaren Farben, die hinter einem Prisma aufleuchten, repräsentieren hier unser Wachbewusstsein und nur einen Ausschnitt aus dem gesamten Spektrum eines Lichtstrahls bzw. eines Individuums. Sowohl ab dem Infrarot als auch ab dem Ultraviolett bleibt der größte Teil des Lichtstrahls für unser Auge unsichtbar. Es gibt viele Indizien dafür, dass es auch bei sogenannten Normalbürgern eine Art *Mensch hinter der Kulisse* gibt, einen Seinsbereich, der unmittelbar zu jedem Individuum gehört, der verborgen vor dem Wachbewusstsein unser Dasein mitträgt und mitbestimmt. Wir erhaschen nur selten einmal einen Eindruck von dieser geheimnisvollen Existenz, beispielsweise in bestimmten Träumen oder in mystischen Erfahrungen, inklusive der Nahtod-Erfahrungen. Hier bricht dieses Sein manchmal mit aller Macht über uns herein, in der Form von nicht in Worte zu fassenden Erfahrungen von Wissen oder auch von der Sinnhaftigkeit des eigenen Lebens. Unsere wachbewussten Wünsche unterscheiden sich daher oft von unseren eigentlichen Lebensaufgaben.

340 Eine hervorragende und vertiefende Grundlage hierfür würde das wegweisende Werk von Kelly, Kelly, Crabtree, Gauld, Grosso und Greyson (2007) liefern.

Letztere können wir gemeinhin nicht erkennen. Vielleicht ist das gut so. Diejenigen, die einen Blick hinter den Schleier getan haben, kennen zwar oft den Wert des individuellen Lebens, werden aber andererseits von einer unstillbaren Sehnsucht nach ihrer Heimat getrieben, die das Leben im Hier und Jetzt nicht immer erleichtert. Wir alle werden noch erfahren, wie es sich nun genau mit diesen Themen verhält. Bis dahin scheint es ratsam, sich in Geduld zu üben, das Leben so zu nehmen, wie es ist, und zu tun, was man kann.

Dank und Einladung

Zu diesem Buch haben viele Menschen auf verschiedene Weisen Mosaiksteine beigetragen. Sie haben geholfen, es mit Substanz, Farbe und Leben zu füllen. Für die Verwendung der Mosaiksteine und ihre Interpretation bin jedoch nur ich verantwortlich, denn sicher würde nicht jeder mir in allem folgen, was ich hier dargestellt habe. Ich danke dennoch allen, namentlich Eberhard Bauer, Beverly Brodsky, Jörgen Bruhn, Jim Carpenter, Suitbert Ertel, Renaud Evrard, Lutz und Viola Faroß, Peter Fenwick, Licita Geppert, Peter Göbel-Braun, Bruce Greyson, Erlendur Haraldsson, Dieter Hassler, Insa Hülsebusch, Emily W. Kelly, Silvia Keulen, Pam Kircher, Stephan Krall, Renate Kunz, Gerda Lier, Sabine Mehne, Peter Michel, Guy Lyon Playfair, Jochen Pöling, Kenneth Ring, Wennemar Schweer, Annemarie und Dankward Sellin, Andreas Sommer, Jenny Wade und Inga von Benzon. Sie haben mich mit Literaturhinweisen, sprachlichen und inhaltlichen Hinweisen, Inspirationen, anregenden Diskussionen und wertvollen Kontakten versorgt oder mir Berichte von ungewöhnlichen Erlebnissen zugeleitet.

Noch immer erhalte ich solche Berichte, da viele Menschen ungewöhnliche Erfahrungen in Todesnähe erlebt haben. Die Menschen werden sie auch in Zukunft erleben. Die Anzahl der Menschen, die Zeugen von ungewöhnlichen Ereignissen geworden sind, wächst mit jedem Tag. Viele dieser Ereignisse würden eine Aufzeichnung lohnen. Sollten auch Sie solche ungewöhnlichen Erfahrungen erlebt haben, besonders im Zusammenhang mit terminaler Geistesklarheit, können Sie gerne über die untenstehende Adresse Kontakt mit mir aufnehmen.

Michael Nahm
Ida-Kerkovius-Straße 9
79100 Freiburg

Literatur

Alexplorer (c. 2004). *Cerebral hemispherectomies as model systems of neural plasticity.* Online abrufbar unter: http://alexplorer.net/science/hemispherectomy.html

Alvarado, C.S. (1987). Observations of luminous phenomena around the human body: A review. *Journal of the Society for Psychical Research, 54,* 38-60.

Alvarado, C.S. (2006). Neglected near-death phenomena. *Journal of Near-Death Studies, 24,* 131-151.

Alvarado, C.S. (2009). On Duncan MacDougall's experiments on the loss of weight at death. *Journal of Scientific Exploration, 23,* 343-347.

Alvarado, C.S. (2010). „The dying mother:" Historical citations of Mary Goffe's seventeenth-century near death apparition. *Journal of Near-Death Studies, 29,* 241-253.

Anonymus (1899). Stimmen aus unbekannten Sphären. Nach O. Böckel, abgedruckt in: *Psychische Studien, 26,* 112-115; im Internet nachzulesen unter http://www.ub.uni-freiburg.de/?id=125.

Anonymus (1911). Can the hair turn white in a single night? *The New York Times* vom 19.11.1911. Online: http://query.nytimes.com/mem/archive-free/pdf?res=9C02E0DE123AE633A2575AC1A9679D946096D6CF

Anonymus (1932). Blanching of a Bay Horse. *Nature, 129,* 683.

Anonymus (1994a). Hand des Helfers. *Der Spiegel, 5,* 191.

Anonymus (1994b). "Ohne Zusatz Sprache". *Der Spiegel, 7,* 190-193.

Anonymus (2008). Der Mann mit dem hohlen Gehirn. *Gehirn und Geist, 6,* 72-74.

Augustine, K. (2007a). Psychophysiological and cultural correlates undermining a survivalist interpretation of near-death experiences. *Journal of Near-Death Studies, 26,* 89-125.

Augustine, K. (2007b). Near-death experiences with hallucinatory features. *Journal of Near-Death Studies, 26,* 3-31.

Autorenkollektiv (2004). Das Manifest. Elf führende Neurowissenschaftler über Gegenwart und Zukunft der Hirnforschung. *Gehirn und Geist, 6,* 30-37.

Auyong, D.B., Klein, S.M., Gan, T.J, Roche, A.M., Olson, D., und Habib, A. (2010). Processed electroencephalogram during donation after cardiac death. *Anesthesia and Analgesia, 110,* 1428-1432.

Baraduc, H. (1897). *L'âme humaine.* Paris: Ollendorf.

Barbarin, G. (ca. 1938). *Der Tod als Freund.* Stuttgart/Berlin: Deutsche Verlagsgesellschaft.

Barlag, K. und Ruzicka, T. (1995). Plötzliches Ergrauen oder Weißwerden des Haupthaares. *Deutsche Medizinische Wochenschrift, 120,* 158-159.

Barrett, W.F. (1926). *Death-bed visions.* London: Methuen.

Baxter, R. (1691). *The certainty of the worlds of the spirits.* London: Parkhurst & Salusbury.

Beauregard, M. (2007). Mind does really matter: Evidence from neuroimaging studies of emotional self-regulation, psychotherapy, and placebo effect. *Progress in Neurobiology, 81,* 218-236.

Beauregard, M. und O'Leary, D. (2007). *The spiritual brain.* New York, NY: HarperOne.

Bell, E. und Karnosh, L.J. (1949). Cerebral hemispherectomy. *Journal of Neurosurgery, 6,* 285-293.

Bergmann, S.H. (1829). Fall einer Stummheit ohne Taubheit, nebst anatomischer Untersuchung und einigen Zusätzen über den Sitz der Sprache. *Magazin für Seelenkunde,* 2,102-111.

Bergson, H. (1914-1915). Presidential address. Delivered on May 28th, 1913. *Proceedings of the Society for Psychical Research, 27*, 157-175.

Biot, R. (1957). *Das Rätsel der Stigmatisierten.* Aschaffenburg: Pattloch.

Blackmore, S. J. (1999). Neurophysiologische Erklärungen der Nah-Todeserfahrung. In H. Knoblauch und Hans-Georg Soeffner (Hrsg.), *Todesnähe. Interdisziplinäre Zugänge zu einem außergewöhnlichen Phänomen* (S. 37-63). Konstanz: UVK.

Blanke, O. und Arzy, S. (2005). The out-of-body experience: Disturbed self-processing at the temporo-parietal junction. *Neuroscientist, 11*, 16-24.

Bloch, O. (1909). *Vom Tode* (2 Bände). Berlin und Stuttgart: Juncker Verlag.

Bober, A. (2011). *Zur Wirkungsweise der körperlichen Stütze während der Gestützten Kommunikation (FC). Analyse des Forschungsstands und Ableitung weiterführender Forschungsfragen.* Dissertationsarbeit an der Humanwissenschaftlichen Fakultät der Universität Köln. Im Internet abrufbar unter: http://kups.ub.uni-koeln.de/3336/

Bower, J.M. und Parsons, L.M. (2003). Rätsel Kleinhirn. *Spektrum der Wissenschaft, 11*, 60-67.

Bozzano, E. (1906). Apparitions of deceased persons at death-beds. *Annals of Psychical Science, 3*, 67-100.

Bozzano, E. (1947) *Le visioni dei morenti.* Verona: Salvatore Palminteri.

Bozzano, E. (1982). *Musica trascendentale.* Rom: Edizione Mediterranee. (Erstpublikation im Jahr 1943)

Brayne, S., Lovelace, H. und Fenwick, P. (2008). End-of-life experiences and the dying process in a Gloucestershire nursing home as reported by nurses and care assistants. *American Journal of Hospice & Palliative Medicine, 25*, 195-206.

Brierre de Boismont, A. (1855). *A history of dreams, vision, apparitions, ecstasy, magnetism, and somnambulism.* Philadelphia, PA: Lindsay and Blakiston.

Brierre de Boismont, A. (1862). *Des hallucinations.* Paris: Germer Baillière.

Brown-Séquard, E. (1869). Expériences demontrant quel es poils peuvent passer rapidement du noir au blanc, chez l'homme. *Archives de Physiologie*, 2, 442-443.

Bruhn, J. (2009). *Blicke hinter den Horizont: Nahtodeserlebnisse: Deutung – Bedeutung.* Hamburg: Alsterverlag.

Bush, N.E. (2009). Distressing Western near-death experiences: Finding a way through the abbys. In J.M. Holden, B. Greyson und D. James: *The handbook of near-death experiences. Thirty years of investigation* (S. 63-86). Santa Barbara, CA: ABC Clio.

Butzke, F. (1840). Rückblicke auf das klinische Jahr 1838 im Provinzial-Landkrankenhause der Provinz Westpreussen bei Schwetz. *Magazin für die gesammte Heilkunde, 14*,140-171.

Callanan, M. (2009). *Final journeys.* New York, NY: Bantam Dell.

Carrington, D. (1977). Napoleon and Josephine: An experience of an apparition. *Light, 97*, 166-168.

Carter, C. (2010). *Science and the near-death experience.* Rochester, VT: Inner Traditions.

Chamberlain, D. (1988). *Babies remember birth.* Los Angeles, CA: Jeremy P. Tarcher.

Chandler, K. (2004). People who remember things they never learned. *Australian Journal for Parapsychology, 4*, 2-31.

Chawla, L.S., Akst, S., Junker, C., Jacobs, B. und Seneff, M.G. (2009). Surges of electroencephalogram activity at the time of death: A case series. *Journal of Palliative Medicine, 12*, 1095-1100.

Choi, C. (2007). Strange but true: When half a brain is better than a whole one. *Scientific American.* Erhalten von http://www.sciam.com/article.cfm?id=strange-but-true-when-half-brain-better-than-whole.

Cook, E., Greyson, B. und Stevenson, I. (1998). Do any near-death experiences provide evidence for the survival of human personality after death? Relevant features and illustrative case reports. *Journal of Scientific Exploration, 12*, 377-406.
Coons, P.M. (1988). Psychophysiologic aspects of multiple personality disorder: A review. *Dissociation, 1*, 47-53.
C-r (1838). Merkwürdiges Ahnungsgefühl und geisterhafter Gesang während des Sterbens eines Mädchens. *Blätter aus Prevorst*, 10, 196-198.
Cranston, R. (1988). *The miracle of Lourdes*. New York, NY: Doubleday.
Crookall, R. (1967). *Events on the threshold of the after-life*. Moradabad, Indien: Darshana International.
Crooks, V, Waller S., Smith, T. und Hahn, T.J. (1991). The use of the Karnofsky Performance Scale in determining outcomes and risk in geriatric outpatients. *Journal of Gerontology, 46*, 139-144.
Cross, H. H. U. (1939). *A cavalcade of the supernatural*. New York, NY: Dutton.
Cukiert, A., Cukiert, C.M., Argentoni, M., Baise-Zung, C., Forster, C.R., Mello, V.A., Burattini, J.A. und Mariani, P.P. (2009). Outcome after hemispherectomy in hemiplegic adult patients with refractory epilepsy associated with early middle cerebral artery infarcts. *Epilepsia, 50*, 1381-1384.
Daumer, G.F. (1861). *Der Tod des Leibes – kein Tod der Seele*. Dresden: Woldemar Türk.
Daumer, G.F. (1872). *Das Reich des Wundersamen und Geheimnisvollen*. Regensburg: Coppenrath.
Davis, A.J. (1871). *The Great Harmonia* (Band 1). Boston, MA: White.
Doidge, N. (2007). *The brain that changes itself*. London: Penguin Books.
Driesch, H. (1951). *Lebenserinnerungen*. München: Reinhardt.
Driesch, H. (1954). *Alltagsrätsel des Seelenlebens*. Zürich: Rascher.
du Prel, C. (1971a). Die monistische Seelenlehre. In C. du Prel: *Die Psyche und das Ewige* (S. 255-559). Pforzheim: Rudolf Fischer. (Erstpublikation im Jahr 1888).
du Prel, C. (1971b). Die Mystik der alten Griechen. In C. du Prel: *Die Psyche und das Ewige* (S. 255-559). Pforzheim: Rudolf Fischer. (Erstpublikation im Jahr 1888).
du Prel, C. (2006a). Die Mystik im Irrsinn. In C. du Prel: *Studien zu den Geheimwissenschaften. Unser magisches Weltbild – Tatsachen und Probleme* (S. 71-99). Leipzig: Bohmeier. (Erstpublikation im Jahr 1889).
du Prel, C. (2006b). Die Kopfuhr. In C. du Prel: *Studien zu den Geheimwissenschaften. Unser magisches Weltbild – Tatsachen und Probleme* (S. 100-111). Leipzig, Bohmeier. (Erstpublikation im Jahr 1890).
Duffin, J. (2009). *Medical miracles*. Oxford: Oxford University Press.
Eberle, U. (1999). Einschnitt ins Leben. *Die Zeit* vom 08.07.1999. Online abrufbar unter: http://www.zeit.de/1999/28/199928.hirnamputiert_.xml
Ephraim, A.J. (1959). On sudden or rapid whitening of the hair. *Archives of Dermatology, 79*, 228-236.
Fenwick, P. und Fenwick, E. (1996). *The truth in the light*. London: Headline Book.
Fenwick, P., und Fenwick, E. (2008). *The art of dying*. London: Continuum.
Fenwick, P., Lovelace, H., & Brayne, S. (2007). End of life experiences and their implications for palliative care. *International Journal of Environmental Studies, 64*, 315-323.
Fenwick, P., Lovelace, H., und Brayne, S. (2010). Comfort for the dying: Five year retrospective and one year prospective studies of end of life experiences. *Archives of Gerontology and Geriatrics, 51*, 173-179.

Féré, C. (1905). Neuropathic halos. *Annals of Psychical Science, 2*, 70-73.
Feuillet, L., Dufour, H. und Pelletier, J. (2007). Brain of a white-collar worker, *Lancet, 370*, 262.
Flammarion, C. (1923). *Death and its mystery: After death.* London: Fisher Unwin.
Forstmeier, S. und Maerker, A. (2009). Die Reservekapazität des Gehirns beeinflusst die kognitive Funktion im Alter: Motivationale, kognitive und körperliche Facetten. *Zeitschrift für Neuropsychologie, 20*, 1-12.
Fox, M. (2003). *Religion, spirituality and the near-death experience.* New York, NY: Routledge.
Fox, M. (2008). *Spiritual encounters with unusual light phenomena: Lightforms.* Cardiff: University of Wales Press.
Fuehrer, R. (1950). *Zuhause am Krankenbett.* Göttingen: Vandenhoek und Ruprecht.
Gardner, H. (1976). *The shattered mind. The person after brain damage.* New York, NY: Vintage.
Gauld, A. (1995). *A history of hypnotism.* Cambridge: Cambridge University Press.
Gauld, A. (2007). Memory. In E.F. Kelly, E.W. Kelly, A. Crabtree, A. Gauld, M. Grosso und B. Greyson: *Irreducible mind: Toward a psychology for the 21st century* (S. 241-300). Lanham, MD: Rowman & Littlefield.
Geley, G. (1926). *Hellsehen und Teleplastik.* Stuttgart: Union Deutsche Verlagsgesellschaft.
Gerloff, H. (1959). *Die Heilungen von Lourdes im Lichte der Parapsychologie.* Büdingen-Gettenbach: Welt und Wissen.
Gibson, A. (1999). *Fingerprints of God.* Bountiful, UT: Horizon.
Giesler-Petersen, I. (2008). Further commentary on „induced OBEs". *Journal of Near-Death Studies, 26*, 306-308.
Gomer J.J. (1953). Leitsymptom „Frühergrauen des Haupthaares". Ein Beitrag zur Konstitutionsforschung. *Zeitschrift für menschliche Vererbungs- und Konstitutionslehre, 31*, 359-375.
Giovetti, P. (2007). *Near-death experiences. Testimonianze di esperienze in punto di morte.* Rom: Edizioni Mediterranee.
Greding, C.W. (Hrsg.). (1790-1791). *Johann Ernst Greding's s*ämmtliche Medizinische Schriften (2 Bände). Greiz: Henning.
Green, E.E. (2001). *The Ozawkie book of the dead. Alzheimer's isn't what you think it is.* Los Angeles, CA: Philosophical Research Society.
Grey, M. (1985). *Return from death: An exploration of the near-death experience.* London: Arkana.
Greyson, B. (1983). The near-death experience scale: Construction, reliability, and valitity. *Journal of Nervous and Mental Disease, 171*, 369-375.
Greyson, B. (1990). Near-death encounters with and without near-death experiences: Comparative NDE Scale profiles. *Journal of Near-Death Studies, 8*, 151-161.
Greyson, B. (2010). Seeing deceased persons not known to have died: „Peak in Darien" experiences. *Anthropology and Humanism, 35*, 159-171.
Greyson, B., Kelly, E.W. und Kelly, E.F. (2009). Explanatory models for near-death experiences. In J.M. Holden, B. Greyson und D. James: *The handbook of near-death experiences. Thirty years of investigation* (S. 213-234). Santa Barbara, CA: ABC Clio.
Griesinger, W. (1876). *Die Pathologie und Therapie der psychischen Krankheiten.* Braunschweig: Wreden.
Grosso, M. (2004). *Experiencing the next world now.* New York, NY: Paraview Pocket Books.
Guggenheim, B., und Guggenheim, J. (1995). *Hello from heaven!* New York, NY: Bantam Books.

Gurney, E., Myers, F.W.C., und Podmore, F. (1886). *Phantasms of the living* (2 Bände). London: Trübner.
Haig, S. (2007). The brain: The power of hope. *Time Magazine, 169*, 118-119.
Hart, H. (1954). ESP projection. Spontaneous cases and the experimental method. *Journal of the American Society for Psychical Research, 48*, 121-146.
Hesemann, M. (2006). *Stigmata*. Güllesheim: Silberschnur.
Hinterberger, T., Wilhelm, B., Mellinger, J., Kotchoubey, B. und Birbaumer, N. (2005). A device for the detection of cognitive brain functions in completely paralyzed or unresponsive patients. *IEEE Transactions on Biomedical Engineering, 52*, 211-220.
Hirshberg, C. und Barasch, M.I. (1995). *Remarkable recovery*. London: Headline
Hodgson, R. (1908). Hallucinations experienced in connection with dying persons. *Journal of the Society for Psychical Research, 13*, 308-311.
Hoff, F. (1954). Akuter totaler Pigmentverlust. *Deutsche Medizinische Wochenschrift, 79*, 284-287.
Hoffmann, E. (1992). *Visions of innocence*. Boston und London: Shambhala.
Högl, S. (2006). *Transzendenzerfahrungen. Nahtod-Erlebnisse im Spiegel von Wissenschaft und Religion*. Marburg: Tectum Verlag.
Holden, J.M. (2009). Veridical perception in near-death experiences. In J.M. Holden, B. Greyson und D. James: *The handbook of near-death experiences. Thirty years of investigation* (S. 185-211). Santa Barbara, CA: ABC Clio.
Holden, J.M., Long, J. und McLurg, J. (2006). Out-of-body experiences: All in the brain? *Journal of Near-Death Studies, 25*, 99-107.
Holzer, H. (1981). *Hinter der Grenze des Todes*. München: Goldmann.
Hoppe, R. (2003). Das gierige Gehirn. *Der Spiegel, 39*, 74-82.
Huch, R. (1951). *Die Romantik. Blütezeit, Ausbreitung und Verfall*. Tübingen: Wunderlich.
Huggins, W. (1845). Luminous breath. *Lancet, 46*, 274.
Jacobi, M. (1837). *Annalen der Irren-Heilanstalt zu Siegburg*. Köln: DuMont-Schauberg.
Jaffé, A. (1992). *Erinnerungen, Träume, Gedanken von C. G. Jung*. Zürich: Buchclub Ex Libris.
Jahn, F. (1830). Andeutungen über die bei Irren kurz vor dem Tode manchmal stattfindende Erhellung der Seele. *Magazin für die philosophische, medicinische und gerichtliche Seelenkunde, 3*, 73-80.
James, W. (1900). *Human immortality. Two supposed objections to the doctrine*. Boston, MA: Houghton und Mifflin.
Jelinek, J.E. (1972). Sudden whitening of the hair. *Bulletin of the New York Academy of Medicine, 48*, 1003-1013.
Julius, N.H. (1844). *Beiträge zur Britischen Irrenheilkunde*. Berlin: Enslin.
Kanigel, R. (1991). *The man who knew infinity: A life of the Genius, Ramanujan*. New York, NY: Scribner.
Kellehear, A. (2009). Census of non-Western near-death experiences to 2005: Observations and critical reflections. In J.M. Holden, B. Greyson und D. James: *The handbook of near-death experiences. Thirty years of investigation* (S. 135-158). Santa Barbara, CA: ABC Clio.
Kelly, E.F. (2007). Toward a Psychology of the 21st century. In E.F. Kelly, E.W. Kelly, A. Crabtree, A. Gauld, M. Grosso und B. Greyson: *Irreducible mind: Toward a psychology for the 21st century* (S. 577-643). Lanham, MD: Rowman & Littlefield.
Kelly, E.F. und Grosso, M. (2007). Genius. In E.F. Kelly, E.W. Kelly, A. Crabtree, A. Gauld, M. Grosso und B. Greyson: *Irreducible mind: Toward a psychology for the 21st century* (S. 423-493). Lanham, MD: Rowman & Littlefield.

Kelly, E.F., Kelly, E.W., Crabtree A., Gauld, A, Grosso, M. und Greyson, B. (2007). *Irreducible Mind. Toward a psychology for the 21st century.* Lanham, MD: Rowman & Littlefield.
Kelly, E.W. (2007). Psychophysiological influence. In E.F. Kelly, E.W. Kelly, A. Crabtree, A. Gauld, M. Grosso und B. Greyson: *Irreducible mind: Toward a psychology for the 21st century* (S. 117-239). Lanham, MD: Rowman & Littlefield.
Kelly, E.W., Greyson, B., und Kelly, E.F. (2007). Unusual experiences near death and related phenomena. In E.F. Kelly, E.W. Kelly, A. Crabtree, A. Gauld, M. Grosso, und B. Greyson: *Irreducible mind: Toward a psychology for the 21st century* (S. 367-421). Lanham, MD: Rowman & Littlefield.
Kenneally, C. (2006). The deepest cut. *The New Yorker.* Erhalten von http://www.newyorker.com/archive/2006/07/03/060703fa_fact.
Kern, ?. (1734). II. Beylage / In einem wahrhaften und umständlichen Bericht von dem verstorbenen Mann in Hornhausen, namens Johann Schwerdtfeger. *Geistliche Fama, 13,* 105-110.
Kerner, J. (1837). Fürbitte der Todten für die Sterbenden. *Blätter aus Prevorst, 8,* 200-215.
Kerner, J. (1846). Das Seelenlicht. *Magikon, 3,* 375-376.
Keulen, K. und Keulen, K. (2010). *. . . und dann jagen wir unseren Gedanken nach.* Muldenhammer: concepcion Seidel.
Keulen, K., Keulen K. und Kosog, S. (2004). *Zu niemandem ein Wort.* München: Piper.
Kuhn, W. (2009). Neurobiologie der Nahtoderfahrung. In A. Serwaty und J. Nicolay: *Nahtod-Erfahrung – Neue Wege der Forschung.* Norderstedt: Books on Demand.
Laureys, S. (2007). Eyes open, brain shut. *Scientific American, 5,* 32-37.
Lauvergne, H. (1843). *Die letzten Stunden und der Tod in allen Classen der Gesellschaft* (2 Bände). Leipzig: Fleischer.
Lechler, A. (1933). *Das Rätsel von Konnersreuth im Lichte eines neuen Falles von Stigmatisation.* Elberfeld: Licht und Leben.
Leibbrand, W. (1937). *Romantische Medizin.* Hamburg: Goverts.
Leibbrand, W. (1956). *Die spekulative Medizin der Romantik.* Hamburg: Classen.
Lerma, J. (2007). *Into the light.* Franklin Lakes, NJ: Career Press.
Leubuscher, R. (1846). Wiederkehr des Bewusstseins vor dem Tode bei einer Blödsinnigen. *Medicinische Zeitung von dem Verein für Heilkunde in Preussen, 48,* 227-229.
Lewin, R. (1980). Is your brain really necessary? *Science, 210,* 1232-1234.
Lewinter, J.R., Carden, D.L., Nowak, R.M., Enriquez, E. und Martin, G.B. (1989). CPR dependent consciousness: Evidence for cardiac compression causing forward flow. *Annals of Emergency Medicine, 18,* 1111-1115.
Lier, G. (2010). *Das Unsterblichkeitsproblem. Grundannahmen und Voraussetzungen* (2 Bände). Göttingen: V&R Unipress.
Long, J. und Perry, P. (2010). *Evidence of the afterlife.* New York, NY: HarperOne.
Lorber, J. (1983). Is your brain really necessary? In D. Voth (Hrsg.): *Hydrocephalus in frühen Kindesalter: Fortschritte der Grundlagenforschung, Diagnostik und Therapie* (S. 2-14). Stuttgart: Enke Verlag.
Ludewig, R. (2000). *Johann Sebastian Bach im Spiegel der Medizin.* Grimma: Waechterpappel.
Luria, A.R. (1972). *The man with a shattered world.* Cambridge, MA: Harvard University Press.
Macleod, A.D. (2009). Lightening up before death. *Palliative and Supportive Care, 7,* 513-516.
Magallón, L.L. (1997). *Mutual dreaming.* New York, NY: Pocket Books.
Marryatt, F. (1894). *The spirit world.* London: White.
Marsh, H. (1842). On the evolution of light from the living human subject. *Provincial Medical Journal and Retrospect of Medical Sciences, 2(9),* 163-172.

Marshal, A. (1815). *The morbid anatomy of the brain in mania and hydrophobia.* London: Longman.
Martensen-Larsen, H. (ca. 1930a). *An der Pforte des Todes.* Berlin: Furche.
Martensen-Larsen, H. (ca. 1930b). *Ein Schimmer durch den Vorhang.* Berlin: Furche.
Martensen-Larsen, H. (ca. 1930c). *Am Gestade der Ewigkeit.* Berlin: Furche Verlag.
Mason, A.A. (1952). A case of congenital ichthyosiform erythroderma of Brocq treated by hypnosis. *British Medical Journal, 2*, 422-423.
Matson, A. (1975). *The waiting world.* New York, NY: Harper & Row.
Mattiesen, E. (1936-1939). *Das persönliche Überleben des Todes* (3 Bände). Berlin: Walter de Gruyter.
Mayer-Gross, W. (1932). Die Klinik. In: O. Bumke, *Handbuch der Geisteskrankheiten*, Neunter Band, Spezieller Teil V – Die Schizpophrenie (S. 293-578). Berlin: Springer.
McAdams, E.E. (1984). Reported near-death observations in a hospice in California. In M. C. Rose (Hrsg.): *The synergy of religion and psychical research: Past, present and future* (S. 57-64). Bloomfield, CT: Academy of Religion and Psychical Research.
McClelland, S. und Maxwell, L.E. (2007). Hemispherectomy for intractable epilepsy in adults: The first reported series. *Annals of Neurology, 61*, 372-376.
McDougall, W. (1965). *Body and mind.* Boston: Beacon. (Erstveröffentlichung im Jahr 1911)
Menninger-Lerchenthal E. (1995). Plötzliches Ergrauen der Haare durch Schreck. *Wiener Archiv für Psychologie, Psychiatrie und Neurologie, 2*, 73-90.
Mieder, R. und Schwarz, G. (2005). Zwei rätselhafte Geister. Die ungewöhnliche Geschichte der autistischen Zwillinge Konstantin und Kornelius Keulen. *Berliner Zeitung, Nummer 253*, 29./30.Oktober 2005. Online abrufbar unter: http://www.berlinonline.de/berliner-zeitung/archiv/.bin/dump.fcgi/2005/1029/magazin/0001/index.html
Mobbs D. und Watt, C. (2011). There is nothing paranormal about near-death experiences: How neuroscience can explain seeing bright lights, meeting the dead, or being convinced you are one of them. *Trends in Cognitive Sciences*, doi:10.1016/j.tics.2011.07.010.
Monk, D. (1922). The process of dying witnessed by eight persons. *Light, 42*, 182.
Moody, R. (1999). *The last laugh.* Charlottesville, VA: Hampton Roads.
Moody, R. (2010). *Glimpses of eternity.* New York, NY: Guideposts.
Morse, M. und Perry, P. (1992a). *Zum Licht.* Frankfurt am Main: Zweitausendeins.
Morse, M. und Perry, P. (1992b). *Transformed by the light.* New York, NY: Villard Books.
Morse, M. und Perry, P. (1995). *Parting visions.* London: Piatkus.
Murphy, M. (1992). *The future of the body.* New York, NY: Tarcher.
Myerson, J. und Shealy, D. (1989). *The journals of Louisa May Alcott.* Boston, MA: Little, Brown and Company.
Nahm, M. (2007). *Evolution und Parapsychologie.* Norderstedt: Books on Demand.
Nahm M. (2009a). Terminal lucidity in people with mental illness and other mental disability: An overview and implications for possible explanatory models. *Journal of Near-Death Studies* 28, 87-106.
Nahm, M. (2009b). Four ostensible near-death experiences of Roman times with peculiar features: Mistake cases, correction cases, xenoglossy, and a prediction. *Journal of Near-Death Studies, 27*, 211-222.
Nahm, M. (2011). Reflections on the context of near-death experiences. *Journal of Scientific Exploration*, 25, 453-475.
Nahm, M. und Greyson, B. (2009). Terminal lucidity in patients with chronic schizophrenia and dementia: A survey of the literature. *Journal of Nervous and Mental Disease* 197, 942-944.

Nahm, M., Greyson, B., Kelly, E.W. und Haraldsson, E. (2011). Terminal lucidity: A review and a case collection. *Archives of Gerontology and Geriatrics*, im Druck, elektronische Vorabpublikation: doi:10.1016/j.archger.2011.06.031.
Nahm, M. und Haraldsson, E. (2009). Geistige Klarheit von psychisch kranken Menschen kurz vor dem Tod. *Tattva Viveka, 40*, 70-75.
Noyes, M. (1951). A true account of a beautiful passing. *Light, 72*, 65.
O'Connor, D. (2003). *Palliative care nurse's experiences of paranormal phenomena and their influence on nursing practice.* Paper presented at the 2nd Global Making Sense of Dying and Death Inter-disciplinary Conference, Nov. 21-23, 2003, Paris, France.
Osis, K. (1961). *Deathbed observations by physicians and nurses.* New York, NY: Parapsychological Foundation.
Osis, K. und McCormick, D. (1980). Kinetic effects at the ostensible location of an out-of-body projection during perceptual testing. *Journal of the American Society for Psychical Research, 74*, 319-329.
Osis, K., und Haraldsson, E. (1977a). Deathbed observations by physicians and nurses: A cross-cultural survey. *Journal of the American Society for Psychical Research, 71*, 237-259.
Osis, K., und Haraldsson, E. (1977b). *At the hour of death.* New York, NY: Avon.
Palop, J.J., Chin, J. und Mucke, L. (2006). A network dysfunction perspective on neurodegenerative diseases. *Nature, 443*, 768-773.
Parry, D.P. (1861). Sudden whitening of the hair. *Dublin Medical Press, 45-46*, 332.
Pasricha, S. (1993). A systematic survey of near-death experiences in South India. *Journal of Scientific Exploration, 7*, 161-171.
Pasricha, S. (1995). Near-death experiences in South India: A systematic survey. *Journal of Scientific Exploration, 9*, 79-88.
Pasricha, S. (2008). Near-death experiences in India: Prevalence and new features. *Journal of Near-Death Studies, 26*, 267-282.
Pasricha, S. und Stevenson, I. (1986). Near-death experiences in India: A preliminary report. *Journal of Nervous and Mental Disease, 174*, 165-170.
Perty, M. (1861). *Die mystischen Erscheinungen der menschlichen Natur.* Leipzig und Heidelberg: Winter'sche Verlagshandlung.
Pfeufer, C. (1822). Über Kopfverletzungen. *Zeitschrift für die Staatsarzneikunde, 2*, 77-108.
Pinkerneil, B. (2003). Rezension von Keulen, Keulen und Kosog: Zu niemandem ein Wort. Online ehemals abrufbar unter http://www.br-online.de/kultur/literatur/lesezeichen/20030330/20030330_2.html.
Pissin, R. (1914). *Kerners Werke. Auswahl in sechs Teilen.* Berlin: Deutsches Verlagshaus Bong.
Playfair, G.L. (2008). *Twin telepathy.* Stroud: History Press.
Podmore, F. (1889-1990). Cases received by the literary committee. *Journal of the Society for Psychical Research, 6*, 181-184.
Pole, W.T. (1966). *Private Dowding.* Cattedown: Clarke, Doble und Brendon.
Powner, M.W., Gerland, B. und Sutherland, J.D. (2009). Synthesis of activated pyrimidine ribonucleotides in prebiotically plausible conditions. *Nature, 459*, 239-247.
Prinz, W. (2004). Neue Ideen tun Not. *Gehirn und Geist, 6*, 34-35.
Promies, W. (Hrsg.) (1966). *Christian Heinrich Spieß: Biographien der Wahnsinnigen.* Neuwied und Berlin: Luchterhand.
Reeves, R.R., Ladner, M.E., Hart, R.H. und Burke, R.S. Nocebo effects with antidepressant clinical drug trial placebos. *General Hospital Psychiatry, 29*, 275-277.
Ring, K. (1980). *Life at death.* New York, NY: Coward, McCann & Geoghegan.

Ring, K. (2007). Letter to the editor. *Journal of Near-Death Studies, 26*, 70-76.
Ring, K. und Cooper, S. (2007). *Mindsight. Near-death and out-of-body experiences in the blind.* New York, NY: iUniverse.
Ring, K. und Valarino, E.E. (2006). *Lessons from the light.* Needham, MA: Moment Point.
Ringger, P. (1958). Die Mystik im Irrsinn. *Neue Wissenschaft, 8*, 217-220.
Roesermueller, W.O. (1951). *Um die Todesstunde.* Aalen: Ebertin-Verlag.
Rogo, D.S. (2005a). *A casebook of otherworldly music.* San Antonio, TX: Anomalist Books. (Erstpublikation im Jahr 1970)
Rogo, D.S. (2005b). *A psychic study of the music of the spheres.* San Antonio, TX: Anomalist Books. (Erstpublikation im Jahr 1972)
Roll, W.G., Morris, R.L., Harary, B., Wells, R. und Hartwell, J. (1974). Further OOBE experiments with a cat as detector. *Research in Parapsychology*, 55-56.
Rossen, R., Kabat, H. und Anderson, J.P. (1943). Acute arrest of cerebral circulation. *Archives of Neurology and Psychiatry, 50*, 510-528.
Roth, G. (2002). Irrige Spekulationen. *Frankfurter Allgemeine Zeitung* vom 08.09.2002. Online abrufbar unter: http://www.faz.net/artikel/C30000/irrige-spekulation-30030611.html.
Roud, P.C. (1990). *Making miracles.* New York, NY: Warner.
Rush, B. (1812). *Mental inquiries and observations upon diseases of the mind.* Philadelphia, PA: Kimber & Richardson.
Sabom, M. (1982). *Recollections of death.* New York, NY: Harper & Row.
Sartori, P. (2008). *The near-death experiences of hospitalized intensive care patients. A five year clinical study.* Lampeter: Edwin Mellen.
Sartori, P., Badham, P. und Fenwick, P. (2006). Prospectively studied near-death experience with corroborated out-of-body perceptions and unexplained healing. *Journal of Near-Death Studies, 25*, 69-84.
Schag, C.C., Heinrich, R.L. und Ganz, P.A. (1984). Karnofsky performance status revisited: Reliability, validity, and guidelines. *Journal of Clinical Oncology, 2*, 187-193.
Schelling, F.W.J. (1992). *Urfassung der Philosophie der Offenbarung* (Hrsg. W.E. Ehrhardt). Hamburg: Meiner.
Schimberg, A.P. (1947). *The story of Therese Neumann.* Wilwaukee, WI: Bruce.
Schleich, C.L. (1916). *Vom Schaltwerk der Gedanken.* Berlin: Fischer.
Schleiermacher, F. (1806). Über die Religion. Reden an die Gebildeten unter ihren Verächtern. Berlin: Realschulbuchhandlung.
Schmerbach, G. (2001). *Welche Stellung nimmst du nun zwischen den Fronten ein? Friedrich Happich (1883-1951).* Schwalmstadt-Treysa: Plag.
Schwabe, I. (1860). Eine Erinnerung an Goethe's letzte Stunden. *Die Gartenlaube, 16*, 248-251.
Schwartz, J.M. und Begley, S. (2002). *The mind and the brain. Neuroplasticity and the power of mental force.* New York, NY: ReganBooks.
Seeliger, W. (1995). Plötzliches Ergrauen oder Weißwerden des Haupthaares. *Deutsche Medizinische Wochenschrift, 120*, 1263.
Sellin, B. (1993). *ich will kein inmich mehr sein.* Köln: Kiepenheuer und Witsch.
Sellin, B. (1995). *ich deserteur einer artigen autistenrasse.* Köln: Kiepenheuer und Witsch.
Smit, R.H (2008). Corroboration of the dentures anecdote involving veridical perception in a near-death experience. *Journal of Near-Death Studies, 27*, 47-61.
Smit, R.H. und Rivas, T. (2010). Rejoinder to "Response to 'Corroboration of the dentures anecdote involving veridical perception in a near-death experience' ".*Journal of Near-Death Studies, 28*, 193-205.

Snell, J. (1960). *Der Dienst der Engel*. Bietigheim: Turm Verlag.
Sommer, A. (2008). Rezension von E.F. Kelly, E.W. Kelly, A. Crabtree, A. Gauld, M. Grosso und B. Greyson: Irreducible mind: Toward a psychology for the 21st century. *Zeitschrift für Anomalistik*, *8*, 191-206.
Splittgerber, F. (1866). *Schlaf und Tod*. Halle: Fricke (1. Auflage).
Splittgerber, F. (1881). *Schlaf und Tod* (2 Bände). Halle: Fricke (2. Auflage).
Steffens, H. (1821). *Caricaturen des Heiligsten* (2 Bände). Leipzig: Brockhaus.
Stevenson, I. (1997). *Reincarnation and biology*. Westport, CT: Praeger.
Stillman, W. (2006). *Autism and the God connection*. Naperville, IL: Sourcebooks.
Stritter, P. (1930). Seelsorge an Geistesschwachen. In P. Blau, *Seelsorge an den Erwachsenen* (pp. 172-191.). Gütersloh: Bertelsmann.
Surya, G.W. (1921). *Der Tod kein Ende*. Freiburg: Hofmann
Sutherland, C. (2009). "Trailing clouds of glory". The near-death experiences of Western children and teens. In J.M. Holden, B. Greyson und D. James, *The handbook of near-death experiences. Thirty years of investigation* (S. 87-107). Santa Barbara, CA: ABC Clio.
Tammet, D. (2007). *Elf ist freundlich und Fünf ist laut*. Düsseldorf: Patmos.
Tart, C.T. (1968). A psychophysiological study of out-of-the-body experiences in a selected subject. *Journal of the American Society for Psychical Research*, *62*, 3-27.
Tart, C.T. (1998). Six studies of out-of-body experiences. *Journal of Near-Death Studies*, *17*, 73-99.
Tenhaeff, W.H.C. (1973). *Kontakte mit dem Jenseits?* Berlin: Universitas-Verlag.
Tepperwein, K. (2000). *Die hohe Schule der Hypnose*. Augsburg: Weltbild.
T-r (1835). Todesanzeigen. *Blätter aus Prevorst*, *6*, 178-188.
Traufetter, G. (2003). Leben ohne Links. *Spiegel Special 4: Die Entschlüsselung des Gehirns*, 30.
Treffert, D.A. (2006). *Extraordinary people*. Lincoln, NE: iUniverse.
Treffert, D.A. (2010). *Islands of genius*. London und Philadelphia, PA: Kingsley.
Treffert, D.A. und Wallace, G.L. (2002). Islands of genius. *Scientific American, Juni*, 76-85.
Trost, M. (1983). *Friedrich Happich*. Selbstverlag.
Tuke, S. (1813). *Description of the Retreat*. York: Alexander.
Turetskaia, B.E. und Romanenko, A.A. (1975). Agonal remission in the terminal stages of schizophrenia (Originalpublikation in Russisch, übersetzt von M.H. Pertzoff). *Korsakov's Journal of Neuropathology and Psychiatry*, *75*, 559-562.
Tweedale, C. (1925). *Man's survival after death*. London: Richards.
Underwood, S. (1896). *Automatic or spirit writing*. Chicago, IL: Newman.
van Lommel, P. (2011). *Endloses Bewusstsein. Neue medizinische Fakten zur Nahtod-Erfahrungen*. Ostfildern: Patmos.
van Lommel, P., van Wees, R., Meyers, V. und Elfferich, I. (2001). Near-death experience survivors of cardiac arrest: A prospective study in the Netherlands. *The Lancet*, *358*, 2039-2045.
Vaschide, N. und Vurpas, C (1902). Contribution a la psycho-physiologie des mourants – Deux cas de Chorée chronique. *Revue Neurologique*, *10*, 389-394.
Vering, A.M. (1820). Beobachtungen über Irre. *Zeitschrift für Psychische Aerzte*, *1*,125-142.
Voigtel, F.G. (1804). *Handbuch der pathologischen Anatomie*. Halle: Hemmerde und Schwetschke.
Volkamer, K. (2007). *Feinstoffliche Erweiterung der Naturwissenschaften*. Berlin: Weißensee.
von Langsdorff, G. (1896). *Der geistige Körper unserer Seele*. Leipzig: Mutze.

von Schubert, G.H. (1850). *Die Geschichte der Seele* (2 Bände). Stuttgart und Tübingen: Cotta.
von Schubert, G.H. (1967). *Ansichten von der Nachtseite der Naturwissenschaft.* Dresden: Arnoldische Buchhandlung. (Erstpublikation im Jahr 1808).
von Schubert, G.H. (1968). *Die Symbolik des Traumes.* Heidelberg: Lambert Schneider. (Erstpublikation im Jahr 1814).
von Wollschläger, ?. (1838). Der preußische Superintendent Lehmann auf dem Todtenbette. *Blätter aus Prevorst, 11*, 112-114.
von Zimmermann, R. (1794). *Von der Erfahrung in der Arzneykunst.* Zürich: Drell, Geßner und Füßli.
Waggoner, R. (2009). *Lucid dreaming.* Needham, MA: Moment Point.
Walker, M.P., Ballard, C.G., Ayre, G.A., Wesnes, K., Cummings, J.L., McKeith, I.G. und O'Brien, J.T. (2000). The clinician assessment of fluctuation and the one day fluctuation assessment scale. Two methods to assess fluctuating confusion in dementia. *British Journal of Psychiatry, 177*, 252-256.
Watson, G.C. (1845). Singular case of luminous breath. *Lancet, 45*, 11-12.
Williams, D. (1998). *Autism and sensing.* London: Kingsley.
Willin, M.J. (2005). *Music, witchcraft and the paranormal.* Ely: Melrose Books.
Wills-Crandon, C. (2000). *One last hug before I go.* Deerfield Beach, FL: Health Communications.
Wills-Crandon, C. (2003). One last hug before I go: The mystery and meaning of deathbed visions. In B. Batey (Hrsg.): *The varieties of religious and psychical experiences: Personal and global.* (S. 61-73). Bloomfield, CT: Academy of Religion and Psychical Research.
Wittneben, W. (1926). Kasuistik und Therapie archikapillärer Zustandsbilder bei Jugendlichen. *Zeitschrift für Kinderforschung, 32*, 361-413.
Wittneben, W. (1934). Erziehung, Behandlung und Pflege Geistesschwacher. *Geisteskrankenpflege, 38*, 146-154.
Woerlee, G.M. (2004). Cardiac arrest and near-death experiences. *Journal of Near-Death Studies, 22*, 235-249.
Woerlee, G.M. (2010). Response to "Corroboration of the dentures anecdote involving veridical perception in a near-death experience. *Journal of Near-Death Studies, 28*, 181-191.
Wooten-Green, R. (2001). *When the dying speak.* Chicago, IL: Loyola.
Zaleski, C. (1987). *Otherworld journeys.* New York und Oxford: Oxford University Press.
Zieger, L. (2010). *Kognitive Reserve bei Patienten mit unipolarer Depression.* Inaugural-Dissertation zur Erlangung des Doktorgrades der Philosophie an der Ludwig-Maximilians-Universität München. Online erhältlich: http://edoc.ub.uni-muenchen.de/12023/1/Zieger_Lisa.pdf
Zuger, A. (1997). Removing half of brain improves young epileptics' lives. *New York Times* vom 19.08.1997. Online abrufbar unter http://www.nytimes.com/1997/08/19/science/removing-half-of-ain-improves-young-epileptics-lives.html

Phillip L. Berman
Wir sind nicht getrennt vom Himmel
Mystik und Nahtod-Erfahrungen
HC, ISBN 978-3-86191-026-8

Der Harvard-Theologe Phillip Berman durchlebte selbst eine Nahtod-Erfahrung, die ihn so tief bewegte, dass er sich intensiv mit der Erforschung dieses außergewöhnlichen Phänomens befasste. Je länger er sich in die Thematik vertiefte und die Erfahrungsberichte zahlloser Betroffener studierte, desto augenfälliger wurde seine Erkenntnis: Die Erlebnisse der großen Mystiker und die Erfahrungen des Nahtod-Geschehens sind nahezu deckungsgleich!
Die Essenz von Bermans Forschung lautet daher: Alles Leben ist eins! Die Schau der Mystiker, die in der Stille Jahre in der Versenkung verbrachten, führt zu den gleichen Einsichten, die jenen Menschen zuteil wurden, die plötzlich und unerwartet in eine höhere Wirklichkeit eintreten durften.

Ein Buch über Nahtod-Erfahrungen, das eigentlich ein Aufruf zu einem neuen, wacheren und bewussteren Leben ist, basierend auf der Erkenntnis, dass Himmel und Erde nicht wirklich getrennt sind!

Ruediger Dahlke
Von der großen Verwandlung
Wir sterben und werden weiterleben
ISBN 978-3-86191-010-7
Hardcover mit Schutzumschlag
144 Seiten

Ruediger Dahlke ist der maßgebliche Autor Deutschlands zu Fragen von Körper, Seele und Geist. Er ist der Pionier auf dem Forschungsgebiet der Zusammenhänge zwischen geistiger Einstellung und körperlicher Symptomatik. Seine Bücher über die „Schicksalsgesetze" oder über „Krankheit als Weg" sind Meilensteine auf dem Weg zu einem neuen Welt- und Menschenbild.
Mit diesem Buch über die „große Verwandlung" spricht er erstmals ganz offen über die letzte, die entscheidende Menschheitsfrage – das persönliche Überleben des Todes. Als Arzt und Kenner der menschlichen Seele konnte er in seiner langjährigen Praxis zahllose Erfahrungen sammeln. Anhand dieser beeindruckenden Fülle von Erlebnissen und aufgrund seiner intensiven Forschungsarbeit kommt er zu der unerschütterlichen Überzeugung: Jeder Einzelne wird als Individuum nach dem Ablegen seiner Körperhülle weiterleben!
Ein Meisterschlüssel zum Verständnis des Lebens nach dem Tod und ein grundlegendes Werk zum Verständnis des Sterbeprozesses und seiner geistigen Gesetzmäßigkeiten!